광성을 사랑한
선교사 존 무어

일러두기

1. 이 책에 인용한 원자료는 존 무어 선교사의 보고서, 기고글, 서신 등이다.
따라서 본문에 인용할 때 원어를 근거로 의역하거나 현대어에 맞게 번역하였다.

2. 이 책의 그림은 드류대학의 "미국연합감리회 역사자료실(General Commission on Archives and History of The United Methodist Church)"과 "기독교대한감리회 역사정보자료실" 자료에서 인용한 것이다.
따라서 이에 속한 저작권도 Copyright : General Commission on Archives and History of The United Methodist Church -> @GCAH로 "기독교대한감리회 역사정보자료실"로 표시하여 출처를 표기하였다.

3. 이 책은 각주를 살리려고 했으며 각주에 참고한 연회록의 보고서, 기고글 등은 약어를 쓰지 않고 되도록 그대로 표기하였다.

광성을 사랑한 선교사
존 무어

학교법인 광성학원

발간사

광성의 역사를 바로 세우는 뜻

최준수 이사장
(학교법인 광성학원)

역사는 실패를 기억하지 않습니다. 그 도전을 기억합니다. 윌리엄 제임스 홀 William J. Hall 선교사는 130년 전인 1894년 봄, 열세 명의 소년을 모아 광성학교의 모태가 되는 사랑방학교를 시작하지만 바로 그해 11월에 전염병으로 사망합니다. 하지만 우리는 그분을 광성학교의 설립자로 기억합니다.

존 무어(John Z. Moore, 한국명 문요한 文約翰) 선교사는 1903년부터 거의 40년 동안 교육 선교를 하다가 1941년 일제에 의해 강제 추방당하지만 우리는 그분을 광성학교의 발전을 위해 헌신한 초대 이사장으로 기억합니다. 그리고 우리는 우리 광성학교의 기숙사를 제임스홀관, 체육관을 문요한관으로 명명하고 그분들의 숭고한 업적과 광성 사랑을 기리고 기억하고 있습니다.

단재 신채호 선생은 '자신의 나라를 사랑하려거든 역사를 읽을 것이며 다른 사람에게 나라를 사랑하게 하려거든 역사를 읽게 할 것이다.'라고 말했습니다. 역사를 알고 바르게 가르치는 일은 국가와 민족에게만 중요한 것이 아닙니다. 우리 광성학원의 뿌리를 바르게 세우고 유구한 역사와 빛나는 전통에 긍지와 자부심, 사명감을 갖도록 가르치는 일은 우리 광성인에게 무엇보다 중요한 일이라고 생각됩니다. 교육은 지식의 전수를 넘어 철학과 정신의 계승이어야 한다고 믿기 때문입니다.

우리 광성학원은 개교 130주년을 맞아 광성학원의 혁혁한 발전의 토대를 마련한 초대 이사장 존 무어 선교사를 기리고 기억하는 일이 지금 우리가 해야 할 일이라는 판단을 하게 되었습니다. 그리하여 2023년 1월, 존 무어 선교사에 대한 연구를 시작하면서 광성중·고등학교의 교사, 학생, 학교법인 광성학원의 이사, 연구 교수를 포함한 역사탐방단을 꾸려 미국의 제임스 홀 선교사와 존 무어 선교사의 흔적을 찾아 나섰습니다. 미국 오하이오주의 존 무어 선교사의 묘소를 찾아 헌화하고 존 무어 선교사의 모교인 드류신학교(현재는 드류대학교)도 방문하였습니다. 뉴저지 매디슨에 위치한 드류대학교의 미국 감리교 역사자료실 아카이브에 고스란히 보관된 존 무어 선교사 관련 자료(사진, 자필 메모, 선교 보고서, 편지 등)는 2,800여 페이지에 달할 만큼 방대한 것이었습니다. 역사탐방단과 동행하였던, 감리교 신학대학교에서 한국 교회사를 연구하는 소요한 교수가 1여 년 연구 기간 동안 영어로 된 원문 편지를 일일이 우리말로 번역하고 세세한 선교 보고서와 기록 사진 등을 토대로 존 무어 선교사의 한국 선교 활동을 연구한 보고서로서 이 책『광성을 사랑한 선교사 존 무어』를 책으로 발간하게 되었습니다.

이 책을 통해 우리는 존 무어 선교사의 업적을 확인할 수 있을 뿐만 아니라 그의 교육에 대한 열정과 한국, 한국인에 대한 가능성과 믿음, 사랑을 확인할 수 있습니다. 모든 이들이 한국은 멸망했고 가능성이 없다고 할 때 한국을 '동방의 기독교 국가'이며, "한국은 상업이나 학문이 아닌 이들보다 더 위대한 역할을 할 것이며, 밤의 어둠 속에서 기독교의 참된 빛을 가져오는 하나님의 사자가 될 것입니다. 이 빛만이 동양의 문제를 해결할 수 있습니다."라고 믿었던 존 무어는 한국인을 위한 신앙교육과 기독교 지도자를 키우기 위해 전념하여 관서 지방에 160여 개의 교회와 30여 개의 학교를 설립하였고 그러한 교육 선교에 대한 열정이 광성학교 발전의 토대가 되었다는 사실을 확인할 수 있습니다. 평양 지역에 맨 마지막까지 남아 있다가 일제에 의해 강제 추방당한 존 무어 선교사는 미국에서도 한국인을 위한 삶을 살아갔다는 것도 알 수 있습니다. 우리 광성학원은 앞으로 선교 보고서 전체를 번역하여 자료집으로 발간하고, 이번 연구 결과 새롭게 밝혀진 광성학교의 역사와 연혁도 바로잡을 계획을 가지고 있습니다.

'역사를 잘 가르치는 민족은 감옥에 있는 사람이 열쇠를 가지고 있는 것과 같다.'는 말이 있습니다. 연구에 참여한 소요한 교수는 서문에서 "존 무어 선교사는 일제 강점기 평양지역의 대표적인 선교사로서

40여 년 동안 평양과 그 주변 지역을 위해서 교회와 학교를 세우는 것 뿐만 아니라 한국인에게 감리교를 이양하는 큰 공헌을 했음에도 불구하고 그의 서거 후 60여 년 동안 그를 기렸던 연구와 기념은 거의 전무하다시피 했다. 그에 대한 역사 기록이 부재한 것도 아니며 그가 삶을 부끄럽게 살았기 때문도 아니다. 오히려 그가 일궜던 헌신의 은혜를 입은 후손들이 그에 대해서 관심이 없었기 때문이었다."라는 가슴 아픈 지적을 하고 있습니다. 광성 개교 130주년을 맞아 제2의 창학 정신으로 새로운 100년을 향한 도약을 다짐하는 오늘, 지금의 광성학원을 있게 한 존 무어 선교사에 대한 연구 보고서인 이 책이 늦게나마 시대를 넘어, 민족을 넘어 한국과 한국인을 사랑한 존 무어 선교사를 기리고 기억할 수 있는 기회로 삼을 수 있어서 하나님께 감사하는 마음입니다.

이 책을 통해 하나님이 주신 소명을 온전히 행한 존 무어 선교사의 교육 선교에 대한 열정과 한국에 대한 사랑을 확인해 보시기 바랍니다. 이 책이 나오기까지 연구에 노고를 아끼지 않은 소요한 교수님과 광성학원 관계자 여러분들께 감사를 드리며 이 논문집을 통하여 존 무어 선교사에 대한 연구가 이어지기를 바랍니다.

* 추천사 *

하나님의 귀한 선물, 광성

김진호 목사
(전 기독교대한감리회 감독회장)

「내가 진실로 진실로 너희에게 이르노니 한알의 밀이 땅에 떨어져 죽지아니하면 한알 그대로 있고 죽으면 많은 열매를 맺느니라(요 12:24)」

추천사의 글을 쓰면서 위의 성구가 강하게 생각나기에 먼저 성경말씀을 썼습니다.

어떤 역사이든 우연히 되거나 저절로 이뤄진 것은 없습니다. 그 역사 속에는 반드시 한 알의 밀알이 희생됨으로써 귀한 결실이 맺어집니다.

하나님께서는 130년 전 제임스홀 William James Hall을 통하여 광성학원을 세우셨고 존 무어(John Z. Moore, 한국명으로 문요한) 선교사를 불러 발전시키셨습니다.

그 당시 한국은 가장 미개하고 가난하며 무지한 나라였기에 사람들은 희망이 없다고 생각했습니다. 그러나 하나님의 사람인 존 무어 선교사는 한국과 한국인의 가능성을 믿음의 눈으로 보았고 이땅에 한국인 교육을 위하여 학교 기관을 세우는 일에 헌신했습니다. 미국 본토에 있는 교회와 뜻있는 사람들의 후원으로 관서지방 최고의 사립 광성고등보통학교로 발전시켜 한국의 젊은이들에게 믿음과 학문을 심어주었습니다. 하지만, 1941년 일제에 의해 강제 추방을 당하게 됩니다. 이후 광성학교는 1945년 북한이 공산화되면서 남하하여 1952년 부산에서 재건, 개교하고 1961년 현재 위치에 자리잡게 됩니다.

그 과정에서 우리가 미처 알지 못한 숨겨져 있는 역사들이 있기에 이제라도 우리는 광성학원의 발자취를 찾아 이들의 희생과 노고로 인하여 오늘의 광성학원으로 발전된 것을 발견합니다.

이렇게 하나님께서는 광성학원 130년 역사를 바로 알 수 있는 귀한 선물을 주셨음을 깨닫고 이제라도 우리의 사명을 다할 것을 다짐해 봅니다.

필자는 10여 년 전에 마포에 있는 양화진 선교사들의 무덤을 바라보면서 이 나라 이 백성을 위해 희생하는 밀알이 되어 오늘의 귀한 열매를 얻게 됨을 마음 깊이 느끼고 감사하며 이제는 우리도 은혜 받음에서 그 은혜를 보답하는 성숙한 자세를 가져야 된다고 다짐한 적이 있습니다.

오늘의 광성학원이 세워지고 유지해 오기까지 많은 분들의 땀과 눈물과 희생과 헌신을 진심으로 기리면서 우리 모두는 광성학원을 통한 하나님의 더 큰 뜻을 이번 130주년을 기념하면서 새롭게 결단하기를 진심으로 바라는 바입니다.

추천사

일생을 한국 선교에 바친 존 무어 선교사

서영석 교수
(협성대학교)

이번에 『광성을 사랑한 선교사 존 무어』란 책의 출간을 진심으로 축하드립니다. 존 무어 John Zachariah Ⅱ Moore, 한국명 문요한 선교사는 한국에서 오랫동안 활동하며 일생을 바쳐 한국 선교에 큰 공헌을 한 분으로서 그의 선교 사역은 한국 교회사에 있어서 결코 간과할 수 없습니다. 무어 선교사는 1941년 일본에 의해 추방당할 때까지 일생을 바쳐 평안도와 황해도지역을 담당하며 선교 활동에 헌신하였습니다. 무어는 선교 사명에 불탔고 여러 지역을 순회하며 전도하였고 여러 교회를 방문해 교역자들을 돕고 교회당 건축에 힘쓰며 환자들을 지원하는 일도 담당하였습니다. 특히 그는 교육에도 많은 관심을 가져 많은 학교를 설립했으며 학교 운영에도 최선을 다했습니다. 1893년 홀에 의해 설립된 광성학교는 1903년 무어 선교사가 2대 설립자로 취임하여 학교 발전을 위해 혼신의 힘을 다하였으며 평양 지역에서 우수한 교육 기관으로 만들어 놓았으며 수많은 훌륭한 인재를 양성했습니다. 무어 선교사는 1941년 일제에 의해 강제로 출국되기까지 약 40년 동안 평양에 머물면서 관서지역에 160여 개 교회와 30여 개의 교육 기관을 설립하여 많은 이들에게 복음과 지식을 전하였습니다. 그는 한국인들의 자립 정신을 가조하며 베푸는 사역을 전개하며 한국인들에게 기독교 복음과 교육의 중요성을 크게 일깨워 주었습니다.

하지만 한국에서 선교 활동을 펼친 존 무어의 활약이 세상에 잘 알려지지 않아 아쉬움 점이 많았는데 이번에 무어에 대한 연구가 진행되어 이 책을 출간하게 된 것은 매우 의미 있는 일이라 생각합니다. 이번 소요한 교수의 존 무어 선교사에 대한 연구가 여러 가지 면에서 특별한 의미를 갖는다고 봅니다.

첫째는 서두에서 밝혔듯이 그동안 빛 보지 못했던 존 무어의 활동과 영향력을 교계나 학계에 다시금 부각시켜 주었다는 점입니다. 이로써 존 무어에 대한 연구가 한국 교회사에 있어서 더 풍성한 자료를 제공해 주었고 그를 재평가할 수 있도록 하였다는 것은 이 책의 소중함을 더해 줍니다. 드류대학교의 미국 감리교 역사자료실 아카이브에 소장된 존 무어 선교사의 방대한 관련 자료들을 통해 존 무어의 한국 선교 활동을 정확하게 파악하고 알리게 되었다는 것도 매우 큰 수확이라고 봅니다. 그의 사진을 비롯하여 선교 보고서, 편지, 자필 기록들을 통해 존 무어 선교사의 활동과 업적을 소상히 확인하게 된 점은 큰 소득이라 할 것입니다. 존 무어의 원문 기록을 바탕으로 이 책을 써내려 간 부분은 존 무어와 그의 활동을 정확하게 이해할 수 있도록 도움을 주고 있습니다.

둘째는 존 무어가 평양을 중심으로 한 북한지역에서 선교 활동을 중점적으로 전개한 인물이었기에 그의 활동을 추적하는 일은 미감리회의 서북지방 선교와 북한지역 교회사에 알려지지 않은 많은 부분을 채워줄 수 있기 때문입니다. 구체적으로 존 무어의 활동을 통해 평양 지역 선교에 대해 구체적으로 파악할 수 있다는 점입니다. 존 무어는 평양 지역 선교지 현황, 교육 선교 현황과 상황을 밝히며 평양지역의 선교에 대해 분석하면서 나아가 한국 선교의 과제와 결실 및 한국 선교지의 자립, 그리고 한국인 지도자의 성장에 대해 강조하고 있습니다. 이처럼 그의 활동과 비전은 한국의 근대 교육과 기독교에 적지 않은 영향을 미쳤음을 알 수 있을 것입니다.

셋째는 존 무어의 교육에 대한 열정을 찾아볼 수 있는데 광성학교를 비롯해 한국에 학교를 세워 학생들을 교육시키는 것이 한국의 궁극적 발전이라고 본 점입니다. 나아가 신앙교육을 통해 기독교 지도자를 양성하는 것이 그의 필생의 사업이었음을 분명하게 보여 줍니다.

이 책을 통해 우리는 존 무어 선교사로서의 큰 업적을 확인할 수 있을 뿐만 아니라 그의 선교의 비전과 한국과 한국인 사랑, 그리고 교육에 대한 열정을 확인할 수 있습니다. 존 무어는 한국에서의 평생 활동을 하면서 한국인들과 교인 그리고 젊은 학생들에게 아낌없는 사랑을 주고 갔습니다. 그는 삶과 일치하는 진실한 모습과 단순함으로 생활 태도를 보여줌으로써 한국인들에게 그리스도를 소개하였습니다. 그러므로 존 무어 선교사의 한국 선교 활동에 대해 깊이 있게 살펴보고 그의 선교 비전과 선교 및 교육 활동을 찾아보는 것은 지금 우리들에게도 매우 의미 있는 일이라 할 것입니다.

　　이 책의 저자이신 감리교신학대학교에서 가르치고 연구하고 계시는 소요한 교수의 수고가 읽혀집니다. 존 무어에 대한 자료를 찾고 번역하고 분석하여 그의 활동을 정리하는 작업이 간단하지 않았음에도 불구하고 일목요연하게 잘 정리해주셔서 감사드립니다. 이 책을 기독교인은 물론 목회자들, 교육을 담당하는 지도자들과 학생들, 그리고 연구자들에게 일독하기를 권합니다.

차 례

머리말　16

1장. 들어가면서　25
　　존 무어의 자료와 현황　32
　　존 무어의 가문　38

2장. 평양 서부 지역의 선교 1903-1909　45
　　평양 서부 지역 선교　48
　　선교지 현황　61
　　선교지 자립과 교육 선교 현황　69
　　신앙 양육(사경회) 현황　75
　　선교지의 상황　78

3장. 평양 지역의 선교 결과 1903-1909　83
　　한국 선교의 과제와 결실　85
　　한국 선교지의 자립　105
　　선교 현황과 결과　117
　　교육 현황과 결과　124
　　한국인 지도자의 성장　151

4장. 평양 지역 선교지의 재건 1914-1921

    광성학당의 재건   164

    평양 지역 선교의 시작   188

    교파 연합 운동   196

    3.1 운동   221

159

5장. 평양 지역 선교지의 자립 1921-1929

    선교지의 회복   244

    선교지의 자립   285

    선교지 상황의 위기와 극복   305

    선교지의 발전   331

243

6장. 평양 지역 한국인 기독교 지도자의 양육 1930-1942

    한국인 지도자 양육   357

    평신도 교육과 훈련   369

    평양의 마지막 선교사   385

355

7장. 결론   395

존 무어 선교사 연보   400

참고문헌   405

머리말

지난 2021년, 저는 광성 중·고등학교의 배려와 사랑으로 존 무어 (문요한) 선교사님을 연구할 수 있는 기회를 가졌습니다. 평양과 이북지역의 선교를 위해 40여 년 넘게 그의 생애를 바친 존 무어 선교사님을 기억할 수 있어 저에게는 큰 영광이었습니다.

존 무어 선교사님은 미북감리교회 선교지의 30-40%를 담당했던 평양지방의 선교와 교육을 담당하셨던 분으로 우리나라 개신교의 역사에 있어서 빼놓을 수 없는 분입니다. 이렇게 중요한 선교사님에 대한 연구는 지금까지 전무했습니다. 따라서 이 연구도서는 존 무어 선교사님의 선교 활동과 사상을 잘 소개하는 것을 우선순위로 염두하였고 이를 위하여 그분께서 쓰신 글과 보고서 등 전문을 번역 인용하였으며 이를 근거로 그분의 선교 활동과 사상을 전달하려고 했습니다.

그리고 존 무어 선교사님의 선교 활동을 통해 한국 교회와 개신교 학교가 성장했던 모습을 전달하려고 했습니다. 그것은 존 무어 선교사님의 희생뿐만 아니라 그를 따르던 수많은 한국인의 희생이 함께 한 값진 결실로 이루어진 성장이었습니다.

그분의 삶은 신앙의 후손인 우리 마음에, 우리 손에 고스란히 남 있고 존재합니다. 특별히 광성중·고등학교에는 더욱 그러할 것입니다.

존 무어 선교사님께서는 성경 말씀 "고전 15:58 이는 너희 수고가 주 안에서 헛되지 않은 줄 앎이라"처럼 그가 다른 이들을 살리는 생명을 위해 모든 것을 희생하는 수고로운 삶을 그대로 사셨습니다. 그분이 돌아가실 때 아들 제임스 무어 James B. Moore 가 아버지를 그리며 남긴 추모사는 드류대학의 미국연합감리교 아카이브스 The General Commission on Archives and History 에서 보관하고 있는데 그의 어린 생애와 가문을 알 수 있는 유일한 단서입니다. 그의 생애 전체가 조명된 글로서 그가 어떤 삶을 살았는지 잘 소개되고 있습니다. 그 글을 머리말에서 일부를 인용하면 다음과 같습니다.

제임스 무어(아들)가 그린 스케치.

"나와 함께 늙어갑시다!
가장 좋은 날은 아직 오지 않았으니,
인생 초반은, 나중을 위해 만들어진 것.
우리의 시간은 주님의 손안에 있네.
주께서 말씀하시길, 전체는 나의 계획이니
젊음 시절은 반밖에 보여지지 않았다.
하나님을 신뢰하되 모든 것을 보거나 두려워하지 말라!"

- 로버트 브라우닝

존 무어 가족 ©GCAH

　　무어 박사는 사망 당시 89세였으며, 79세의 아내 루스 베네딕트 무어(1018 North Hobart Blva., Los Angeles 29, California, Kingsley Manor, a Methodist home에 거주)와 오하이오주 콜럼버스에 거주하는 그의 딸 해리엇 엘리자베스Harriett Elizabeth(프랭크 플레쳐 주니어 부인, Mrs. Frank M. Fletcher, Jr.), 캘리포니아 라하브라에 거주하는 그의 아들 제임스 베네딕트 James Benedict 에게는 5명의 자녀들이 있습니다. 루스리 Ruth Lee, 프랭크 밀포드 3세 Frank Milford III, 케네스 에드윈 플레처 Kenneth Edwin Fletcher, 존

더글라스 John Douglas, 로버트 브라우닝 무어 Robert Browning Moore입니다(존 무어의 첫째 아들 존 자카리아 3세 John Zachariah III 는 1917년 5월 31일에 태어나 열흘 후 사망했으며, 한국 평양에 묻혔습니다.).

존 무어 박사는 존 자카리아 무어 1세 John Zachariah Moore I 목사와 그의 아내 마가렛 앤 글래스고 무어 Margaret Ann Glasgow Moore의 아들입니다. 그는 부모 사이에서 태어난 8남매 중 마지막으로 살아남은 자녀였습니다. 그의 또다른 남매는 수잔 Susan , 베시 Bessie, 줄리아 Julia, 마가렛 Margaret, 아달린-애디 Adaline-Addie, 제임스 James, 로버트 Robert입니다. 펜실베니아와 오하이오의 여러 감리교 교회를 섬긴 후, 그의 아버지는 오하이오 주 세인트 클레어스빌 근처의 리치랜드에 있는 농장에서 존 무어(존 무어 2세)가 자란 곳으로 이사했습니다.

집은 통나무 오두막이었으며 나중에 판자로 덮었습니다. 존 무어 1세(아버지)는 1829년에 태어나 1887년에 사망했습니다. 그의 아내(어머니) 마가렛 글래스고는 1832년에 태어나 1908년에 사망했습니다. 존 무어 박사의 할아버지인 제임스 무어 James Moore 목사는 피츠버그 연회의 주요 감리교 목사였으며, 존 무어 2세가 한국에서 감리교 총회 대의원이었던 1828년보다 정확히 100년 전에 볼티모어에서 열린 감리교 총회 대의원으로 활동한 바 있습니다.

1753년 아일랜드에서 태어난 증조부 로버트 무어 Robert Moore 는 미국으로 이주하여 현재 펜실베니아 주립대학으로 불리는 마을의 설립자 중 한 명입니다. 그는 장로교 신자였습니다.

무어 박사는 세인트 클레어스빌에서 고등학교를 졸업하고 오하이오주 리치랜드 인근에서 4년 동안 학생들을 가르쳤으며 1890년대에는 격년제로 사이오 대학 Scio College 에 다녔습니다. 1900년에 사이오 대학을 졸업했습니다. 1903년 드류 신학교를 졸업한 그는 졸업 전에 조선의 평양에서 선교사로 일하기 위해 떠났습니다(1945년부터 평양으로 표기). 무어 박사는 1903년 감리교회에서 집사무사로 안수를 받았고 같은 해 장로 목사로 안수받았습니다. 1905년 무어 박사는 베벌리 출신의 알파 레이니와 결혼했고, 1914년 그녀가 사망할 때까지 무어 박사는 감리교 해외선교위원회와 관련된 강연과 다른 일을 했습니다. 사망 당시 무어 박사는 감리교 오하이오 북동부 연회 소속으로 41년 3개월 동안 봉사했으며, 60년 동안(은퇴 기간 포함) 감리교 해외선교위원회 소속 선교사로 활동한 공로를 인정받았습니다.

무어 박사는 1914년 한국 평양으로 돌아와 1916년 뉴욕주 로마 출신의 루스 엠마 베네딕트와 결혼했습니다. 그녀는 감리교 여선교회 해외선교부 소속 선교사로 평양에 주재했습니다. 볼티모어의 가우처 대학을 졸업한 그녀는 1910년부터 평양에서 사역을 시작했습니다.

무어 박사는 평양의 감리교 남자 고등학교인 광성고등보통학교, 감리교 여자 고등학교인 정의학교, 남자 성경학교, 여자 성경학교, 그리고 북한의 3개 도에 걸쳐 수많은 교회와 초등학교를 설립했습니다. 1925년에는 조선총독부 사이토 총독으로부터 개척 교육 공로로 제국에서 상장과 은화로 된 꽃화병을 수여받았습니다. 1954년에는 선교 공로를 인정받아 대한민국 훈장을 받았습니다. 1915년 마운트 유니온 대학(앞서 사이오 칼리지와 통합한)은 무어 박사에게 명예 신학 박사 학위를 수여했고, 1941년 마운트 유니온은 그에게 명예 법학박사 학위를 수여했습니다.

무어 박사는 언더우드, 아펜젤러, 에비슨, 게일, 마펫, 홀, 블레이어, 리, 스크랜턴, 노블, 존스 등 한국에 온 마지막 생존 개척 선교사 중 한 명이었습니다. 50년 동안 한국에서 일하거나 한국을 위해 일하면서 약 50만 달러를 모금하고 선교지에 지원하여 한국인의 생활에 도움을 주었습니다. 그는 수천 통의 기사와 팸플릿, 편지를 써서 그곳에서 있었던 일을 보고했습니다. 그는 미국 전역에서 부유한 사람부터 평범한 사람, 수백 명의 목회자, 교회 평신도, 사업가에게 아낌없는 후원을 받았으며, 한국 감리교회의 자치권을 추구했던 선구자였습니다. 그는 감리교 크리스천 어드보케이트에 한국의 자치 교회와 한국인이 선출한 감독을 촉구하는 최초의 글을 기고했습니다. 그는 한국 감리교회의 설립과 초대 감독인 양주삼 박사의 선출을 도왔습니다. 그는 미국 감리교회가 통일되기 9년 전인 1930년 한국에서 남감리교와 북감리교 선교 사역의 통합을 도왔습니다.

무어 박사는 매사추세츠주 노스필드에 있는 사이오 칼리지에서 드와이트 무디, 존 모트, 로버트 스피어 등의 집회에 참석하며 학생자원봉사운동의 영향을 받았습니다. 로버트 로저스, 올린 커티스, 존 포크너 교수들이 주축을 이루었던 드류 신학교의 교육을 통해 문자적 접근이 아닌 생명력 있는 성경 가르침을 기초로 다졌습니다. 무어 박사의 설교는 다채로운 이야기와 유머러스한 일화로 가득하고 삶과 일치하는 진실함과 고귀한 목적의식을 가진 역동적인 설교자로 기억합니다.

무어 박사가 가장 좋아한 시인은 로버트 브라우닝으로, 그는 '나와 함께 늙어갑시다.(로버트 다우니의 Rabbi Ben Ezra 시)'라는 시구를 자주 인용했습니다. 그가 존경하고 따르는 인물은 존 웨슬리, 에이브러햄 링컨, 시어도어 루스벨트였으며, 그의 서재에는 이들에 관한 책이 가득했습니다. 웨슬리가 영국에서의 자신의 설교에 대해 말했듯이, 무어 박사도 한국에서의 평생 사역을 요약하면 "나는 그들에게 그리스도를 주었다"라고 말할 수 있습니다. 이것이 그의 평생 목표였고, 그의 인격과 메시지의 단순함과 힘은 이 단어로 요약할 수 있습니다.

무어 박사의 전 생애는 기독교에 대한 편협한 교리적 접근으로부터 자유로웠다는 점에 주목할 필요가 있습니다. 웨슬리와 함께 공교회의 기독교가 그의 목표였습니다. 때때로 논쟁적인 신학자들이 지배하던 선교지에서 신조와 본문을 논쟁하며 교회를 분열시키려는 경향을 보았을 때, 그는 (웨슬리와 함께) 오직 한 가지 질문만 던졌습니다: "당신의 마음 속에 하나님의 사랑이 넘치고 있으며, 그 사랑이 당신의 성품과 행동에서 분명하게 드러나는가?"라고 물었습니다.

무어 박사가 가장 좋아했던 "최고의 여행"이라는 말은 일종의 가족 농담처럼 말하곤 했지만, 현실이 되었습니다. 그는 리치랜드 공동묘지에 세운 묘비에 이 말을 새겨야 한다는 말을 자주 했습니다. 수년 전 오하이오주 세인트 클레어스빌에 세워진 이 묘비는 유능하고 사랑받는 선교사였던 그와 그의 아내가 여러 세대에 걸친 가족들과 함께 마침내 안식해야 할 곳을 표시하고 있습니다. 이 말은 그가 평양을 떠나 그 지역의 학교와 교회 사역에 참석할 때 멀고 춥고 힘든 2-3주간의 이동 생활을 마치고 차에서 내릴 때 항상 외치던 말입니다. "최고의 여행"은 수많은 슬픔과 실망으로 점철된 삶이라도 신앙을 흔들 수 없던 한 남자의 철학을 상징하는 말이었습니다. 그는 절대적인 낙관주의자였지만, 그 이상으로 그리스도의 영을 풍성하게 소유한 사람이었습니다...... 다음은 1954년 대한민국 훈장 수여식에서 무어 박사에게 수여된 표창장 전문 중 일부입니다.

"대한민국은 한국에서 선교사로서 헌신적으로 봉사한 공로를 인정하여 존 무어 박사에게 대한민국 훈장을 수여하게 된 것을 기쁘게 생각합니다. 무어 박사는 50년 동안 한국 국민을 위한 대의의 옹호자로서 대한민국에 탁월한 봉사를 했으며 선교 사업에 최고의 공로를 반영했습니다.... 그는 평안북도, 평안남도, 황해도를 광범위하게 여행하여 그 지역에서 그의 이름과 그의 훌륭한 업적을 모르는 사람이 거의 없을 정도였습니다. 그는 수많은 젊은 남녀가 한국과 미국에서 교육을 받을 수 있도록 돕고 교회 생활의 모든 단계에서 지도자가 되도록 격려했으며, 가치 있는 종교 및 교육 기관을 위해 많은 돈을 모금하도록 도왔습니다..... 대한민국은 무어 박사가 한국의 기독교 발전과 인류 자유의 대의에 기여한 공로를 인정하며 깊은 감사를 표합니다."

위의 추모사에서 발견되는 놀라운 사실은 존 무어 선교사의 가문은 미국에 정착한 감리교의 멤버로서 감리교 전통이 강한 3대째 목회자 집안이라는 점입니다. 이는 다른 내한 선교사들과는 달리 훌륭한 목회적 환경을 가지고 있었습니다. 이렇게 안정적인 삶을 추구할 수 있는 가문임에도 불구하고 초창기 그의 집은 통나무였고 가난했었다는 점은 그의 집안이 검약할 뿐만 아니라 세속적인 가치보다 기독교적인 가치를 추구했다는 것을 알 수 있습니다.

이러한 사실을 반영하듯 그가 한국의 선교지를 발전·정착시키기 위해 자립 정신을 키우고 50만 달러의 후원금을 모으는 과정에서도 대부분 그의 사비가 들어갔습니다. 이는 존 무어 선교사 역시 검약과 기독교적 가치를 추구한 삶을 살았다는 것을 살펴볼 수 있습니다.

끝으로 그의 생애를 연구할 수 있도록 기회를 주신 학교법인 광성학원 최준수 이사장님과 학교 관계자분들께 감사를 드리며, 책의 집필이 무사히 끝날 수 있도록 끝까지 도와주신 삼진출판사의 최현희 이사님, 편집을 담당한 장시원 대리님, 자료를 적극적으로 활용할 수 있도록 도움을 준 드류대학 감리교 아카이브스의 프란세스 라이언스님 Frances Lyons 께도 깊은 감사의 말씀을 드립니다.

1장   들어가면서

들어가는 말

　　1832년, 개신교 선교는 귀츨라프Karl Friedrich August Gützlaff, 윌리암슨 Alexander Williamson 선교사 등 선교를 통해 한국인에게 복음을 전파하려는 시도가 있었다. 이렇게 그들이 스쳐지나갔던 흔적은 보고서를 통해 알 수 있지만 선교는 지속되지 않았다. 1866년, 영국의 토마스Robert Jermain Thomas 선교사는 미국의 상선 제너럴 셔먼호General Sherman를 타고 들어와 복음을 전파하려다가 평양의 대동강변에서 목숨을 잃기도 했다. 그 이후, 1877년에 만주 지역 선교사인 존로스John Ross와 매킨타이어John Macintyre가 성서를 한글로 번역하고 이북 지역을 중심으로 한국인 권서를 통해 반포하게 된다. 이들의 사역은 이북 지역 선교와 신앙에 중요한 토대를 다진 사역이었다. 1884년, 미국의 개신교 선교사인 매클레이R. S. Maclay와 의료 선교사인 알렌H. N. Allen이 내한하여 선교의 문을 열었고 1885년, 아펜젤러H. G. Appenzeller와 언더우드H. G. Underwood 선교사는 인천

제물포를 통해 내한했다. 이들은 서울과 이남 중심으로 교회, 교육 선교를 진행했기 때문에 상대적으로 이북 지역 선교는 선교사가 아닌 한국인 권서와 개신교인이 주도하여 한글 성서를 중심으로 수용하게된다. 이렇게 선교는 지엽적으로 진행되었으나 이후 확장이 된다.

  1892년 3월 14일에 평양 이북 지역에 최초로 미국 북감리교 소속 윌리엄 제임스홀 William J. Hall 선교사가 평양 지역 선교를 시작했다. 이와 함께 장로교 선교사였던 마펫 Samuel A. Maffett, 그래함 리 Graham Lee 선교사 등과 함께 평양 지역의 개신교 선교 정착에 힘을 쏟는다. '가장 문란하고 더러운 도시이며, 일반인과 관원들을 막론하고 마음에 안 들면 돌로 치는 곳으로 유명하기 때문이어서 외지인에 대한 반감이 있기 때문'에 의료 선교사인 자신이 필요하다며 한국인 김창식 목사와 함께 척박한 평양 지역 선교를 진행했다.*

  그는 평양 지역 선교를 위해 희생할 각오로 선교에 매진했다. 광성학교의 전신인 학당 교육을 통해 교회, 의료, 교육 선교를 정착시키려고 했지만 청·일 전쟁으로 피해를 입은 사람들을 치료하다 전염병에 걸려 안타깝게 목숨을 달리했다. 그 후 한국에 교육 선교사로 파송된 노블 W. A. Noble 선교사가 평양 지역의 교육과 직접 선교를 담당하게 되었다. 평양 지역은 이북 지역의 수도일 뿐만 아니라 신앙의 중요한 거점이었기

---

* 셔우드 홀 저·김동열 역, 『닥터홀의 조선회상』 (서울: 동아일보사, 1984), 89.

때문에 미국북감리교 선교부에서는 1903년에 평양 지역과 이북 지역을 담당할 베커Arthur L. Becker, 존 무어*, 크리쳇C.Crichett과 서울, 공주 지역 담당 선교사 샤프R. A. Sharp를 선교사로 파송했다. 그때 평양 지역은 4개의 순회 구역으로 구분하였다. 하나는 진남포를 비롯한 삼화, 증산, 강서 등지이며 둘째는 평양과 대동강 이남의 칠산, 중화 지역, 셋째는 해주를 중심으로 옹진, 강령 등지이며 넷째는 신계, 수안, 봉산 등 황해도의 북부 지역이다. 이러한 선교지 가운데 평양 지역의 진남포를 중심으로 삼화, 증산, 강서 지역에 존 무어를 선교사로 파송했다.

이후 존 무어는 진남포(평양 서부 지역)를 중심으로 선교 활동을 왕성히 했으며 첫 번째 부인이 병에 걸려 치료차 미국으로 귀국하는 가운데서도 선교지 후원과 운영을 위해 서신으로 소통했다. 안타깝게도 첫 번째 부인이 병사한 가운데 큰 고통을 겪었지만 다시 한국에 내한하여 평양 지역 전체를 담당하면서 교회, 학교를 중심으로 한국의 지도와 후학 양성을 위해 평생을 헌신했다.

존 무어의 한국 선교를 두고 감리교회 대표적인 목회자 류형기는 이렇게 평가했다.

"문요한 선교사는 1903년 내한해 1908년까지 평양에서 일하다가 부인의 병 때문에 귀국해 상배하고 1914년 평양에 복귀

---

* 존 무어의 이름은 John Zachariah Moore II이며 한국명은 문요한(文曜翰), 문약한(文約翰) 선교사이다. 여기서는 통일하여 존 무어라고 칭하겠다.

하자 베네딕 양과 결혼하여 남매를 낳고 25년간 전도, 교육 사업에 큰 공헌을 했다. 100여명 감리교 선교사들 중에 모금을 제일 많이 하여 평양 광성학교 외에 20여 지방에 소학교들을 세워 교육 사업에 힘썼는데 한국 말에는 특별 여음이 많아 알아 듣기 어려웠으나 유머 100%였다. 자기 지방 어떤 교회에서 종을 사다 놓고 1년이 지나도록 종각을 짓지 않고 땅에 놓은 것을 보고, "왜 종각이 그렇게 늦느냐"는 문책 대신에 "예, 세상 사람들 종소리 많이 들었죠, 응, 그 지옥에 있는 사람들 예배당 종소리는 좀 들어야 돼요, 응, 그러죠, 응" 했다는 것이다. 그의 영어 설교는 훌륭했으며 미국에 보낸 모금편지들은 명문이었다. 그가 은퇴 후에도 그 친구들이 적지 않은 구제비를 보냈다. 1940년 11월 선교사 철퇴 때 귀국을 거절하고 평양에 있다가 일미전쟁 개전 후 주택에 연금되어 길러낸 젊은 교역자들의 배신행위와 부인의 검속으로 크게 당황하다가 1941년 봄에 귀국 후 한국 정부 표창도 받고 1963년 라성(L.A)에서 별세해 오하요주 선영에 안장했다. 라성에서 20여 년 은거하시는 동안 자주 만났으나 일제 말년의 괴로웠던 경험에 대해서는 일언반사도 없었다. 그는 끝까지 한국을 사랑했으며 한국의 많은 인재를 길렀고 만날때마다 이화대학 이숙네(박사) 자랑이 대단했다."**

** 류형기, 『은총의 팔십오년 회상기』 (서울: 한국기독교문화원, 1983), 36.

류형기의 글뿐만 아니라 타인의 눈에 비친 존 무어의 생애는 몇 가지 특징이 있다. 첫째는 그가 이북과 평양 지역 선교와 교육 사업을 위해 최선을 다했다는 점이다. 둘째는 목회지와 교육 선교를 위해 감리교 선교사들 중에서 모금을 제일 많이 했다는 점이다. 셋째는 생애 마지막 날까지 한국인 지도자를 양육하기 위해 힘을 쏟았다는 점이다. 존 무어는 오랜 평양 지역의 대표적인 선교사로서 40여 년 동안 평양과 그 주변 지역을 위해서 교회와 학교를 세우는 것뿐만 아니라 한국인에게 감리교를 이양하는 큰 공헌을 했음에도 불구하고 그의 서거 후 60여 년 동안 그를 기렸던 연구와 기념은 거의 전무하다시피 했다. 그에 대한 역사 기록이 부재한 것도 아니며 그가 삶을 부끄럽게 살았기 때문도 아니다. 오히려 그가 일궜던 헌신의 은혜를 입은 후손들이 그에 대해서 관심이 없었기 때문이었다. 다행히 이번에 광성중·고등학교 130주년을 맞이하여 설립자 존 무어의 선교와 사상을 기억하자는 목소리가 나왔다.

2023년 1월, 연구가 시작될 쯤 문요한 선교사의 묘비에 가서 광성중·고등학교 관계자, 학생들과 함께 성묘서 문안인사를 드렸던 것이 생각났다. 존 무어의 묘는 오하이오 주의 오하이오 미국연합감리교 공동묘지 East Richland Methodist Episcopal Cemetery에 안장되어 있었다. 위치는 Richland Township, Belmont County, Ohio, USA에 위치하고 있다.

그의 묘지는 식구들 묘역에 함께 있어 그의 부모, 자녀 등의 이름도 볼 수 있었다. 특히 한국 여성 교육과 선교를 위해 헌신했던 아내, 루스 베네딕트 무어(문로득)의 묘비도 나란히 있어 존 무어 뿐만 아니라 그의 식구들 모두가 한국을 위해 희생했음이 눈에 들어왔다.

　　오하이오 주 외곽에 있는 그의 묘지는 식구들 외에는 찾아온 흔적이 없었다. 한국인으로 광성중고등학교 팀들이 거의 처음 방문했을 것이라고 예상한다. 늦었지만 오늘 한국 교회와 광성중·고등학교, 정의여학교 등 수많은 근대 교육 기관의 토대를 놓았던 가족에게 최소한의 예의를 표하는 것이라 생각한다.

존 무어 선교사 묘역과 참배하는 광성고등학교 학생들과 관계자

존 무어의 자료와 현황

존 무어의 생애 연구를 위해 그동안 수집한 자료에 대한 것을 소개하면 먼저 그의 방대한 서신들을 살펴볼 수 있다. 이 서신들은 광성 중·고등학교의 후원으로 전부 복원번역하고 있는 단계에 있기 때문에 먼저 섣불리 이야기하는 것이 조심스러울 수 있지만 서신의 상당 부분은 선교후원금 모금에 대한 내용이 포함되어 있어 오늘의 한국 교육과 교회가 있기까지 운영된 실제적인 모습을 살펴볼 수 있다. 또한 그 후원을 해야 하는 당위성을 말하면서 후원자 설득을 위해 선교 내용을 보고했기에 그의 선교에 있어 강조했던 내용과 주요한 흐름 등을 파악하는 것에 반드시 참고해야 할 자료이다. 내한 선교사 가운데 가장 많은 후원금을 모집한 선교사라고 불리우기 때문에 그의 노고와 선교의 전반을 기념하기 위해서도 필요한 부분이다. 그의 서신들은 총 2,625페이지

정도로 방대한 자료이다.* 이 서신들은 주로 미국 북감리교의 선교본부, 개인적으로 소통한 발신, 수신 서신이 함께 있으며 선교 현황과 후원금 요청하는 내용 등도 포함되어 있다. 내한 선교사 가운데서도 서신들의 양이 많아 방대하다. 현재 수집한 그의 서신은 마이크로 필름되었던 것을 출력한 것이기 때문에 타이프된 글씨체가 아예 지워지거나 상태가 좋지 않는 것이 많았다. 그의 서신에 대하여 원본을 소장하고 있는 Drew 대학에 위치한 미국 연합감리교 역사 자료실과 센터United Methodist Archives and History Center에서 확인이 가능하기 때문에 직접 자료를 살펴보며 사료 복원을 하고 있으며, 현재(2024.2) 모든 자료를 복원했다.

또한 서신과 함께 그의 전체적인 선교 활동을 조망하기 위해서 선

---

* 1) Moore, J. Z. Korea 1902-1912; 2) Moore, John Z.(REV. & MRS.) 1912-1944, Folder 1: May 1912-1914; 3) Moore, John Z.(REV. & MRS.) 1912-1944, Folder 2: May 1915-1916; 4) Moore, John Z.(REV. & MRS.) 1912-1944, Folder 3: 1917-1919; 5) Moore, John Z.(REV. & MRS.) 1912-1944, Folder 4: 1920-1922; 6) Moore, John Z.(REV. & MRS.) 1912-1944, Folder 5: 1923-1925; 7) Moore, John Z.(REV. & MRS.) 1912-1944, Folder 6: 1926-1928; 8) Moore, John Z.(REV. & MRS.) 1912-1944, Folder 7: 1929; 9) Moore, John Z.(REV. & MRS.) 1912-1944, Folder 8: 1930-1931; 10) Moore, John Z.(REV. & MRS.) 1912-1944, Folder 9: 1932; 11) Moore, John Z.(REV. & MRS.) 1912-1944, Folder 10: 1933-1935; 12) Moore, John Z.(REV. & MRS.) 1912-1944, Folder 11: 1936; 13) Moore, John Z.(REV. & MRS.) 1912-1944, Folder 12: 1937; 14) Moore, John Z.(REV. & MRS.) 1912-1944, Folder 13: 1938-1940; 15) Moore, John Z.(REV. & MRS.) 1912-1944, Folder 14: 1941; 16) Moore, John Z.(REV. & MRS.) 1912-1944, Folder 15: 1942; 17) Moore, John Z.(REV. & MRS.) 1912-1944, Folder 16: Sept. 1942- June 1946; 18) Moore, John Z.(REV. & MRS.) 1912-1944, Folder 17: 1943-Cray 1944.

교 보고서 등을 함께 살펴보는 것이 필요하다. 그의 선교 보고서는 부인 병간호를 위해 중간에 미국을 다녀왔던 기간, 몇 차례 안식년을 다녀온 것 외에는 선교 보고서가 연도별로 있기 때문에 한국에서 선교사로 섬겼던 부분을 균형있게 살펴볼 수 있다. 또한 그의 선교 활동뿐만 아니라 사상을 알기 위해서 그의 생각을 직접 쓴 기고 글 등을 살펴보는 것이 필요하다. 그 리스트는 아래와 같다.

"With a New Impulse"	Korea Mission Field.	1906.10,	231.
"The Vision and the Task"	Korea Mission Field.	1906.4,	107-109.
"The Day Schools of Pyeng Yang District"	Korea Mission Field.	1906.7,	168.
"A Record of Self-Support"	Korea Mission Field.	1906.8,	195.
"Church Building"	Korea Mission Field.	1906.9,	219-220.
"Legs"	Korea Mission Field.	1907.1,	4-6.
"A Changed Life"	Korea Mission Field.	1907.10,	159-160.
"The Way a Returned Missionary canmake His Message Attractive to the Average Church Member"	Korea Mission Field.	1907.11,	173-174.
"The Fullness of the Gospel"	Korea Mission Field.	1907.12,	178-180.
"The Great Revival Year"	Korea Mission Field.	1907.8,	113-120.
"West Circuit"	KMEC	1908,	56.
"An Incident"	Korea Mission Field.	1908.2,	21-22.
"A Faithful Debtor"	Korea Mission Field.	1908.2,	22.
"Zeal in Service"	Korea Mission Field.	1908.3,	45.
"Bible Classes and Revivals"	Korea Mission Field.	1908.4,	50.
"NAL YUNBO"	Korea Mission Field.	1908.4,	61.
"Pyengyang District"	KMEC	1917,	59-62.
"Facts Gathered at The Pyeng Yang District Conference, 1917"	Korea Mission Field.	1917.12,	321-323.
"Pyeng Yang Union Evangelistic Campaign"	Korea Mission Field.	1917.4,	104-107.
"A Century of Growth"	Korea Mission Field.	1918.6,	129-130.
"Pyengyang District"	KMEC	1920,	44-47.
"The Methodist million Movement"	Korea Mission Field.	1920.2,	41-42.
"The Rewards of the Missionary"	Korea Mission Field.	1920.5,	104-106.
"Pyengyang District"	KMEC	1921,	119-121.
"Pyengyang, East and West District"	KMEC	1923,	272-274.

"Mission Work of the Korea Church (Method Episcopal)"	Korea Mission Field.	1923.4,	71-72.
"Pyengyang, East and West District"	KMEC	1924,	48-51.
"Yeng Byen District"	KMEC	1924,	58-59.
"Pyeny-Yang"	Korea Mission Field.	1924.2,	41-42.
"The Task Of The Travelling Missionary"	Korea Mission Field.	1925.3,	64.
"Pyengyang, District"	KMEC	1926,	220-223.
"Yeng Byen District"	KMEC	1926,	231-233.
"Report of the Pyengyang and Yeng Buen District"	KMEC	1927,	322-327.
"Pyengyang, District"	KMEC	1928,	247-249.
"Vital Methodism"	Korea Mission Field.	1934.9,	190-192.
"The most meetings"	Korea Mission Field.	1935.6,	113-118.
How kuibum, Youngpokie, and the Tiger Helped to Evangelize the Village	The Board of Foreign Missions of the M.E.C.		

KMEC : Official Minutes and Reports of Annual Session of the korea Annual Conference of the Methodist Episcopal Church.

마지막으로 그가 남긴 유품을 살펴보는 것이다. 다행히 존 무어의 딸이 1999년 그의 유품을 기독교대한감리회 본부에 기증하여 경기도 일영의 감리교역사자료실에 상시 전시하고 있었다.

안주 노회 사경회 기념 자수 (기독교 대한 감리회 역사정보 자료실 제공)

이외 그에 대한 자료들은 40여 년 정도 되는 선교 기간만큼 그와 함께 했던 한국 목회자들의 회고록, 감리교 평양 구역의 보고서, 사진 등에 계속 나타나고 있어 어렵지 않게 그의 흔적들을 찾을 수 있다.

이렇게 자료를 정리하면서 함께 생각할 수 있는 부분은 그가 선교했던 시기에는 그 역사의 크고 작은 사건들이 존재했다는 점이다. 특히 일제 강점기, 1907년 평양대부흥 운동, 3.1 독립 운동, 신사참배, 조선교육령 등이 있어 그에 대한 직·간접적인 자료들이 존재했다. 그리고 이러한 역사적 사건은 결국 존 무어가 마지막으로 한국 땅을 떠나는 모습에서 그 피해를 고스란히 간직하기에 이른다. 다음은 그의 제자였던 이윤영 목사의 회고록에 나타나던 존 무어가 한국을 떠나는 마지막 모습이다.

야속한 세상

이것은 현대 사회의 밉살스러운 장면이었다. 어려움이 있을 때에 친구를 아는 것이 참된 친구이다. 이러한 실례는 우리에게 교훈을 주는 것이었다. 세상인심은 참새 떼와 같이 곡식 알을 먹을 때에는 무더기로 날아와 주워먹고 다 먹은 뒤에는 훌쩍 날아가 버린다. 파리 떼와 같이 썩은 물건을 탐하여 모여 들었다가 먹고는 날아간다. 사회에서 보는 세상 인심은 의리, 도덕, 우정보다, 먹을 것과 이익, 권리 등을 보고는 모여들었다가 탐할 것이 없어진 후에는 다 가버리는 것이다.

문요한 박사는 한국에 와서 40년간 선교 사업에 헌신하여 평양에 광성중학교, 요한성경학교를 설립하였다. 또한 미국 친구들에게 연락하여 기부금을 많이 얻어다가 학교 경비며, 시설비를 도와줄 뿐 아니라 진남포, 강서, 사리원 지방에 있는 교회와 학교 등도 많이 도와주었다. 그리하여 이 지구의 목사들과 학교장들이 거의 하루같이 그의 주택에 모여 들었던 것이다.

잊지 못 한 문요한 박사

그러나 오늘날 미일 전쟁이 일어나 미국인은 한국에서 추방되어 가게 되니 언제 알았더냐는 듯이 외면하여 버리는 비극이었다. 문요한 박사가 귀국한 후 4, 5년 지났을 때 2차 대전이 끝났다. 한국이 일본의 독아에서 해방되어 독립되었다. "내가 북한 공산당의 압박에서 피신 월남하여 서울에서 살게 되었을 때에 문 박사는 양주삼 박사를 통하여 4, 5차 돈을 보내어 왔다. 당시 달러 시세가 좋을 때라 불소한 돈을 참으로 빈곤한 처지에 요긴히 썼다. 그는 과거 우정을 잊지 않고 이렇게 나를 도와 준 것이다."*

---

* 이윤영, 『백사 이윤영 회고록』(서울: 송우, 1984), 96-97.

존 무어의 가문*

존 무어는 그의 아버지 무어John Z. Moore, 1829-1887와 어머니Margarnet Ann Moore, 1832-1908에서 태어났다. 오하이오Ohio주가 고향인 아버지가 필라델피아, 볼티모어, 피츠버그 등에서 목회를 하셨는데 1874년 1월 9일 펜실베니아Pennsylvania 피츠버그Pittsburgh에서 5남 6녀 가운데 8째로 태어났다.** 존 무어는 3대째 감리교 목회자 가문에서 태어나 신앙 생활을 했기 때문에 그가 받은 가풍은 지극히 목회적 돌봄이 몸에 베었다는 사실을 알 수 있다. 하지만 그가 13살 때 아버지께서 돌아가시고 그

---

*   이 책의 이미지 가운데 ©GCAH의 표시는 그 출처를 드류대학의 The General Commission on Archives and Hisrory에서 했음을 밝히는 바이다.
**   머리말. 존 무어의 생애에서 그의 남매를 8남매로 언급하고 있으나 5남 6녀가 태어났으며 그중 3명은 사산되거나 유아기에 사망했다.

의 어린 시절과 성장에 대하여 남겨놓은 글들이 없어 잘 알려진 것이 없다. 그의 선교사 신상철에는 어릴 때부터 훌륭한 목회자의 가문에서 신앙 생활을 했기 때문에 따로 신앙적인 회심일자나 선교사 지원 동기 등이 없이 모태 신앙으로서 신앙을 가지고 교회에 입교한 동기 등이 있었다. 그의 아버지는 오하이오 주 출신으로 감리교 신앙을 대대로 이어온 목회자였다. 그 지역 신문에서도 그의 아버지의 삶에 대해서 그는 2대째 감리교 집안에서 태어나 감리교 신앙의 전통을 이어왔다고 한다. 특히 존 무어의 친할아버지 James Z. Moore도 감리교에서 신앙 생활을 하며 목회자의 역할을 담당하셨고, 외할머니는 사회에서 덕망 높으며 사회에 모범이 되는 분으로서 타인에게 귀감이 되었음을 보여주고 있다. 이렇듯 전통적인 감리교 목회자 가문에서 자란 존 무어는 신앙과 삶에 적지 않은 영향을 받았으리라 생각된다.***

    1900년 오하이오 주 사이오 대학(Scio College, 1911년 후에는 Mount Union University 와 통합되었다. 후에 이 대학에서 선교 사역의 공로를 인정받아 2차례 명예박사 학위를 받는다.)을 졸업한 존 무어는 Y.M.C.A.의 북부 지부에 봉사하고 일을 도맡아 하면서 1898년에 처음으로 해외 선교에 대한 생각을 했다. 이러한 삶은 그의 선교 평생에 걸쳐 나타났다. 그의 어린 시절과 젊은 시절의 기록이 생전 나오지를 않다가 40년 후에 기록한 그

***   앞의 머리말. 16-24 페이지 참조.

의 글귀에서 선교사로 소명을 받은 구체적인 언급이 있었다.

"40년 전 필자(존 무어)가 오하이오 주 마리온Marion, Ohio에서 열린 오하이오 주 대회에서 모트John R. Mott를 처음 만났고, 그의 일곱 번째 한국 방문에 영감을 받아 "모트 집회Mott Meeting"라고 명명된 이 집회에서 학생 Y.M.C.A. 존모트의 연설을 들은 후 "이 젊은 모트는 세계 지도자로서 멀리 갈 것이다"라는 조간신문의 헤드라인 제목 한 줄이 아직도 눈에 선합니다. 이 사람이 40년이 지난 지금도 여전히 젊고 장래를 바라보고 있다는 것이 신선하며 그의 삶의 중심이 그때와 같다는 사실, 즉 그리스도만이 세상의 유일한 소망이고 우리의 유일한 과제인 그리스도를 위한 세계 정복이라는 사실에 대한 공감이 아니겠습니까?"*

그의 선교사 지원 문서를 보아도 지원 동기에 Y.M.C.A만 표시를 했는데 그것이 존모트를 만난 집회였다. 한국을 선택하고 평생 한국을 위해 선교를 했던 그에게 존모트가 끼친 영향은 '한국에 대한 인식 전환', '장차 비기독교 국가 가운데 기독교 국가가 될 가능성' 등을 보는

---

* 존모트는 1881년부터 1915년까지 국제 YMCA 학생부 책임자로 지냈다가 YMCA 사무총장이 되어 1926년 YMCA 국제위원회 의장으로 선출되었다. 1946년 제2차 세계대전 이후 전쟁의 원조 사업을 한 공로로 노벨 평화상을 탔으며 대한민국도 여러 차례 방문했다. 1907년 2월에는 장차 한국이 동양의 기독교 국가가 될 것이라고 연설도 했다.

눈을 열어주었던 것이다. 존모트는 표어, "이 세대 안에 세계복음화를!"을 가지고 활발히 세계 선교에 힘쓰며 한국에 7번 방문을 한다. 후에도 평양의 대부흥의 현장을 보면서 존 무어와 함께 한다. 그때 존모트가 한국 선교의 가능성을 보면서 "한국은 근대 선교 역사 중에서 기독교화 된 첫 번째 비기독교 국가"가 될 것임을 보았다.** 이러한 사상은 존 무어에게 영향을 끼쳐 한국을 기독교 복음을 주도하는 동방의 횃불로서 인식하게 했다. 존모트는 1907년 평양 대부흥의 현장을 방문하면서 '한국인은 성서를 공부하는 기독교인', '한국인은 기도를 하는 기독교인', '자립하는 기독교인', '무급으로 설교하는 기독교인' 등의 표현을 하여 한국 기독교의 잠재성을 말하기도 했다.

존 무어가 Y.M.C.A에서 소명을 받고 선교사로 지원한 서신. ©GCAH

** 장성진, "'이 세대 안에 세계복음화를!'의 현실," 114. 「선교신학」 24(2010), 117-118.

학생 Y.M.C.A에서의 영향으로 존 무어는 삶을 보다 의미있고 가치있는 삶을 살기로 결심하고 자신의 삶을 드리기로 결정하며 드루Drew 신학교(현, 드류대학)에서 신학을 공부한다. 드류대학 1학년에 학교를 다니면서 본격적으로 해외 선교사가 되기로 결정했고 준비를 해갔다. 이후 1902년 8월에 뉴욕 동부 연회의 7th ST에 있는 감리교회에서 전도사로 사역하면서 1902년 12월 1일 미국 감리교의 선교부 총무인 캐롤H. K. Carroll에게 서신을 보내 필리핀, 중국, 일본, 한국을 선교지로 계획하고 해외 선교사를 지원했다. 존 무어는 이 서신에서 1순위를 필리핀 교육 선교사로 지원하려고 했다.* 하지만 한국의 이북 지역에 감리교 선교사가 필요하다는 요청을 받는다. 이 당시 미국에 나와있던 동북아시아의 선교 책임자였던 무어감독David. H. Moore의 한국 선교 요청도 영향을 끼치게 된다. 1903년에 드류대학을 졸업한 이후 한국 선교사로 파송된다.

이후 한국에서 선교 사역을 경험했던 존 무어는 하나님의 역사 가운데 한국이라는 나라를 하나님께서 크게 쓰실 것을 확신했다. 이러한 확신 때문에 그의 삶은 근검절약하면서

젊은 시절 존 무어의 여권 사진 ©GCAH

---

*   J. Z. Moore to H. K. Carroll letter, 1902. 12. 1. 이미지 참조. 41p.

선교를 위해 모든 것을 바치면서까지 한국 교회와 교육 발전에 매진한다. 그의 오랜 선교를 지켜보았던 한국인들이 존 무어의 선교 말기의 삶에 대해서 평가했던 부분을 인용하면 다음과 같다.

"선교사라고 하면 그들이 아무리 사회사업을 위주로 한다고 할지라도 황금국인 미국에 태어난 덕분에 대개 개인 생활에 있어서는 윤택하다고 볼 수 있는데 평양에 있는 미국 선교사 문요한(文約翰)씨는 사회사업을 공무로 짊어진 책임만으로 하는 것이 아니라 자기 개인 생활에서까지 쪼개서라도 전부 사회사업에 희생한다는데 전기 문씨가 자기의 개인으로서 이미 각 사회단체에 기부한 것만 하여도 전후로 무려 수십만 원이나 된다고 하여 이번에도 평양에서 기독교 기관으로 가장 시대의식이 발달한 부내채관리(府內釵貫里)예배당의 건축비로 4천여 만 원을 자진하여 기부하여 일반으로 하여금 또 다시 감격케 하였다는데 이제 전기 문씨의 생활상태를 탐문한 바에 의하면 문씨의 주택이 보통 사람이 주거하는 것보다 더 심하다 하며 의식에 있어서도 윤택하지 못한 형편이라는 바 그가 조선에 선교의 길을 떠나온 것이 30여 년의 긴 세월을 시종일관으로 이같이 참담한 생활을 영위하면서 사회사업과 교육 사업에는 항상 자기의 생명같이 한다 하며 그뿐 아니라 선교사 중에서도 시대의식에 가장 눈 뜬 사람이라고 한다."**

** 「매일신보」, 1931. 7. 23.

그가 이렇게 전 기간에 걸쳐 모범적인 삶을 살았던 이유는 가문의 영향뿐만 아니라 학생 Y.M.C.A.의 존모트의 영향이 크다고 할 수 있다. 그 다음으로 그가 한국 선교 현장에서 직접 선교를 경험하며 기독교 복음이 있어야 하는 분명한 소명을 가지고 있었기 때문이다.

이후, 존 무어의 내한이 이루어지고 평양에 정착하게 되는데 그 시기가 1903년 원산 지역에서 발원하여 1907년 평양의 대부흥 운동이 일어났던 시기로서 그 부흥의 한복판에 정착하게 된다.

2장   평양 서부 지역의 선교
1903-1909

무어 박사가 가장 좋아했던 "최고의 여행"이라는 말은 일종의 가족 농담처럼 말하곤 했지만, 현실이 되었습니다. 그는 리치랜드 공동묘지에 세운 묘비에 이 말을 새겨야 한다는 말을 자주 했습니다…… 이 말은 그가 평양을 떠나 그 지역의 학교와 교회 사역에 참석할 때 멀고 춥고 힘든 2, 3주간의 이동 생활을 마치고 차에서 내릴 때 항상 외치던 말입니다. "최고의 여행"은 수많은 슬픔과 실망으로 점철된 삶이라도 신앙을 흔들 수 없던 한 남자의 철학을 상징하는 말이었습니다. 그는 절대적인 낙관주의자였지만, 그 이상으로 그리스도의 영을 풍성하게 소유한 사람이었습니다.

존 무어의 장례식에서 - 제임스 무어(아들)

평양 서부 지역 선교

존 무어는 1903년 3월에 미감리회 선교부에서 해외 선교사 파송을 받는다. 그때 동아시아 선교를 감독했던 무어 감독David. H. Moore이 미국으로 나와서 존 무어, 베커, 샤프 등에게 한국 선교의 필요에 대하여 전달했고 무어 감독의 인도로 샌프란시스코에서 출발하여 일본에 4월 1일에 도착하였다. 이들은 일본 선교지를 연회를 둘러본 후 4월 9일에 한국에 도착하였다. 무어는 그해 5월 1일 정동교회에 있는 해외 조선미감리회 연회에서 무어D. H. Moore감독에게 집사(허입) 및 장로 목사 안수를 받고 평양 선교부로 파송받았다. 당시 평양 지역에서 노블 William Arthur Noble 이 감리사로 있었다. 존 무어는 한국어 공부를 하면서 평양 서부 지역인 삼화, 용강, 진남포, 강서, 함종, 증산 등지의 선교지를 관리하고 순회 목회를 하게 된다. 당시 미국 북감리교의 평안도 지역 선교 구역은 평안남도의 평양, 강서, 증산, 함종, 삼화, 용강, 진남포, 중화, 순안, 순천, 안주, 성천, 순천과 평안북도의 영변, 태천, 운산, 희천, 정주, 박천군과 황해도의 수안, 신계, 서흥, 봉산, 황주 등이다. 존 무어는 평양의 서부 지역이며 입·출구 항구인 진남포 구역을 포함 삼화, 용강, 강서 함종, 증산 등 서부의 북쪽, 남쪽 지역도 함께 담당했다.

첫 해의 보고서를 보면 존 무어가 한국어를 배우는 것이 매우 어려웠다고 한다. 또한 한국의 문화를 배우는 것에 다름을 느꼈지만 이를 극복하기 위해 노력했다는 점을 다음과 같이 말한다.

"경험이 없는 선교사는 아무리 빨리 선교 사역을 진행하고 싶어도 처음부터 선교 사역을 많이 하기에는 어려움이 있습니다. 선교 사역에 대한 믿음과 의지가 가득차 있더라도 넘을 수 없는 두 가지 장벽이 있었는데 그것은 '이상하고 어려운 언어'와 '동양의 문화·정신이라는 더 큰 장벽'입니다. 첫 번째 장벽에 가로막히더라도 두 번째 동양 문화를 습득한다면 언어의 장벽은 쉽게 벗어날 수 있습니다. 동양의 사고와 행동 방식은 종종 서양과 정반대이지만 이런 이유로 항상 다르지는 않습니다. 따라서 첫해에는 언어를 공부하면서 기도하는 시간이 부족하지만 많은 실수로부터 구할 수 있는 고유한 문화와 관습 등을 습득할 수 있습니다. 여기에는 비둘기 같은 순결함뿐만 아니라 뱀 같은 지혜도 필요합니다.

선교를 하다 한국 사람을 만나게 되면 신학교의 헬라어와 히브리어처럼 환경이 아닌 언어에 직면하는 것을 알게 됩니다. 그러나 습득 과정이 모두 다르고, 집에서 공부한 대로 성공했는지 아닌지는 선교 현장의 성공 기준이 아닙니다. 끈기와 인내, 그리고 언어를 갖추기 위해서 노력한다면 선교 현장에 부르신 그분의 도움을 생각하며 잘 해낼 수 있을 것입니다."*

위와 같이 어려운 한국어를 공부한 존 무어는 어학 선생을 만나게 된다. 이때 만난 어학 선생이 한국의 민족 운동가면서 대한민국 임시정부 임시의정원 의장과 교통부 총장을 지낸 손정도 목사였다. 증산 지역이 고향인 손정도가 복음을 받아들여 목회자가 되기로 결심했던 결정적인 영향에는 존 무어가 있었다. 손정도가 존 무어의 어학 교사 겸 집사로 있으면서 그의 신앙에 영향을 받았기 때문이었다. 후에 존 무어는 손정도 목사의 목회지, 선교지 파송, 장례까지 책임을 지어 그의 삶에 멘토 역할을 하게 된다.** 뿐만 아니라 존 무어는 손정도 등 한국인에게 신앙교육을 하면서 오히려 이들이 가진 신앙에 대하여 많은 감명을 받기도 한다. 특히 한국인에 대한 가능성을 경험했던 존 무어는 한국이 기독교 신앙의 중심이 될 수 있는 가장 가능성 있는 나라로 인식한 것이다.

---

* John Z. Moore, "Pyeng Yang Circuit." *Official Minutes of the Twentieth Annual Meeting Korea Mission-Methodist Episcopal Church 1904.*

** "평양에 올라온 손정도는 무어(존 무어) 선교사의 어학 선생 겸 가사도우미로 생활하면서 남산현 교회 부속 청년학교를 거쳐 숭실중학교 학생이 되었다. 그리하여 손정도는 경창리에 있는 무어 선교사 사택과 수옥리 남산현교회, 그리고 신양리에 있는 학교를 오가며 비교적 안정적인 생활을 했다. 다만 증산에 남아있는 가족의 걱정이었다." 이덕주, 『손정도 자유와 평화의 꿈』 (서울:밀알북스, 2020), 84, 106, 317.

"다음은 사역의 성공에 대한 감동을 적습니다. 감리교회에서 가장 역사가 짧은 선교지이지만, 가장 오래된 선교 지역이라 할지라도 이보다 더 훌륭한 기록을 보여줄 수 없으며, 우리는 한국을 갓난 아기와 같은 나라로 생각하기 쉬우나 수세기에 걸쳐 기독교에 익숙하고 토대가 되는 미국과 비교함으로써(물론 이는 <잘못된 비교>입니다) 한국 기독교인들은 자신의 몸을 순교에 바칠 정도로 박해 속에서도 굳건한 정신을 발휘했었다는 것을 알 수 있습니다. 그러나 이러한 성공에도 불구하고 한국은 아직 복음화되지 않았습니다. 이 놀라운 성공에도 불구하고, 한밤중의 암흑과 같은 두려움, 미신, 조상 숭배, 주술사의 악마적인 주문과 같은 어두움이 선에 비해 차지하는 비중이 크기 때문에 한국인의 대다수가 복음에서 소외되어 있는 것을 생각하면 한국인은 아직 어두움에 있습니다. 이 세대에 한국을 복음화하려면 아직 오랜 시간과 노력이 필요합니다."***

이러한 상황에서 존 무어는 한국의 복음화를 위하여 필요한 것이 있는데 그것은 훈련된 일꾼이 있어야 함을 강조했다. 그가 생각하는 훈련된 일꾼은 현지 한국인이었고 이를 양육할 수 있는 무엇인가가 필요했던 것이다. 또한 선교 현장에서 선교 지역의 크기에 비해 훈련된 일꾼

*** John. Z. Moore, "Pyeng Yang Circuit." 1904.

이 부족했기 때문에 이들의 요청에도 섣불리 갈 수 없는 것을 경험했다. 그렇기 때문에 존 무어는 결국 한국인 지도자를 세우기 위해 교육이 있어야 하며 이를 훈련할 수 있는 학교와 같은 기관을 필요로 했던 것이다. 그는 이러한 안타까운 선교지 상황에서 가져야 할 필요가 무엇인지 깨닫는다. 이것은 선교 현장에 교회, 학교 기관 등이 많이 세워질 수 있다면 많은 영혼을 구할 수 있다는 소명이었다. 그의 보고서는 그 안타까움을 다음과 같이 말한다.

"이것은 우리에게 또 다른 통찰을 가져다줍니다. 일꾼의 필요성입니다. 지난 몇 년 동안 이북 지역에 대한 놀라운 기회가 있음에도 불구하고 미국 감리교회에 의해 소홀히 다루어졌다는 것을 생각하면 마음이 아픕니다. 물론 저들도 몰랐을 것입니다. 적어도 3년 전에 주님의 부르심에 아낌없이 충성하며 헌신을 다짐한 수많은 젊은이들이 추수해야 할만큼 무르익은 이곳으로 왔더라면 좋았을 것입니다. 그렇지 않더라도 미국 감리교인들의 주머니에 있는 수백만 달러 중 몇 달러라도 우리의 위대한 교회와 현장에 후원이 있었더라면 우리의 사역을 세우는 데 쓰였을 것입니다. 현재 우리의 상황은 이미 확립된 사역에 적절한 대응은 충분하지 않으며, 더 나아가 진출해야 할 외곽 지역의 선교에 대해서도 마찬가지입니다. 우리는 그들이 원하는 만큼 빠르게 복음을 전하고 있습니다. 이 글을 쓰고 있는 지금, 올해 방문하지 못한 한 신앙 공동체에서 노블 선교사에게 자신들을 방문해 달라고 간청하는 연락이 왔습니다. 노블 선교사 자신이 갈 수 없으니 그 언어를 아는 경험 많은 사람이 가서 며칠 동안 그들과 함께 있으면서 사람들을 가르치고 데려와야 한다고 부탁했습니다. 이러한 경우는 많은 유사한 상황 가운데 하나일뿐입니다. 아주 솔직한 심정으로 우리는 지금이 아니면 안 된다고 말할 수 있습니다. 오늘 문은 활짝 열려 있습니다. 동방의 불확실한 상황 때문에 내일은 굳게 닫힐지 누가 알겠습니까? 오늘날 한국인들에게 자유롭게 접근할 수 있고 그들은 기꺼이, 더 적극적으로 듣고자 합니다. 이런 상황이 언제 바뀔지 누가 알겠습니까? 한 가지 확실한 것은 지금이 우리 모두가 책임져야 할 기회라는 것입니다. 어느 날 저는 대동강 건너편에서 고대 도시 평양을 바라보았습니다. 활짝 열려 있는 태극문을 바라보며 "너희 문들아 머리를 들라 영광의 왕이 들어오시리라"는 말씀이 떠올랐습니다. "문은 열려 있고 백성들은 기다리고 있는데, 왜 영광의 왕이 마땅히 들어와야 할 복음의 충만함을 가지고 들어오지 않는가?"라는 생각이 들었고, 유일한 답은 고국의 그리스도인들이 원하지 않기 때문이라는 생각이 들었습니다. 선교지에 필요한 것은 많지만, 지금 우리에게 가장 필요한 것은 더 많은 남성과 여성 선교사들이 복음 전도 사역을 하는 것입니다. 이 들판은 추수할 때까지 기다리고 있습니다. 마땅한 추수꾼이 오랫동안 부족합니다. 이 놀라운 기회는 우리가 결단할 수 있는 유일한 순간입니다. "아직 일할 수 있는 힘이 임하는 날에 우리를 보내신 이의 일을 해야 합니다", "평생에 걸쳐 해야 할 일이 해질녘에 몰려있다"는 말씀은 분명합니다."*

존 무어는 이렇게 안타까운 마음으로 많은 곳을 돌아다니며 선교 후원을 요청했고 자신은 순회 선교에 힘을 쏟았다. 대부분을 밖에서 시간을 지내거나 순회를 했기 때문에 '선교지 방문을 합하면 그것이 내가 한국에 있는 날이었다'라고 보고할 정도로 분주한 사역을 했다. 그가 이렇게 선교지를 순회했던 것은 기독교인의 세례를 준비시키기 위해서 세례 교육이 필요했기 때문이었다.

"새로운 환경, 우리의 생각과 문화가 다른 낯선 사람들, 그리고 그리스도 없는 세상의 끔찍한 우울한 환경으로 인해 현장의 첫 해는 힘든 한 해가 될 수밖에 없습니다. 하지만 약간의 경험, 작은 도움의 손길, 그리고 여섯 번의 결혼식 주례를 포함한 몇 번의 시골 여행은 한 해 동안의 사역에 흥미를 불러일으켰고, 인간의 필요와 인간성에 대한 동정과 사랑을 느끼게 해주었습니다. 3주간의 선교지 방문 한 번, 11일간의 선교지 방문 한 번, 그

---

*   앞의 보고서.

리고 그보다 짧은 선교지 방문 몇 번을 합치면 내가 이 나라에서 보낸 날들의 총합이 됩니다. 여기에는 칠산-증산 구역의 모든 선교지를 방문했고 일부 공동체는 여러 번 방문했습니다. 그리고 진남포와 삼화 구역의 많은 신앙 공동체를 방문했습니다. 세례를 받기 위해서 세례 문답을 위한 학습을 했습니다. 이는 우리 업무에서 매우 중요한 부분입니다. 노블 씨의 요청에 따라 세례 문답을 첨부합니다. 그가 확인한 주요 질문입니다.

세례 후보자에게 묻는 질문

1. 그리스도인이 된 지 얼마나 되었습니까?

(시간은 6개월에서 3년까지 다양합니다.)

2. 교회에 정기적으로 출석하십니까?

3. 중독성 약물을 사용합니까?

4. 첩이 있습니까?

5. 조상이나 영혼에게 제사를 지내십니까?

6. 안식일에 일하십니까?

(2~6번 질문은 입교 및 시험에 반복됩니다.)

7. 박해나 학대를 견딜 수 있습니까?

8. 기도하는 가족이 있습니까?

9. 가족 구성원이 모두 기독교인입니까?

10. 무엇을 공부하고 있습니까?

11. 세례에 관한 책을 읽으셨습니까?

12. 감리교 교리문답을 공부했습니까?

13. 성경의 어떤 부분을 읽었습니까?

14. 주기도문과 사도신경을 아십니까?

15. 예수 그리스도는 누구입니까?

16. 구속에 대해 무엇을 아십니까?

17. 당신은 용서받은 죄에 대해 알고 있습니까?

18. 세례 의식은 무엇을 의미합니까?

19. 당신은 형제들을 사랑합니까?

20. 사람들을 그리스도께로 인도하고 있습니까?

21. 교회의 성장을 기뻐합니까?"*

위와 같은 질문과 답을 칠산과 증산 순회를 하면서 7개의 신앙 공동체에 학습을 시켰는데 선교사를 돕는 조사들과 당시 평양 지역 선교 책임자였던 노블과 함께 방문했던 지역이다. 이에 대한 7개의 신앙 공동체를 구성한 숫자는 다음과 같다.

---

*   앞의 보고서.

	입교인	세례 학습인	출석인	총합
칠산(Chil San)	50	119	40	209
풍농동(Pong Nong-Dong)	24	61	13	98
누동(Nu-dong)	16	52	39	107
문서골(Mun-su-Kol)	5	12	27	44
월망산(Wolmang-san)	2	20	16	38
새채산(Syechai-san)	5	32	..	121
증산(Chung-San)	15	106	..	121
총합	117	402	135	654

존 무어의 선교 보고서에 의하면 한 신앙 공동체만 빼고 나머지 공동체가 모두 크게 증가했다고 보고하고 있다. 이렇게 그의 선교는 바쁜 순회 사역과 함께 결실을 맺어 나간 것이다. 그 이유는 가장 우선순위로 두었던 것이 선교 대상자였던 한국인에 대한 이해와 공감이었고 이들에게 가장 필요한 것이 예수그리스도의 복음이라는 존 무어의 신념이 있었기 때문이다. 이러한 선교 경험을 그 어떤 것과도 바꾸지 못한다는 그의 고백을 통해 그가 가지고 있는 소명이 얼마나 확신이 있는지 알 수 있다.

"결론적으로 저는 주 예수님과 교제하는 복된 한 해였다고 말할 수 있습니다. 봉사를 준비하는 것만큼이나, 봉사하는 것만큼이나 저는 제 선교 현장을 세상의 다른 어떤 것과도 바꾸고 싶지 않습니다. 저는 한국에서 첫 해를 평양의 훌륭한 선교사 공동체와 함께, 그리고 신실한 감리사 노블 씨의 지도 아래 북쪽에서 보낸 것을 특별한 특권으로 여깁니다.

첫해의 사역과 보고는 이미 목표치를 채웠던 자의 자만이 아니라 아직도 채워야 하는 자의 마음가짐으로 적절히 마무리 할 것입니다."*

이렇게 선교를 부지런히 진행했던 존 무어는 혼자 미혼으로 내한했기 때문에 한국에 안정적인 정착을 위해 미국에 두고 왔던 그의 연인 알파 레이니Alpha E. Raney, 1877-1914와 1905년에 결혼을 한다. 그녀는 사이오 대학의 후배였고 이미 사귀고 있었던 졸업 동기이다.** 존 무어가 파송되고나서 1904년 10월 12일에 이미 한국에 선교사로 지원했기 때문에 한국 선교를 준비하고 있었다. 이후 한국에 들어오기 위해 일본을 거쳐야 했기에 둘은 일본 고베로 가서 만나 결혼식을 올렸으며 함께 한국에 들어와서 평양 지역의 선교를 시작했다. 이후 레이니 무어는 평양의 장·감연합대학에서 영어를 가르치며 평양 지역의 여성 교육을 위해 헌신한다. 후에 손정도 등 한국인에게 정착하고 배움의 기회를 열어준 것도 레이니의 역할이 컸다.

---

*   앞의 보고서.

**   존 무어가 입학년도는 빨랐으나, 오하이오주 세인트 클레어스빌 고등학교를 졸업하고 인근 리치랜드지역 학교에서 4년동안 가르치면서 사이오 대학을 격년제로 다닌다. 머리말 20p

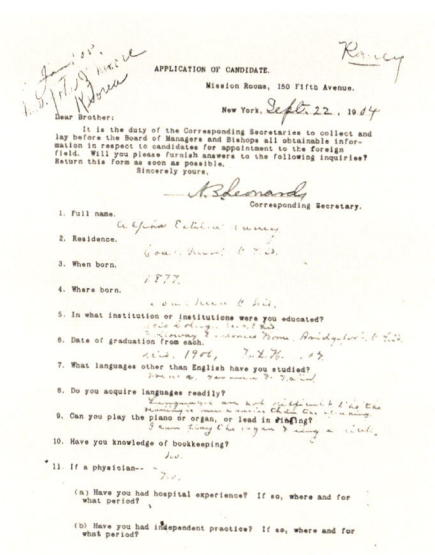

알파 레이니 선교사 지원 서신 ©GCAH

알파 레이니는 결혼과 동시에 존 무어의 성을 따라 알파 레이니 무어로 이름을 바꾸었다. 둘은 미국대사관을 통해서 혼인신고를 하며 평양 지역의 선교를 헌신적으로 동역하게 된다. 이렇게 안정된 환경에서 존 무어는 평양 서부 지역 선교에 사력을 다해 매진했다.

선고지 현황

존 무어는 평양 서부 지역에 실시했던 그의 선교 사역에 대하여 다음과 같이 보고한다.

"지난 1년차 선교 사역 보고는 이미 목표에 도달한 한 것 같습니다. 그러나 선교 보고서를 쓰는 지금은 다시 돌이켜보면 "했던 사역"보다 "앞으로 해야할 사역"이 훨씬 더 많음을 알 수 있습니다. 평양 서쪽 구역의 이북 지방의 순회 목사로서 저는 다음과 같이 보고합니다.

평양시에서 서쪽으로 20마일을 가면 대동강에서 황해까지 남북으로 선을 그으면 서평양 구역이 바로 앞에 있습니다. 기점이 남쪽인 직각 삼각형에서 멀지 않습니다. 기지는 약 90리(30마일), 수직 150리(50마일), 면적은 약 750평방마일, 인구는 약 15만 명으로 추산됩니다. 논밭이 풍부하고 면화 생산에 앞장서고 있는 훌륭한 농업 지역입니다. 이 선교 구역은 삼화, 함종 그리고 장산과 강신과 농강 지역의 일부가 포함됩니다."*

존 무어는 내한하여 선교한지 2년차에 지난 1년 동안의 선교 경험을 회상한다. 1년 동안 선교 사역에 매진하면서 시간과 여건이 되는대로 손정도의 도움을 받아 한국어 공부에 매진했다. 또한 선교지 간의 이동은 걸을 수 있는 거리는 대부분 걸어서 이동했는데 그 거리가 5천 리(약, 2,650Km)였다고 한다.

"나는 어학 공부로 인해 남는 시간과 힘을 모두 이 일에 바쳤고, 그 마지막에 이르러서야 어떻게 그렇게 많은 일을 해냈는지 궁금했지만, "힘으로 하지 아니하고 능력으로 하지 아니하고 오직 내 영으로 하리라 주께서 말씀하셨다."라고 생각합니다.** 이 나라에서 180일을 보냈고, 5천 리(약 2,650Km)는 대부분 걸어서

---

* 앞의 보고서와 60p. 지도 참고.
** 스가랴 4:6(개역한글) "그가 내게 일러 가로되 여호와께서 스룹바벨에게 하신 말씀이 이러하니라 만군의 여호와께서 말씀하시되 이는 힘으로 되지 아니하며 능으로 되지 아니하고 오직 나의 신으로 되느니라"

이동했습니다. 분기별 회의에 정리된 대로 사역을 보고드리면 다음과 같습니다. 평양에서 북서쪽으로 100리 떨어진 곳이 증산 선교지입니다. 몇 년 전에는 그곳에 좋은 신앙 공동체가 있었는데, 어떤 이유에서인지 그 공동체가 거의 없어졌고 선교지에서 10리 떨어진 곳에 더 강하고 좋은 신앙 공동체가 모이기 시작했습니다. 황해가 내려다보이는 언덕 꼭대기에는 우리 증산 구역의 중심인 교회와 학교가 있고, 기독교인들은 이곳에서 10리 떨어진 마을에 흩어져 있습니다. 하지만 아직까지 이 선교지에는 다른 교회가 없었는데, 올해 들어 선교지의 교회가 부흥하여 지금은 주일마다 50여 명이 그곳에서 예배를 드리고 있습니다. 이 구역의 사역은 수적으로는 약간 성장했지만 인격의 성장은 다른 구역처럼 두드러지지 않았고, 좋은 지도력을 가진 속장이 없어서 어려움을 겪고 있습니다. 처음부터 좋은 지도력을 가진 남자는 기독교 예식을 거치지 않고 이번 해에 아내를 맞이했습니다. 그는 그 아내가 과부라고 말했지만 남편이 있던 사람이었고 은행에 빚이 있다는 사실이 밝혀졌습니다."*******

*** John Z. Moore, "North Korea District West Pyeng Yang Circuits," *Official Minutes of the First Session Meeting Korea Mission Conference-Methodist Episcopal Church*, June, 1905, 38.

존 무어는 혼자서 선교를 담당하기에는 버거운 넓은 지역을 이동했다. 하지만, 그의 선교지 방문은 단순히 방문으로 끝나지 않았고 신앙공동체의 성장으로 결실을 맺어나갔다. 교인들 스스로는 헌금을 모아 새 학교 건물을 사서 교육을 실시하기도 했고 예배를 드리고 있었다. 다음은 진남포와 그 주변 지역의 한국 기독교인들이 스스로 학교 건물을 짓고 교육을 하는 모습이다.

"매우 고무적인 특징 중 하나는 그들의 헌금으로 지은 새 학교 건물에는 17명의 소년들이 매일 모여 최고의 교사와 함께 배우고 있습니다. 또한 그곳에는 39명의 입교인과 99명의 세례 학습자들이 있습니다. 이곳을 떠나 남쪽으로 40리를 가면 함종의 선교지에서 두 번째 분기별 회의를 가질 것입니다. 이곳은 의지가 강하고 조직적이어서 성장하고 있는 사역의 중심지입니다. 수요일 저녁 기도회를 위해 세 개의 선교지에는 여러 교회 건물이 있습니다. 한 그룹은 오래된 예배당을 두고서 더 큰 예배당을 지었고, 또 다른 그룹은 첫 번째로 교회를 지었으며, 선교지 소재지에 있는 큰 교회는 한 번 증축했고, 현재 다시 증축하기 위해 헌금을 모으고 있습니다. 올해 조직된 두 개의 잘 조직된 주일학교와 세 개의 소년 학교, 그리고 한 개의 훌륭한 여자 학교가 있으며 특별히 지적 능력을 가진 깊고 친절한 기독교적 성품을 가진 여성이 가르치고 있습니다. 어둠을 빛으로 대체하고 있습니다. 수적으로뿐만 아니라 인품을 세우는 데 많은 일을 하고 있으며, 이곳에는 가장 활기찬 사람이 지도자로 신앙 공동체를 이끌어 갑니다. 한 해 동안 수적 성장이 안정적으로 이루어지고 있습니다. 특히 한 젊은 지도자가 깊은 기독교 신앙을 경험하여 성장하고 있습니다. 73명의 입교인이 신앙 생활을 하고 있습니다. 175명의 학습인과 200명의 출석 교인이 있습니다. 50리를 더 가면 삼화 지역의 선교지에 도착합니다. 이곳은 삼화 지역의 북부와 농강 지역의 일부를 아우르는 순회 중 가장 큰 구역으로서 이 지역의 중심지입니다. 이곳은 북부 선교 사역에서 가장 오래된 중심지 중 하나입니다. 한 해 동안 꾸준히 건강하게 성장하고 있습니다. 두 개의 교회를 매입했고 두 개의 교회를 보수하여 모두 10개의 교회와 예배당을 갖게 되었습니다. 연초에 저는 3리에서 10리 떨어진 마을에 있는 그룹들이 각자의 마을에서 안식일 예배를 드리는 모습을 발견했고 10리를 걸어서라도 중앙에 함께 모이는 방안을 제안했습니다. 이 제안은 제가 기대했던 것보다 훨씬 더 잘 실행되었고 큰 힘과 열정의 원천이 되었습니다."*

이와 같이 존 무어가 선교지에서 교회를 세우는 모습은 학교를 세우는 기관 선교의 큰 원천이 된다. 하지만 기독교의 복음 전래는 생각

---

*   앞의 보고서, 39.

보다 어려운 일들도 많았다. 여러 지역에서 박해를 받고 있는 교인이 도움을 요청하여 존 무어가 가서 여러 일들을 해결하거나 화해를 종용하기도 했다. 때로는 이러한 지역에 박해를 완화시키기 위해 교회와 학교를 함께 세우기도 했다. 학교를 지어 교육을 병행했던 선교는 그 지역 주민들의 날이 섰던 감정을 누그러뜨리는 효과를 가져다주었다.

"몇 달 전 저는 혹독한 박해로 인해 한 구역으로부터 도움을 요청 받았습니다. 한 부유한 사람이 온 가족과 함께 기독교인이 되어 사당을 허물었는데, 얼마 지나지 않아 마을에 화재가 발생해 집 일곱 채가 불에 탔다는 것이었습니다. 물론 마을 사람들은 신당을 파괴한 것에 불의 악귀가 화가 났기 때문이라고 믿고 있습니다. 울부짖는 군중이 모여 온갖 위협을 가하며 신당을 다시 짓고 기독교인들을 계속 핍박했습니다. 저는 마을 원로들을 불러서 설득을 시도했지만 소용이 없었습니다. 그 후 저는 회유도 시도했지만, 제가 떠난 후에도 박해는 계속되었습니다. 그러나 마침내 박해는 멈췄고, 큰 마을인 이 마을에는 이제 견고한 단체인 소년 학교가 생겼습니다. 깊은 그리스도인의 삶과 조용한 힘을 가진 공씨는 이 구역회의 중심지에 살고 있습니다. 그는 가정에서나 순회할 때나 강의할 때나 훌륭한 일을 해왔는데, 올해 이사할 가능성이 있어 그의 자리를 채우기 어려울 것입니다. 이 구역회는 도우미 한 명을 지원하고 다른 도우미 급여의 3분의 2 이상을 지급합니다. 입교인 58

명, 출석인 174명, 교인수가 199명입니다. 3개의 주일학교와 4개의 주간학교가 조직되어 있으며, 그 중 2개는 올해 시작되었습니다."*

존 무어의 초기 선교지였던 진남포 또한 교회가 세워졌을 뿐만 아니라 소년학교, 주일학교들도 세워 선교와 교육을 함께 진행하는 방식을 택했다. 삼화, 진남포, 강서 지역의 선교지 현황을 살펴보면 이곳도 마찬가지로 교육 기관을 세워 함께 병행했다. 교회와 학교는 존 무어에게 있어 기독교에 반감을 가지고 있던 지역 주민들의 감정을 누그러뜨릴 뿐만 아니라 교회와 학교가 선순환 되는 구조에 있었기 때문에 두 개의 기관은 선교지에 공존하였다.

"이곳을 떠나 남쪽으로 30리를 더 가면 우리는 삼화 지역의 남쪽 절반을 포함하는 진남포 구역에 도착합니다. 평양의 항구인 진남포는 최근 괄목할 만한 성장을 거듭하며 한국뿐만 아니라 대도시로 급부상하고 있습니다. 진남포의 사역은 아직까지 숫자적인 면에서는 제자리걸음을 하고 있지만, 안정되고 있으며 교인들의 헌금이 증가하고 있습니다. 이곳의 여성들은 좋은 지도자를 가지고 있고, 일 년 중 이례적으로 많은 양의 공부를 했는데, 이는 눈에 띄는 방식으로 나타났습니다. 이 구역의 다른 세 교회 중

---

* 앞의 보고서, 40.

한 교회는 크게 성장했습니다. 마지막으로 방문했을 때 저는 한 가정의 가장인 건장한 남성들이 교인으로 20명 정도 있는 것을 확인했습니다. 이 교회에 남자아이들을 위한 주간 소년 학교가 세 곳 있는데, 그 중 두 곳은 올해 시작되었고, 소녀 학교 한 곳과 잘 조직된 주일학교 세 곳이 있습니다. 입교인 61명, 세례 학습자 157명, 출석 교인 110명이 있습니다.

진남포를 떠나 북쪽으로 80리를 가면 분기별 구역 중 가장 작고 마지막 구역인 강서가 있습니다. 이곳에는 교회가 하나뿐인데, 여러 마을에 기독교인들이 있었고, 교인들이 점차 증가하여 1년 전보다 출석률이 훨씬 좋아졌습니다. 남학생 학교 건물이 구입되어 현재 20명 이상의 남학생이 정기적으로 출석하고 있습니다. 선교 사역에 큰 도움이 되는 여학교도 있고, 입교인 35명, 세례 학습자 53명, 출석교인 30명이 있습니다.

총합: 선교 사역지에는 5개의 구역, 15개의 교회와 10개의 기도처, 입교인 266명, 출석교인 637명, 출석 교인 623명으로 총 1,526명이 있습니다. 한 해 동안 163명이 세례를 받았고 180명이 세례 학습인으로 등록했습니다."*

---

*   앞의 보고서, 40.

선교지 자립과 교육 선교 현황

존 무어의 선교지 운영 방식은 선교 후원금을 모아 조건없이 무조건 후원했던 것이 아니라 필요한 부분은 지원하되 되도록 자립하는 방식으로 운영했다. 그 모토는 성경 말씀으로 "받는 것보다 주는 것이 더 복되다"라는 말씀에 기초하여 모든 선교지를 운영해나갔다. 선교지에서 교회를 신축하는 일, 보수하는 일, 인건비, 운영비 등이 자립할 수 있도록 신앙에 기초하여 설득해나갔다. 이렇게 그의 선교지 자립 운영은 다음과 같이 서서히 자리를 잡기 시작했다.

"연초에 자립에 대해 이야기하기 시작했습니다. 첫 번째 여행에서 한 그룹이 교회 지붕 공사를 위해 돈을 달라고 요청했습니다. 저는 그 기회를 빌려 성서 본문을 통해 성장의 수단으로서 기부의 의미에 대해 말했습니다. "받는 것보다 주는 것이 더 복되다." 저는 이 말씀이 이 사역에서 가장 잘 알려진 말씀 중 하나가 될 때까지 이 말씀을 반복했고, 적어도 한 가지 결과, 즉 더 이상 교회에 지붕을 지어달라는 요청을 받지 않게 되었습니다. 이러한 모습은 스크랜턴 박사의 현명한 지도력 아래 11월에 평양에서 시작된 자립 훈련 세미나를 통해 교인들을 훈련시켰기 때문입니다. 그들은 도우미 지원을 약속했고, 1월부터 도우미 4명이 항상 일할 수 있을 만큼 지원하고 있습니다. 주간학교(주간학교 보고서 참조)와 유급 도우미 3명의 도움 외에도, 교회 두 곳과 예배당 두 곳을 건축하고, 여러 교회를 수리하고, 다섯 교회에 난로를 구입하고, 네 교회에 8개의 시계를 구입하고, 두 개의 종을 구입하고, 다른 교회에도 종을 구입할 예정이며 머지않아 선교 구역 전역에서 교회로 가는 종소리를 들을 수 있을 것입니다. 모든 사람들이 영적으로, 지적으로, 육체적으로 그리스도 안에서 새 생명을 얻게 되기를 바랍니다. 자립을 위해 지원된 금액을 분석해 보면, 교회 신축과 오래된 교회 보수에 156엔이 지원되었습니다. 운영비 및 개선비용, 134엔. 도우미 급여 243엔. 교회 총액 533엔. 주일학교 건물 및 교사 급여 220엔. 성서공회 11엔. 가난한 이들의 구제를 위해 39엔. 총 803엔입니다.

이것은 작년에 비해 거의 세 배나 많은 액수입니다. 그들은 잘 해왔지만 보다 잘 할 수 있으리라 생각합니다. 나는 '자립 정신'

이 강하고 긍지가 강한 교회를 세우는 것이 유일한 방법이라고 믿습니다. 교회가 자립에 가까워질수록 다른 사람들을 위해 더 많이 기부할수록 스스로가 더 강해질 것입니다. 더 많이 줄수록 약한 모습은 강해질 것입니다. 많은 젊은이들이 평양의 야간 학교에 다니는 것에 대해 저에게 이야기했는데, 한 명도 도움을 요청하지 않았고, 몇몇은 경비를 충당하기 위해 일을 한다고 말을 해서 매우 기뻤습니다. 최고의 기독교인 중 한 명이 "우리는 당신의 돈을 원하는 것이 아니라 우리를 사랑하고 가르쳐주기를 원합니다."라고 말했습니다."*

이러한 자립 선교 방식은 보통 네비우스 선교 방식 Nevius Method이라고 부른다. 이러한 네비우스의 선교 방식의 적용이 있기 전에 이미 존 로스John Ross, 아펜젤러H. G. Appenzeller, 언더우드H. G. Underwood 등 초기 개신교 선교사부터 대다수 개신교 선교사들의 선교 방식은 자립, 자치, 자전이라는 방식의 선교를 진행하고 있었다.** 존 무어도 마찬가지로 이같은

---

*   위의 보고서, 40-41.

**   1854년부터 30년 동안 중국에서 활동한 미국북장로회 선교사 네비우스(John L. Nevius)의 선교 방법이다. 自進傳道·自力運營·自主治理로 하여 이를 네비우스 선교 방법이라고 불렀다. 1891년 북장로회 선교회규칙과 1893년 한국장로교선교부공의회가 채택한 정책들에 반영되었고 이후 재한개신교 각 선교부의 선교원칙으로 정착했다. Charles Allen Clark, *The Nevius Plan of Mission Work in Korea*, (Keijo: YMCA Press, 1937).

방식으로 선교지 운영에 있어 자립을 강조하였다. 이는 교회, 학교라는 두 기관의 선순환 구조에 있어 원동력을 제공하는 것으로 존 무어 선교 보고서에서 자립에 대한 원칙을 강조했다. 특히 자립이 완전에 가까우면 가까울수록 기독교 공동체와 개인의 신앙이 더 강해질 것이기 때문에 이후 한국 교회가 독립되기까지 존 무어의 선교 방식에 있어 자립에 대한 강조, "받는 것보다 주는 것이 더 복되다"는 계속 이어지고 있는 것을 살펴볼 수 있다.

존 무어의 선교지였던 평양 서부 지역, 진남포와 그 주변에 학교가 세워진 과정을 보면 존 무어의 자립 선교뿐 아니라 기독교 신앙을 가진 주민들이 자녀 교육을 위해 필요했기 때문에 교회를 중심으로 학교를 세워나갔다. 큰 학교를 들어가기 위해 평양 시내로 이들이 이동했던 것이 아니라 자기 지역에 스스로 교회를 개척하고 학교를 세웠다. 따라서 존 무어가 개척한 학교의 성격은 교회 신앙이 중심이 되어 만들어졌고 교회가 세워진 지역에 학교 설립을 함께 진행했다. 학교에 다닌 기독교 학생들은 믿지 않은 부모를 전도하고 교회로 데리고 온 사례들이 많았다. 이렇게 학교는 선교지의 결실로서 학교의 학생은 가정과 지역 전도를 통해 교회를 일구어 나가는 기관으로 순환 기능을 했다.

"연초에는 10명의 학생이 다니는 두 개의 남자 주간학교가 있었는데, 지금은 11개 학교에 171명의 학생이 다니고 있으며, 3개의 여자 학교에 39명의 학생이 다니고 있습니다. 각 교회에서 무지하게 있는 어린 소년들을 보며, 어떻게 하면 그들이 교회의 지도자가 될 수 있을까 고민했습니다. 하루는 한 조사와 아들 얘기를 나누다가 왜 그 아이를 평양의 남자 학교에 보내지 않느냐고 물었습니다. 그는 그럴 형편이 안 된다며 저에게 도움을 요청했습니다. 저는 소년이 학교에 다니는 데 드는 비용의 절반 정도를 주기로 동의했고, 이후 그 문제는 해결되었을 것이라고 생각했습니다. 그런데 제가 떠나기 직전에 지도자가 저를 찾아와서 "목사님, 그 돈을 여기 선생님 한 분에게 주시면 나머지 월급은 저희가 보태드리겠습니다. 그러면 제 아이뿐만 아니라 다른 아이들도 학교에 갈 수 있을 겁니다."라고 말했습니다. 저는 그 제안을 흔쾌히 받아들여 학교를 시작했습니다. 그들은 교사 월급의 절반 이상을 지불했을 뿐만 아니라 학교를 위해 기와집을 구입했습니다.

마을 전체가 이 학교에 대해 들었고, 다른 많은 마을에서도 같은 교육 혜택을 받기 원했습니다. 어느새 여덟 개의 학교를 운영하게 되었고, 그 돈의 출처가 어디인지도 몰랐습니다. 그러나 여기 친구들이 보내준 믿음과 후원 편지 몇 통으로 학교를 계속 운영할 수 있었고, 적어도 한국인들이 스스로를 돌볼 수 있을 때까지는 앞으로도 같은 곳에서 후원해주리라 믿고 있습니다. 여기서 나는 그들의 도움에 감사한 것이 아니라, 빛을 갈망하는 사람들이 어둠 속에 묶어두는 사슬을 끊는 데 일익을 담당한 것에 대해서 감사하고 있습니다. 학교가 모든 것을 다 갖춘 것은 아니지만, 지금까지 가졌던 그 어떤 학교보다 훨씬 낫습니다. 우리 앞에 놓인 문제 중 하나는 교사를 어떻게 양성할 것인가 하는 문제인데, 지금 가장 큰 어려움은 적합한 교사를 구하는 일이기 때문입니다. 학교는 많은 소년들을 교회로 데려왔지만 결국 소년들이 부모를 인도하는 경우도 적지 않습니다. 마을 학교가 있더라도 많은 이교도들이 남자 아이들을 우리 학교로 보냅니다. 한 곳에서는 일곱 살밖에 안 된 세 명의 기독교 소년이 시장이 있는 마을로 가서 시장에서 설교를 했습니다. 그날 사람들은 놀랍게도 그 이야기를 들었고, 그 후로 그 마을의 몇 명이 믿게 되었습니다. 지금까지 가르친 과목은 중국어와 한국어, 산수, 지리, 성경입니다. 교사들은 모두 기독교인이며 대부분 교회에서 활발하게 활동하고 있습니다."*

---

* John Z. Moore, "North Korea District West Pyeng Yang Circuits," 41.

신앙 양육(사경회) 현황

　　존 무어의 교회 개척은 자립뿐만 아니라 한국인 지도자를 양성하는 일에 초점을 맞추었다. 이를 위해 기초적인 신앙 교육뿐만 아니라 신학 교육 등도 실시했는데 교회를 자립하고 이끌기 위해서 훌륭한 한국인 지도자가 필요했기 때문이다. 당시 한국은 농업을 중심으로 생활했던 사회였기 때문에 농한기(휴농기)인 12-2월을 중심으로 이러한 한국인 지도자 교육을 실시했다. 이 기간에 적게는 1주일 또는 몇 주 동안 집중적으로 신앙 양육을 실시했다. 존 무어는 이를 위해 8곳의 교육 장소를 정해 양육이 필요한 교인에게 양육을 실시했으며 이러한 양육은 결국 교회를 자립하고 이끄는 중요한 토대를 마련하는 작업이었다. 또한 한국인 여성들 사이에서도 교육이 필요했기 때문에 여선교사가 직접 참여하여 한국인 여성 지도자를 세워나갔다.

"12월 초부터 2월 말까지 대부분의 시간을 시골 교회에서 보냈습니다. 8곳의 중심지에서 각각 일주일씩 수업을 진행했습니다. 저는 신약성경 개론, 죄에 관한 연구, 천국 연구, 누가복음 개요를 가르쳤습니다. 강 선생은 스크랜턴 박사가 평양 신학교에서 가르쳤던 과목들을 힘차고 명쾌하게 가르쳤습니다. 이 시기는 큰 유익을 얻은 시기였습니다. 일 년 중 어느 때보다도 한국 민족과 그들의 필요가 무엇인지에 대해 많이 깨달았고, 하나님의 말씀을 유일한 교과서로 삼고 예수그리스도를 스승으로 모시고 함께 공부한 요즘처럼 그들과 긴밀한 교감을 나눈 적이 없었습니다. 약 300명의 최고 감리교 임원들이 참석하여 매우 진지하고 충실하게 공부에 임했습니다. 성령의 도우심으로 죄에 대한 저의 가르침과 강 선생님의 사역은 매우 감동적이었으며, 특히 두 곳에서는 그리스도인들이 죄를 고백하고 동료 그리스도인들과의 문제를 바로잡는 감동을 받았습니다. 그 효과는 아직 나타나지 않았지만, 한 해 동안의 사역을 마치고 겨울철에는 급하게 여러 그룹을 돌아다니는 것보다 한 곳에서 일주일 이상 머무르며 가르치는 것이 훨씬 더 유익하다는 확신을 갖게 되었습니다. 저는 모리스 형제가 제 수업의 대부분을 도와줄 것으로 기대했지만, 다른 업무로 인해 그가 큰 도움을 준 한 가지를 제외하고는 대부분의 수업에 참여하지 못했습니다. 하지만 며칠 동안 베커 형제와 함께할 수 있어서 좋았습니다.

이 수업 외에도 원어민 도우미들은 혼자서 6개의 수업을 진행했고, 로빈스 양의 도움을 받은 에스티 양은 일 년 내내 여성들 사이에서 그녀의 수업으로 말할 수 없는 좋은 일을 하며 바쁘게 지냈습니다. 내년에 그녀가 없으면 어떻게 해야 할지는 풀기 어려운 문제입니다.

대부분의 감리교 회원들은 평양에서 열린 여름과 겨울 클래스에 참석하여 큰 도움과 영감을 받았다고 합니다.

저는 일부 원어민 도우미들이 지식과 신앙 생활의 깊이에 있어서 눈에 띄게 성장하는 것을 보았습니다. 한두 명은 주도적으로 일을 추진하려는 의지와 결단력의 흔적을 보았습니다. 그러나 어떤 경우에는 전혀 성장이 없었습니다. 저는 지금 이 사역에 가장 필요한 것은 더 잘 훈련된 현지 도우미라고 생각합니다. 어떻게 하면 이들을 가장 잘 훈련시킬 수 있을지는 성급하게 해결할 문제가 아니라 선교부의 사려 깊은 배려와 기도로 해결해야 합니다. 1월부터 저는 권서인을 한 명 고용했습니다. 그는 시장에서 성경을 팔았고 시장과 교회에서 설교하는 등 충실한 봉사를 해왔습니다. 그는 120권의 성경과 950권의 다른 책과 전도지를 판매했습니다."*

---

*　　위의 보고서. 39-40.

선교지의 상황

평양 지역 선교의 처음 시작은 윌리엄 제임스 홀William James Hall 이라는 선교사가 내한하였고 정착했었다. 하지만 곧 청·일 전쟁이 일어나 전쟁터는 전염병에 노출되어 있었고 그 가운데 그가 한국인, 부상당한 병사를 치료하던 중에 발진티푸스에 전염되어 안타깝게도 순직하게 된다. 제임스 홀 선교사는 광성학교의 기초를 놓았는데 1894년 2월에 그 교육이 시작되었다.* 그리고 이후 교육 선교사로 내한했던 노블이 그 학

---

* Rosetta Sherwood Hall, M. D., *The Life of Rev. William James Hall, M. D.* (NY: Press of Eaton & Mains, 1897), 272; William James Hall, The Chinese *Recoder and Missionary Journal* (Shanghai: Presbyterian Mission Press, 1894), 316. 우리는 이곳 평양에 남자(소년) 학교를 열었는데 한 사람의 성실한 기독교인 교사(敎師)와 벌써 13명의 학생을 모았답니다. 학생들은 아침과 밤에는 교리 문답을 공부하고, 그 밖의 시간에는 한글과 한문을 공부합니다. 이곳에도 앞날을 밝혀줄 새벽이 온 것 같습니다. 이렇게 길을 열어 주신 하나님을 찬양합니다. 다음 주일 날에는 조선인 몇 사람들이 세례를 받습니다. 나는 매일 밤 정규예배가 시작되기 전에 소년들과 모임을 가집니다. 한 15명쯤 되는데 다들 빠지지 않고 잘 나옵니다. 어젯밤에는 그동안 가르쳐준 내용에 대해 질문을 했는데 그들이 많이 외운 걸 보고 놀랐습니다." 셔우드 홀 저·김동열 역, 『닥터홀의 조선 회상』, 107.

당 교육을 이어갔으며 존 무어와 함께 왔던 베커Arthur Lynn Becker, 1905-1914 가 이어서 학당 교육을 담당했다. 교육 선교사로 내한했던 빌링스Bliss Washington Billings, 1914-1915 등도 당시 남산현 교회에 속해있던 광성학당을 중심으로 교육 선교를 이어갔다. 이렇게 광성학당의 교육 선교가 진행되는 동안 존 무어는 평양 서부 지역의 선교지를 담당했다. 이미 일제의 침탈이 가속화되었던 시기였기 때문에 직·간접적으로 선교에 어려움을 겪었다. 이는 일제의 강탈뿐만 아니라 일본에 먼저 정착한 타 교파 서구 선교사들이 한국 선교를 위해 방문하여 존 무어와 선교지에서 신앙적인 충돌을 일으켰기 때문이다. 이러한 정황은 선교지에 크고 작은 어려움이 늘 상존했음을 살펴볼 수 있다. 존 무어는 그에 대한 소회를 다음과 같이 밝혔다.

"한 해 동안 힘든 일도 많았습니다. 일본 군인들이 지나가기도 하고, 한국에서 집이나 재산을 찾으려는 수천 명의 일본인들이 몰려들기도 했습니다. 초가을에는 일본에서 온 필드Field라는 사람이 제칠일안식일예수재림교 교리를 가르치면서 큰 소동을 일으켰습니다. 이 남자는 선돌에 있는 제 양떼(교인)에 들어와서 27명의 교인을 빼앗아 세례를 주고 교회를 시작했는데, 한동안은 상황이 암울해 보였고 수백 명의 한국인들이 무엇이 진리인지 불안해했습니다. 하지만 교인들은 조금씩 배웠고 제자리로 돌아갔으며 그 일은 더 이상 확산되지 않았습니다. 선돌교회에서 잃어버린 교인들을 되찾지는 못했지만 이들의 성품은 큰 성장을 이루었고, 교인 1인당 자립을 위한 헌금도 제일 잘했기 때문에 쭉정이를 제거한 것으로 생각합니다.

이 몇 가지 예외를 제외하고는 매우 고무적인 한 해였습니다. 곳곳에서 성장의 조짐이 보입니다. 중요한 것은 얼마나 크고 강한지가 아니라 생명이 있느냐 없느냐입니다. 생명이 있다면 성장이 있을 것입니다. "싹이 나면 나무가 되느니라." 한국 교회가 여러모로 약하지만 성장의 조짐을 보이고 있어 기대를 합니다.

"높은 곳에 있는 파수꾼은 사람들로부터 밤이 언제 끝나느냐는 질문을 있습니다. 파수꾼은 동쪽을 향해 밝아오는 빛을 보고 내일을 예언하며 기다리는 모든 이들에게 아침이 왔다고 대답합니다."
- 워렌 감독 -

길고 캄캄한 밤이 지나고 아침이 밝았습니다. 이제 산 곳곳에서 봄이 찾아옵니다. 위대한 대장(그리스도)의 도움과 조국의 도움, 그리고 먼 전선의 최전방에 서서 남자답게 자신의 임무를 다하는 모든 선교사들의 도움으로 한국의 선교지는 정오의 날같이 빛날 것입니다."*

---

*   John Z. Moore, "North Korea District West Pyeng Yang Circuits," 41.

위 선교지에 대한 보고를 보면 어려운 상황에서도 이를 긍정적으로 바라보는 존 무어 모습을 살펴볼 수 있다. 여러 어려움이 존재함에도 불구하고 한국은 캄캄한 밤이 지나고 아침이 밝아오는 성장의 가능성을 이야기했다. 이 시기, 1906-1907년에 존 무어는 코리아미션필드라는 선교사 잡지(보고서와 기고 글을 모아 놓았던 잡지) 등에서 그가 인식한 한국 선교의 부흥, 결실들을 자주 기고했는데 그의 초기 선교 사상을 살펴보는 데 도움이 된다. 이와같이 한국과 한국인에 대한 긍정적인 인식과 기대는 선교 현장에서 그가 한국인을 대하는 인식과 태도의 모습으로 나타났다고 할 수 있다. 다음은 존 무어가 선교했던 1903-1909년 기간의 선교 결과와 그 의미를 살펴보겠다.

Episode. 길가에서 일어난 사건.

다음 날 아침, 황새처럼 생긴 큰 새의 둥지로 가득 찬 고목의 사진을 찍기 위해 멈춰 섰을 때는 평소보다 다소 늦은 시간이었습니다. 이 새들은 가장 오래된 주민의 기억을 뛰어넘어 수십년 동안 이 나무를 찾아왔으리라 생각합니다. 실제로 인근 마을의 이름은 이 나무의 이름을 따서 지어졌는데, 언제 지어졌는지는 아무도 모릅니다. 이 날 우리는 거의 1년 동안 이 구역에서 기독교인을 몰아내기 위해 가장 끔찍한 박해가 있던 곳으로 왔습니다. 오후의 대부분은 주님이 개입하셔서 주신 놀라운 승리와 그리스도인들이 인내심을 가지고 계속 선한 일을 행함으로써 얻은 놀라운 승리에 대해 이야기하는 데 보냈습니다. 1년 전에는 약 200명이 출석했지만, 지금은 약 200명이 더 출석하고 있으며, 이미 좋은 규모의 교회를 확장할 계획이 진행 중이고, 학교 건물도 잘 진행되고 있습니다. "순교자의 피"는 "교회의 씨앗"라고 했는데, 이곳에서 한국인 설교자 중 한 명이 폭도들이 사용하는 몽둥이에 머리를 맞은 것 외에는 피를 흘린 적이 없었고, "순교자"는 없었지만 그리스도를 위한 진정한 영웅들이 있고, 이 작은 핍박이 강한 교회의 씨앗이 되었습니다. "하나님은 신비한 방법으로 기적을 행하신다"는 말이 있습니다.

-존 무어 목사

3장   평양 지역의 선교 결과
1903-1909

존 무어의 초기 선교 결실에 대하여 여러 양적인 결과를 말할 수 있지만 무엇보다 그가 한국 선교 현장에서 사역을 하면서 한국인의 입장에서 이해하려고 노력했기 때문에 이들과 함께 하는 것이 무엇인지 깨달았던 것이 그의 가장 큰 결실이라고 할 수 있다. 그에게 있어 한국인에 대한 인식 변화는 무엇보다 소중했다. 이러한 인식이 변화될 수 있었던 결정인 이유는 한국인이 가지고 있던 신앙에 감동을 받았는데 어쩌면 이러한 한국인의 신앙이 서양인들보다 더욱 값질 수 있다는 생각 때문에 오히려 그는 한국인들의 신앙을 배워야 한다는 인식을 가졌다. 이렇게 한국 선교에 대한 기본적인 인식과 태도의 변화는 한국인들과 깊은 인격적인 관계를 맺게 하였다.

이와 함께 한국 기독교인들의 자립하는 정신과 방법을 더욱 강화하는 여러 결실이 나타나는데 교회와 학교에 대한 헌금, 후원금을 기부하는 방식으로 시간과 일자를 교회 봉사를 위해 내어주는 "날연보" 등이었다. "날연보"는 뜻으로 풀이하면 '시간을 헌금 드린다'는 의미로서 당시 한국 교인들이 교회와 학교를 세워나가는 데 있어 시간을 내어 교회와 학교의 일에 봉사함으로써 참여했던 방식이다.

한국 선교의 과제와 결실

　한국 교회는 1903년에 로버트 하디R. H. Hardie에 의해 원산에서 각성 운동이 촉발하여 부흥을 경험한다. 특별히 신앙의 부흥, 각성 운동이라는 것이 1907년 평양대부흥 운동으로 촉발되었던 시기였다. 교회의 모든 부분은 크게 성장했는데 이 때에 존 무어가 내한했던 것이다. 존 무어는 이러한 부흥의 시작점에 한국 선교지에서 많은 영감을 받게 된다. 그때 그는 한국에 대하여 놀라운 통찰력을 제시한 바 있다. 외신들과 다른 사람들은 "한국의 멸망"을 말하고 있을 때 존 무어는 "한국의 가능성"을 보며 "비전과 과제"라는 글을 발표했던 것이다. 그 가능성은 한국이 동방과 세상의 빛으로 그리스도를 전하는 등불이 되어 앞서 비추는 국가가 될 수 있다는 것이다. 존 무어가 보았던 것은 세상적인 통찰력이 아니라 기독교적인 관점으로 봐야 깨달을 수 있는 것으로 그 근거를 성서의 역사적인 고찰로서 이스라엘 역사를 살펴보고 이를 한국에 적용함으로써 제시했다. '동북아시아의 경제는 일본이 이끌고, 문화는 중국이 이끌지만, 한국은 그보다 더 소중하고 가치있는 영원한 복음을 가지고 동방의 신앙을 이끄는 국가가 된다.'는 주장이었다. 이러한 주장은 여러 패권 가운데 있던 한반도가 지금 동북아 국가 가운데 기독교 비율이 가장 큰 국가로 발전하였기에 지금 이 시대에도 다시 주목되는 글이다. 그의 글 "비전과 과제" 일부를 인용하면 다음과 같다.

비전과 과제

존 무어, 평양

"멸망하는 한국." 미국 신문들이 한국에 작별을 고했습니다. 이것이 사실이든지 아니든지 아직 세세한 것들을 말하기 어렵습니다. 이토 총독은 여전히 한국이라는 나라가 있다고 생각하는 것 같습니다. 그렇다 하더라도 우리가 확신할 수 있는 한 가지는 한국인은 여전히 우리와 함께 한다는 것입니다. 우리의 관심은 그들과 함께 합니다. 이 위대한 동방세계에서 그들의 자리는 무엇일까요? 그것은 말할 필요도 없이 한반도에 자리하고 있다는 사실입니다. 인간의 몸에는 쓸모없는 것이 없습니다. 모든 신체에

각 부위가 필요한 것처럼 각 사람의 삶이 하나님의 특별한 계획 하심에 있기에 적어도 모든 삶의 자리마다 하나님의 계획이 있습니다. 저들은 그분의 발자취를 살펴보고 찾을 수 있을 만큼 충분히 현명합니다. 모든 사람에게는 저마다 엄청난 세상의 역사에서 자신의 위치와 의무가 있습니다.

그리스는 세계에 아름다움을 주었지만 국가 자체가 아름답지 않아서 멸망했습니다. 로마는 세계에 법을 주었지만 법치를 하지 않았기 때문에 더 이상 존재하지 못했습니다. 이스라엘은 세계에 종교의 기초를 세워주었지만 그러지 못해서 사라졌습니다. 그래서 각 나라는 세계의 발전에 각각 기여했습니다.

한국은 제 역할을 다했을까요? 한국이 삼천 년 동안 무엇을 기여했는지 찾아볼 수 있을까요? 단 한 가지의 역할도 한 것은 없었습니다. 왜 하나님은 이러한 허송세월을 허락하셨을까요? 무가치하게 그냥 버리려고 한 것인가요? 그분은 그런 식으로 일하지 않으십니다. 이 나라는 이 모든 세월을 헛되게 보낸 것이 아니었습니다. 그렇다면 한국은 무슨 역할을 했을까요?

한국은 동방의 상업 국가가 되어서는 안 됩니다. 한국은 그럴 만한 위치도, 힘도, 능력도 없습니다. 동방의 상업은 프랑스-영국-일본계의 손에 있습니다. 한국은 동양 사상을 대표하는 나라가 되어서는 안 됩니다. 한국은 너무 오랫동안 한밤 중의 어둠에 갇혀서 악한 쇠사슬에 오래 묶여 있었습니다. 동양 사상은 일본에서 기원하지 않았으며 결국 독일처럼 중국이 미래에는 동양 사상을 대표하는 나라가 될 것입니다.

그렇다면 한국에는 무엇이 남았습니까? 불쌍하고 멸시당하고 억압받던 한국이 앞으로 위대한 동북아에서 할 역할은 무엇입니까? 한국은 상업이나 학문이 아닌 것으로 이들보다 더 위대한 역할을 할 것이며, 밤의 어둠 속에서 기독교의 참된 빛을 가져오는 하나님의 사자가 될 것입니다. 이 빛만이 동양의 문제를 해결할 수 있습니다. 중국의 배쉬포드Bashford 감독이 말했듯이 스승이 없이는 계승자는 없습니다. 빛의 근원이 없이는 빛이 없으며, 빛을 밝힐 수가 없습니다. 한국은 그 빛을 밝혀야 합니다. 동방을 밝히는 기독교의 등불이 되어야 합니다.

한국의 상황을 잘 알면 비웃겠지만 저는 염려치 않습니다. 나와 함께 잠깐 역사를 되돌아봅시다. 옛날에 하나님은 교만하고 강한 바빌론과 교만으로 가득한 이집트를 선택하셔서 그의 힘과 영광을 세상에 드러내셨나요? 그렇지 않았습니다. 이스라엘의 노예 아이를 선택하셨고 새 이스라엘을 통해 노예들이 세상의 빛이 되었을 뿐만 아니라 권능의 주권자와 영광이 되었습니다.

그래서 이후에 하나님께서는 동양에서 전함을 가지고, 화려한 군대를 가진 잘나고 강한 일본을 통해 그의 영광을 드러낼까요? 자랑스러운 글(문자)을 사용하는 중국을 선택하여 지구에 그의 영광을 넘쳐흐르게 할까요?

하나님의 역사에 대해 배운 사람들은 더 잘 알 것입니다. 여기에 노예들의 자녀(모세) 한국이 있습니다. 다른 일들은 어떤 것들이 있을까요? 잘 대처하고 유능하고 선생님의 가르침에 열정적이지만 다듬어지지 않아서 잘 다듬어지기를 바라는 지도자는 더 이상 국가들 가운데서 선교 지원의 결핍으로 방치해서는 안 됩니다. 우리의 믿음은 한국이 모든 국가들을 구원하고 모든 문제를 해결할 수 있는 빛을 가지고 오는 이스라엘의 자녀가 되리라는 확신을 가지고 있습니다.*

존 무어는 한국에 대한 가능성을 살펴보는 것에 있어 성서를 인용했다. '강한 자를 사용하시는 하나님이 아닌 한국처럼 약한 자를 들어서 쓰는 하나님의 방법'을 적용하고 있는 것이다. "어둠 속에서 기독교의 참된 빛을 가지고 오는 하나님의 사자"가 한국이 되리라는 주장은 당시 한국이 일제의 침탈에 넘어가는 상황에서 그가 보았던 한국인 것이다. 모든 사람이 한국은 희망이 없고 끝났다는 말을 하는 가운데 희망과 가능성을 보았던 존 무어는 한국 선교를 일반적인 선교지가 아닌 매우 특별한 친구같은 존재로 여겼다.

---

* John Z. Moore, "The Vision and tasks," *Korea Mission Field*, 1906.

또한 그의 교육 선교는 이러한 기독교인을 양육하고 성장시키는 것을 목표로 했다. 이는 곧 세계를 이끌어가는 기독교인을 키우는 것이며, 모든 세계에서 신앙의 리더가 되는 기독교인이 한국인이라는 의미였다.

"우리 기독교 주간 학교는 한 해 동안 눈에 띄게 증가했습니다. 이는 참된 기독교가 가는 곳에는 반드시 깨달음과 지식을 갖춘 학교가 뒤따라야 하기 때문에 우리 사역의 안정성과 진정성을 보여주는 하나의 증거입니다. 저는 이러한 주간 학교의 설립이 교회 자체의 설립 다음으로 중요하다고 생각합니다. 이것은 놀라운 풍요로움이며, 이제 막 경작이 시작되었습니다. 오늘의 아이들이 내일의 교회이며, 이 소년 소녀들을 얻는다는 것은 이미 남성과 여성 교인을 확보하는 것입니다. 지난 20년간 한국에서 일하면서 가장 슬픈 말 중 하나는 우리가 이 놀라운 기회를 맞이할 준비가 되어 있지 않다는 것입니다. 어제의 한국인은 선조들의 발자취를 찾아 자신의 삶을 생각하는 것을 주로 했지만(제사), 이제 한국인은 자신의 발자취를 생각하고 싶어 합니다. 어제의 한국인은 자신의 모든 돈과 시간, 정성을 조상에게 바쳤지만, 오늘 그들은 죽은 자는 죽은 자로 묻었으며 산 자를 위해, 생명을 전하기 위해 희생해야 한다는 사실을 깨달았습니다. 제가 설교한 본문 중 가장 많은 한국인들이 관심을 가지고 들었던 말씀은 "조상(옛 것-저자 주)을 잊어버리고 자녀(새 것-저자 주)를 기억하라"는 말씀입니다."*

존 무어가 한국을 생각하고 위하는 사상은 교육에서도 드러났다. 이러한 사상은 그가 하는 교육이 다른 교육 기관과 근본적으로 다른 것이었다. 존 무어의 교육은 주변의 학생들도 느꼈고 이들이 지원하는 동기가 되었다. 세상적인 관점을 가지고 가르치려는 학교와는 다른 출발선상에 있던 것이다. 이러한 학교 운영에 학생들은 존 무어의 학교를 향해서 몰려왔다. 하지만 이렇게 학생들이 몰려드는 상황에서 가장 시급한 문제는 그의 교육 사상과 함께 할 한국인 교사가 부족하다는 것이었다. 교육 기관인 학교에 학생들이 몰려오고 있음에도 이를 보고 있어야만 하는 상황을 다음과 같이 보고했다.

"아이들의 마음과 삶의 문이 활짝 열려 있습니다. 저는 주저하지 않고 교회마다 훈련된 기독교인 교사 한 명씩만 있으면 기독교인이든 비 기독교인이든 거의 모든 남자 아이들을 학교에서 가르칠 수 있다고 말합니다. 일상리에는 언덕 양쪽의 2개 마을에 학교가 있었고, 그 언덕 꼭대기에는 교회가 있습니다. 그 옆에 학교를 세우고 현재 35명의 남학생이 다니고 있지만 지금 양쪽 마

---

*   John Z. Moore, "The Day Schools of Pyeng Yang District," *Korea Mission Field*, 1906.7., 168.

을의 학교는 교사가 없어 거의 없어진 상태입니다. 삼화 지역에서 우리는 세 칸짜리 건물에 학교를 시작했습니다. 곧 교실이 꽉 차서 더 이상의 학생 입학을 거부할 정도입니다. 그 마을에 서울에서 교육을 받은 사람이 가르치는 이교도 학교가 있었는데, 개학 후 그는 교육감에게 가서 자신의 학교에 학생을 보내달라고 요구했습니다.

    우리는 지금까지 해왔던 것보다 더 많은 체계와 결단력을 가지고 이 큰 약속의 현장으로 들어가야 합니다. 우리에게 절실히 필요한 것은 교사 훈련입니다. 우리에게는 그러한 일에 자신을 발전시키고자 하는 많은 젊은이들이 있습니다."*

    한국과 한국인에 대한 가능성에 대한 믿음을 가질 수 있었던 이유는 존 무어가 선교 현장에 있으면서 직접 한국인을 만나고 이들의 바람과 고충을 들었기 때문이다. 존 무어는 선교와 교육 현장의 사역자 부족으로 순회 전도를 하면서 많은 거리를 이동했다. 혼자서 선교지를 이동하며 교육을 한다는 것은 지치고 외로운 일이었다. 그럴 때마다 존 무어는 교인들을 만나면서 이들이 주는 따뜻한 감정을 느끼기도 했다. 그 가운데 할머니를 만나면서 선교사로서 사명감을 생각하며 다시 일어서는

---

*   위의 글, 169.

경험을 했다.

"그리고 여행 마지막 날, 고된 하루의 여정을 마치고 높은 산길을 내려오는데 머리에 '토기'(항아리)를 이고 있는 할머니를 만났습니다. 할머니는 토기를 내려놓으며 "아, 목사님, 우리 마을에서 막 오셨는데 이 조개를 가지고 장에 가느라 뵙지 못했네요. 이 일 때문에 목사님이 올 때면 늘 멀리 떨어져 있었어요. 정말 미안합니다." 공손하게 말하고 있었지만 그녀의 눈에는 눈물이 가득했습니다. 15일간의 여정이 막바지에 다다랐고, 아침부터 산을 넘느라 지쳐있던 저는 이 모든 것이 과연 가치 있는 일인가를 고민하고 있었는데, 그녀가 '토기'를 들고 빛이 거의 없는 집으로 돌아가기 위해 언덕을 오르는 모습을 보면서 저는 적어도 '어린 아이들'의 삶에 햇빛이 조금이라도 들어올 수 있도록 하기 위해 지치고 외로운 것을 감수할 가치가 있다는 것을 알았습니다. 이것이 바로 사랑하는 고향을 떠나 멀리 떨어진 곳에서 살아가는 우리에게 확실히 기운을 북돋아주는 것들입니다. 어둡고 절망적인 그들의 삶에 예수님의 빛이 비춰지도록 기도해 주십시오."**

어떻게 보면 선교 현장에서 일어날 수 있는 평범한 일상이며 만남

** John Z. Moore, "Rev. J. Z. Moore of Pyeng Yang writes some experiences of a recent trip to the couutry," *Korea Mission Field*, 1906.

이었지만 존 무어의 가슴에 다시금 선교와 그 의지에 기운을 주었던 것은 현장에서 만난 한국 교인의 신앙과 진솔한 사랑이 있었기 때문이었다. 존 무어는 앞서 언급한 어학 선생, 손정도가 한국의 지도자로서 어떻게 변화된 삶을 살았는지 보고하고 있다. 안창호, 전덕기, 김구, 이동녕, 양기탁, 이승만 등과 함께 신민회의 핵심 인원이자 대한민국 건국에 이바지한 손정도를 키우고 도와주었던 모습은 선교 현장에서 한국인 지도자, 교사의 필요가 절실했기 때문이다. 존 무어의 글에 남아있는 존 무어의 한국인 지도자, 손정도의 모습이다.

"한국인은 게으르다고들 하는데, 글쎄요, 아마도 대부분의 사람들은 어떤 큰 목적이나 삶의 동기가 그들의 삶에 들어오기 전까지는 그럴지도 모릅니다. 여기서 주인공은 바로 손 씨라는 인물입니다. 삼천 년 동안 조용하고 고요하게 이어져 온 한국의 한적한 마을 바닷가에 살던 손 씨는 부유한 농부의 아들이었습니다. 평생을 한문 공부에 매달렸던 그는 밭에서 일하는 것이 자신의 품위를 떨어뜨린다고 생각했고, 쓸모없는 한자를 쌓아두는 일로 하루하루를 보냈습니다.

그러던 어느 날 마을은 선교사(존 무어)의 등장으로 뒤흔들렸습니다. 선교사의 등장으로 마을이 요동쳤습니다. 이 사건은 꽤나 큰 소동을 일으켰습니다. 곧 마을 전체가 '구경'(관광)을 하러 나섰습니다. 이 선교사의 복장에 대해 이야기를 나눴는데, 그들은 그가 집에 들어올 때 벗어놓은 이상한 수의 끝부터 문 앞에서 벗은 머리의 모자까지 놀라울 정도로 솔직하게 이야기했습니다. 그들은 "불쌍한 야만인"이라며 "그는 '관습'이 없는 나라에서 자랐다."고 말했습니다. 선교사는 그날 방문해서 결실을 맺지 못했지만, 얼마 지나지 않아 "예수 교리를 따르기로" 결심한 몇 명이 다시 방문하고 싶다는 요청을 받았습니다. 그래서 교회가 세워졌고, 주일마다 바닷가 언덕에 작은 회중이 모였습니다.

우리 친구 손 씨는 방문자에 있지 않았습니다. 그는 아니었습니다. 그는 항상 매우 올바른 삶을 살았고 주변 사람들에게 친절했습니다. 이 방문했던 기독교인이 그에게 진리와 의로움, 삶의 방식에 대해 가르쳐 줄 수 있었을까요? 부족했지만 방문한 기독교인들은 "믿고 회개하라."는 말만 손씨에게 되풀이했습니다. 그 말에 손 씨는 화가 났고, 생애 처음으로 그의 마음은 증오로 가득 찼습니다. 어느날 밤, 그는 그들의 그 기도 모임을 깨뜨리려고 갔습니다. 그곳에서 그는 자신의 이름을 부르며 기도하는 것을 들었고, 그도 모르게 어느새 전통적인 복음을 붙잡고 있었습니다. 비록 그것이 무엇인지 몰랐지만, 그는 그날 밤 아무 말도 하지 않고 매우 깊은 생각과 고민을 가지며 돌아갔습니다.

다음 날과 그 다음 날, 그리고 그 다음 주까지 2주일 동안 그는 산꼭대기에서 자신의 죄를 위해 십자가에 못 박히신 구세주, 즉 하나님의 아들이 새 생명을 주신 것에 대해 기억할 수 있는 모든 단어를 생각하며 시간을 보냈습니다. 그는 밤낮으로 기도했습니다. 그리고 이제는 전례 없이 큰 울음과 회개를 했고 눈물을 흘리면서 기도했습니다. 산 속에 있는 동안 그의 친구들은 그가 가출했거나 자살한 줄 알았고, 그의 부모는 손 씨를 처음 낳은 아들이라 이러한 무소식에 괴로워했습니다. 산에서 돌아왔을 때 많은 이들은 그를 거의 알아보지 못했습니다. 그는 기독교인들과 함께 동행했고 지인들에게 설교를 했는데, 비기독교인 지인들 중 일부는 틈만 나면 그를 붙잡아 구타하는 등 매일 핍박했습니다. 이상했지만 무엇보다 그는 아버지에게 지금처럼 시간을 낭비하는 것은 옳지 않다며 밭에서 일하겠다고 말했습니다. 그는 그렇게 했고, 아침 일찍부터 밤 늦게까지 학교에 가겠다고 노래를 부르면서 밭 가는 일을 계속했습니다. 어떤 이들은 그리스도께서 손 씨에게 '목사'(선교사)와 같은 신학 교육에 대한 간절한 열망을 그의 삶에 불어넣었다고 말했고, 어떤 이들은 그가 미쳤다고 말했으며, 대부분은 그가 곧 그러한 삶을 포기할 것이라고 말했습니다.

그로부터 약 3년 후, 선교사(존 무어)는 개인 조력자이자 언어 교사를 원했습니다. 손 씨라는 사람을 알고 그의 선행에 대해 들은 선교사는 그에게 그 자리를 맡아달라고 요청했습니다. 그래서 그는 농장을 떠나 도시로 왔습니다. 이곳에서 그는 선교사를 위해 충실하게 일을 했을 뿐만 아니라 공부할 수 있는 모든 기회를 활용했습니다. 선교사 부인(알파 레이니 무어)의 도움과 계획으로 그는 평양의 유니온 고등학교 학생이 되었고 지금은 빠르게 발전하고 있습니다.

지난 겨울에 있었던 놀라운 부흥회에서 그는 성령의 큰 세례를 받고 정결함과 봉사할 수 있는 능력을 받았으며, 다른 곳의 부흥회를 돕기 위해 파송되었습니다. 그가 다른 사람과 함께 부흥회를 인도하러 갔던 곳에는 복음의 능력을 모르고 성령 세례에 무지한 교회의 지도자급 교인들 중 일부가 옛 신앙 생활에 만족하여 새로운 전도자들을 때리고 죽이려고 밤에 군중들을 모아 그 계획을 실행하려고 했습니다. 어떤 이들은 전도자들에게 마을을 떠나달라고 간청했지만, 그들은 "우리는 그럴 수 없습니다. 주님과 스승을 위해 매를 맞거나 죽는 것을 기뻐할 것입니다."라고 대답했습니다. 그들은 계속해서 담대하게 하나님의 말씀을 전하며 사람들에게 죄를 깨닫게 했습니다. 반항하는 성도들을 위해 큰 기도를 드렸고, 며칠이 지나지 않아 옛 신앙에 만족한 이들은 부흥에 대한 훼방뿐만 아니라 크고 끔찍한 많은 죄들을 큰 겸손함과 눈물로 고백했습니다. 성령의 은사를 받은 이들 중 한 사람은 다른 사람들과 연합하여 곧 다른 곳으로 가서 부흥을 일으켰습니다. 그리고 큰 권능을 베풀었습니다.

손 씨의 설교에는 항상 뚜렷한 결과가 뒤따랐고 타오르고 빛나는 빛이 되었습니다. 얼마 전에 저는 그가 이렇게 간증하는 것

을 들었습니다: "수년 동안 내 마음속에 악한 사람과 선한 사람, 두 사람이 있는 것 같았지만 요즘은 악한 사람이 사라진 것 같습니다. 나는 그를 찾아 헤맸지만 찾을 수 없었고, 그가 떠나고 선한 사람이 내 마음속에 영원히 살면서 지배할 것이라고 믿습니다."

선교사는 손 씨와 같은 삶에서 성경의 복음이 여전히 하나님의 능력이며, 불안하고 목적 없는 삶을 역동적이며 힘있는 삶으로 변화시키는 것을 보았기 때문에 더 이상 증거들이 필요하지 않다고 생각합니다. 손 씨의 고등학교와 대학교, 신학대학원 학업이 성공적으로 마무리되고, 변화된 삶이 한국에서 오랫동안 주님의 나라에 영광을 돌릴 수 있도록 기도해 주십시오.*

결국 존 무어가 선교지 교회와 학교의 지도자 양육의 모습에서 바라보았던 한국인은 그가 선교를 해야 하는 이유가 되었다. 이것은 그가 오랜 기간 동안 선교를 지속할 수 있는 중요한 동기가 되었다. 존 무어가 한국인에게 마음의 문을 열어 이들을 신뢰하기까지 수많은 선교 현장에서의 만남이 있었다. 앞서 선교 현황에서 언급한 바 있지만 몇 년이 채 안 되는 선교 기간 동안 존 무어가 걸어서 이동한 거리가 5,000리 정도 되었다고 했다. 그만큼 선교지를 돌보고 확장하기 위해서 늘 최선을 다했

---

* John Z. Moore, "A Changed Life" *Korean Mission Field*, 1907. 10, 159-160.

다. 이렇게 많은 한국인을 만나며 일깨우는 소명은 그의 선교 후반기에도 변함없이 나타났다. 오랜 장거리 순회로 인해 그의 지친 모습들이 상상이 되는 글귀가 있다. 이동한 수단이 주로 걷기였다는 것을 그의 보고를 통해 강조하고 있다. 당시 한국의 열악한 교통 수단으로 인력거, 나귀, 말 등이 있었지만 산악지대나 협지에서의 선교지 간 이동 수단은 걷기가 나을 때가 있다고 한다. 내한 선교사들의 선교 시간 가운데 상당 부분을 차지했던 선교지 이동 상황이 어떠했는지 살펴볼 수 있는 부분이다.

"다리Legs, 이 주제가 선교 사역과 어떤 관련이 있는지 처음에는 의아해할 수 있지만 조금만 생각해 보면 적어도 내가 아는 몇몇 선교사들은 이해할 수 있을 것입니다. 성경은 주님께서 "사람의 다리가 강하다 하여 기뻐하지 않으신다."고 말합니다.(시 147:10)., 그러나 선교사에게 강한 다리는 때로는 큰 가치가 있습니다. 왜냐하면 그가 머리와 마음을 어떻게 준비하든, 우리는 걷는 법을 아는 덕목이 절실히 필요할 때가 있기 때문입니다.

이것은 비유적인 표현이 아니라 우리에게 주어진 두 다리를 실제로 사용하는 것과 관련이 있습니다. 링컨 대통령은 '사람의 다리는 몸에서 땅바닥까지 충분히 길어야 한다.'고 말했습니다. 또한 '다리는 의무가 요구되는 곳이라면 어디든 몸을 지탱할 수 있을 만큼 육체적으로 충분히 강해야 한다.'고 말했습니다. 워털루 전투 전날 한 보좌관이 다가와 장군의 다리가 떨리는 것을 보고 무슨 일이냐고 묻자 장군은 자신의 다리를 내려다보며 '이 늙은 다리야, 내가 오늘 어디로 갈지 안다면 지금보다 더 떨릴 거야.'라고 독백을 한 네이Ney 원수에 대해 전해지는 이야기를 들었습니다. 선교사의 다리는 선교사 자신을 어디로 데려가야 할지 알 수 없지만, 종종 다리를 떨게 하는 힘든 일을 해야 할 수도 있습니다. 다리는 불평 없이 갈 수 있을 만큼 튼튼해야 합니다.

　이쯤 되면 이 구절이 의미하는 선교사는 교수나 목사처럼 한곳에 가만히 있는 것이 아니라, 언덕과 골짜기를 누비는 선교사를 위한 것이니, 그가 산에 사는 사람들에게 좋은 소식을 가지고 가려면 그의 발과 다리가 확실히 튼튼해야 한다는 것을 아시리라 생각합니다.

　이 선교사는 어디로 순회 전도를 하는지 알 수 있지만 어떻게 여행해야 하는지는 쉽게 해결할 수 없을 것입니다. 서양과 동양의 차이가 여기보다 더 큰 곳은 없습니다. 그곳에서는 3시간이면 백 마일이 넘는 거리를 쉽고 편안하게 갈 수 있지만, 여기서도 백 마일을 3일 만에 큰 피곤함 없이 갈 수 있는 행운이 있습니다. 서양에는 철도와 전차, 버스, 마차, 바퀴, 자동차, 그리고 무엇보다도 도로가 있습니다. 하지만 여기에는 술을 마시는 인력거들이 있는 의자와 싸우는 말과 절름발이가 된 당나귀가 있고, 무엇보다도 도로라고 불리는 길과 세숫대야만한 썩은 배를 타고 건너야 하는 수많은 개울이 있습니다. 따라서 서양인은 다리 없이도 다니는 수단들이 많이 있지만 동양인은 다리로 걷거나 인력거 위에 종종 멍하니 앉아 있기도 합니다.

따라서 우리는 선교사가 여러 가지 방법으로 여행할 수 있지만 반드시 걸어야 할 때가 있음을 알 수 있습니다. 낙타 등에 앉든 나귀 등에 더 겸손하게 앉든, 두 명의 인력거 사이에 있는 의자에서 흔들리든, 네 명 사이에 있는 의자에서 흔들리든, 자신의 말 위에 단단히 고정되어 있든, 마부의 위험한 조랑말 뒤에서 균형을 잃고 무리의 맨 위에 있든, 중국 수레든 미국 수레든, 폭이 18인치이고 양쪽 논보다 2피트 높은 길 위에 4피트의 바퀴가 달린 수레든, 길을 가는 동안에는 반드시 넘어질 때가 있습니다. 멋쟁이 인력거와 마부들이 술에 취하거나 병에 걸리거나, 말이 싸움에 휘말리거나 마부가 반항하거나, 당나귀가 산 고개를 만나면 갑자기 절름발이가 되거나(당나귀를 나귀라고도 부릅니다), 수레의 바퀴가 양쪽 논보다 6인치 위에 매달려 있는 굴 길 위로 차축이 끌려서 수레가 움직이지 않게 될 수도 있습니다. 어떤 항구에서 지친 선교사가 절름발이 수레바퀴를 밀며 비틀거리며 걸어가는 모습이나, 절름발이 선교사가 선교사의 수레바퀴를 등에 짊어진 인력거를 온순하게 따라가는 모습보다 더 익숙한 광경이 어디 있겠습니까? 어떻게 여행하든 예기치 못한 일들이 수천 번 일어날 것이고, 결국 가장 좋은 방법은 한국 사람들처럼 이동 수단을 타지 않고 걷는 것이 아닌가 하는 의문이 들 것입니다. 적어도 이것은 좋은 질문이며 많은 사람들이 다른 모든 방법보다 걷기를 선호합니다. 그러나 여행 방법이 무엇이든, 길을 잃을 때가 많을 것이고, 그러면 다리가 아픈 선교사가 더럽지만 어디에나 있는 여관에서 집이나 휴게소, 적어도 10리든 100리든 어떤 기독교인의 집까지 데려다 줄 다리가 아픈 선교사는 화가 날 것입니다. 피곤하고 지친 선교사가 여인숙에서의 하룻밤이 육체적 피폐를 의미하지는 않지만, 영적 성장에 도움이 되지 않을 수 있기 때문입니다. 추운 겨울 밤, 16×8×8피트 크기의 방에서 열두 명의 더럽고 반쯤 벗은 사람들이 바닥에 널부러져 있으며 벼룩의 천국 같은 바닥에 서서 하룻밤을 보낸 적이 있었는데, 다음날 아침 숨이 막히고 온몸에 물집이 잡힌 채 방에서 나오고 다리가 아프지 않다면 이런 식으로 밤을 보내는 것은 이번이 마지막이 될 것이라고 결심한 적이 있습니다.

또한 다리의 문제는 더 심각한 문제가 있습니다. 한 선교사는 집에서 170리를 달려왔는데 밤에 사랑하는 사람이 열병에 걸려 쓰러졌다는 소식이 들려왔고, 일찍 출발해 170리를 돌아갔는데 돌다리를 건너다가 말이 절름발이가 되자 못 가고 그날 밤 친절한 이들이 병자를 돌보았다는 이야기도 들은 적이 있습니다.

발람처럼 나귀를 탔지만 이름은 발람이 아닌 한 선교사의 이야기를 들은 적이 있습니다. 긴 하루의 행군 끝에 산길 반대편에 있는 조용하고 아늑한 한국인 주막을 지나가다 밤이 찾아왔습니다. 모든 것이 좋았지만, 그 우스운 나귀는 전에 그 고개를 넘은 적이 있었는데 갑자기 꾀가 나서 절름발이처럼 걸었고, 벼룩과 강도가 있는 비참한 산골 주막에서 거친 밤을 보냈습니다. 물어보지는 않았지만, 그 선교사는 그날 밤 다리만 아프지 않게 할 수 있다면 뭐든 다 주었을 거라고 상상할 수 있습니다.

그가 말했듯이 기차가 난파되면 "여기 있구나"라고 말하지만 배가 침몰하면 "어디에 있을까?"라고 말하기 때문에 그는 바다보다 육지를 더 선호했습니다. 순회 선교사의 수많은 여정에서 필연적으로 찾아오는 사고로 인해 한국 주막에서 지친 몸을 이끌고 친절한 기독교 마을의 쉼터나 평화의 도시에 있는 집으로 갈 다리가 아파서 움직일 수 없을 때, 육지의 "여기 있구나"와 바다의 "어디에 있을까?" 중에서 선택하는 것은 거의 의미가 없다고 고백합니다. 그래서 순회하는 선교사, 노인과 젊은이, 실제 선교사와 예비 선교사 모두에게 선교사회는 이렇게 말합니다: 당신이 머리와 마음을 준비하는 것이 무엇이든 튼튼한 다리를 키우는 것이 이를 보다 값지게 할 것입니다. 여러분이 가진 머리와 마음의 은사와 은총이 무엇이든지, 여러분의 머리와 마음을 가야할 곳으로 옮기기 전까지 전혀 쓸모가 없을 때가 있을 것입니다."*

---

* John Z. Moore, "Legs," *Korea Mission Field*, 1907. 1., 4-6.

존 무어의 선교초기 선교지 이동 사진 ©GCAH

　　존 무어의 순회 사역은 한국인 지도자를 양육해야 한다는 목적을 가지고 먼 거리를 이동했다. 그는 이러한 목적을 달성하기 위해서 이동 수단에 물불을 가리지 않았다. 또한 열악한 교통환경으로 인해 선교지를 향해 수많은 거리를 걸어야 했던 것이다. 이러한 모습에서 선교사들이 서구 문명의 혜택을 누리기보다는 한국인처럼 이동해야 한국인들에게 다가설 수 있다고 생각했음을 살펴볼 수 있다. 이 시기에 존 무어뿐만 아니라 함께 했던 서구 개신교 선교사, 한국인 목회자들이 선교지간 이동을 위해 수많은 길을 걸어야 하는 것은 개신교 발전에 숨겨져 있는 애환이었다. 위의 걸음이 결국 복음의 전래, 수용, 정착, 발전을 하는 과정에 함께 존재했던 것이다. 이러한 수고가 선교사와 목회자 가운데 있었다면 한국인은 이를 수용하는 모습으로 나타난다. 한국인의 복음 수용이 결실로 맺어지기까지는 한국인의 자립 정신이 중요했다. 이러한 자립 정신이 어떻게 형성되었는지 다음에서 살펴보겠다.

한국 선교지의 자립

존 무어가 생각하는 한국 선교지의 자립은 재정적인 자립뿐만 아니라 인재를 키워내서 자치, 자전하는 것이었다. 무엇보다 한국인을 믿고 신뢰했던 그에게 있어 자립은 선교권과 선교 기관 운영에 대한 권리를 한국인에게 이양하는 모습으로 가야하는 것이 최종 목적이었기 때문이다. 먼저 존 무어가 선교지에서 강조한 자립이 교회 공동체에서는 어떤 모습으로 나타나는지 그의 선교 보고서는 다음과 같이 이야기한다.

"평양 구역에서 한 해 동안 가장 큰 수확은 교회의 자립이었습니다. 한국인은 늘 부족하고, 힘든 한 해를 보냈으며, 기독교 헌금에 대한 훈련이 부족했다고 생각했지만 교인들이 교회의 지원을 위해 헌금했던 결단은 정말 놀라웠습니다. 자립을 위한 금액을 분석해 보니 교회 건축과 수리를 위해 1,490엔을 헌금했습니다. 난방비, 조명비 등 기타 지역 경비로 721엔, 목사 월급으로 675.90엔, 성서공회비로 8.90엔, 가난한 사람들을 위해 52.80엔, 총 2,938.60엔을 교회에 헌금했습니다. 주일학교 신문과 크리스천 신문에는 87.75엔, 주일학교에는 교사 봉급으로 257.50엔, 건물비로 252.90엔을 지불하여 학교에는 총 510.40엔, 교회와 주일학교와 주일학교의 총합은 3,536.75엔을 지불했습니다. 지난해 헌금 액수인 803엔과 비교하면 교인 수는 100% 증가한 반면 자립을 위한 헌금은 400% 이상 증가한 것을 알 수 있습니다. 사역에는 8명의 유급 도우미가 있습니다. 3.5명에 해당하는 비용은 선교회에서, 4.5명에 해당하는 비용은 현지 교회에서 급여를 지급하고 있습니다. 도우미가 한 명 더 필요하고, 모두 현지 교회에서 급여를 지급할 수 있는 날이 멀지 않았으면 좋겠습니다."*

자립의 결과를 보면 교인 수는 100% 증가했고 자립을 위한 재정은 400% 이상 증가한 것으로 볼 때 단순히 교인 수가 많기 때문에 재정의 자립이 증가한 것이 아니라 교인의 희생들이 모아졌던 것을 살펴볼 수 있다. 그렇기 때문에 미국 선교부에서 후원을 받고 있는 교회 사

---

* John Z. Moore, "A Record of Self-Support," *Korea Mission Field*, 1906. 8., 195.

역자 인건비 등도 곧 자립할 수 있다는 확신을 가지고 있었다. 이러한 모습을 살펴볼 때 그의 한국인 지도자 양육은 단순히 후원으로 이루어진 것이 아니라 스스로 설 수 있기까지 자립 정신이 함께 공존하였고 이것이 그의 지도자 양육 방법이었다. 한국인 가운데서 환경의 어려움으로 재정에 도움을 주지 못할 때에는 "날연보"라는 방법으로 자립 정신을 보여주기도 했다. 한국인이 이렇게 헌금으로, 또는 "날연보"로 자립하는 것이 그 자체로 자립을 의미하는 것뿐만 아니라 또 다른 한국인을 계속 양육하고 지도하는 것도 의미했다. 이 "날연보"는 한국 교회가 성장한 무형의 자산인데 당시 한국인들이 어떻게 이 "날연보"를 실시했고 이것이 또 다른 한국인에게 영향을 끼쳤는지 다음과 같이 보고하고 있다.

"하나님 나라의 직접적이고 즉각적인 확장에 있어서 이러한 성경 공부와 부흥회의 가장 큰 결과는 한국인들이 "날연보"라고 부르는 것에서 찾을 수 있습니다. 집회 마지막 날에 그들은 작정 종이를 준비했고, 남녀 각자가 돈을 내는 대신 자신의 마음에 따라 "날연보", 즉 집집마다, 마을마다 전도를 하는 날을 수없이 적어냈습니다. 작년에는 몇몇 교회에서만 그렇게 했는데, 올해는 모든 교회가 "날연보"를 보고했습니다. 이 전도는 모두 무보수로 했을 뿐만 아니라, 어떤 이들은 직장을 쉬면서까지 사비를 들여서 했습니다. 그러나 어떤 교회에서는 천일이 넘게 전도를 했고, 진남포에서는 한 여인이 일 년 중 6개월을 전도에 시간을 내어 헌신했습니다. 나는 전체 결과를 말할 수는 없지만 보고서의 몇 문장을 통해 그것이 어떻게 작동했는지 적어도 희미하게나마 알 수 있을 것입니다.

한 사람은 자신의 집이 길가에 있었기 때문에 지나가는 모든 사람에게 복음을 전했고, 대부분 기꺼이 말씀을 받아들였다고 말했습니다. 또 다른 사람은 3주 동안 집집마다 다니며 200명에게 확실하게 복음을 전했고, 그 중 50명이 믿었습니다. 한 교회에서는 여자들이 남자들처럼 집집마다 다니며 전도한 결과 50명의 여자들이 모였고, 그들은 성경을 읽고 싶지만 낮에 공부할 시간이 없어 야학을 시작했습니다. 이 설교의 결과로 모두 40개 이상의 마을에서 새로운 사역이 시작되었습니다. 그들이 설교한 내용은 한 속장의 보고를 통해 알 수 있습니다. 그는 "나는 집집마다 다니며 사람들에게 그들의 죄와 그들이 영원한 멸망의 길로 가고 있으며, 그들의 유일한 소망은 그들을 위해 죽으신 주 예수님에게 있다고 말했습니다."라고 했습니다. 정치적 상황으로 인해 일부 사람들이 교회로 향하고 있을지 모르지만, 저는 이 전도자들이 정치적인 상황을 말하지 않았을 것이며, 그들이 교회에 갔을 때 조국의 상황에 대해서는 듣지 못했겠지만 그들의 죄에 대한 무서운 꾸짖음과 현재의 죄와 다가올 진노에서 벗어나라는 불타는 권고를 받았을 것이라고 확신합니다.

이 사람들 속에서 살아갈수록 그들의 삶 속으로 더 깊이 들어갈수록 제 눈에 비친 한국 그리스도인은 더욱 놀랍습니다. 여러분이 제가 서 있는 곳에서 보셨다면, 우리가 본 것을 함께 보셨다면, 가난하고 멸시받는 한국을 향한 하나님의 위대한 계획에서 한국이 결코 작은 자리가 아니라는 것을 깊게 느끼게 될 것이며 그 이유를 이해할 수 있으리라 생각합니다.

아마도 일본 도시샤에서 오랜 세월을 보낸 미국 선교본부의 데이비스 박사의 말이 맞을 것입니다. 그는 작년 가을 한국을 처음 방문했습니다. 그는 "한국에서 당신이 하는 일에 대해 많이 듣고 읽었지만, 직접 와서 보니 절반만 알고 있었던것 같습니다. 저는 하나님께서 한국을 기독교 세계를 위한 교훈으로 사용하실 것이라고 믿습니다. 저는 일본 기독교인들 앞에서 한국 교회의 자립하는 열심과 희생하는 모범에 대하여 자주 들었는데, 앞으로 50년은 더 그렇게 할 것입니다."라고 말했습니다. 이 말은 "세계 선교 전망"을 주제로 한 학술적이고 감동적인 연설의 마지막에 무심코 던진 말이 아닙니다."*

위의 "날연보"를 작성하고 실행했던 자립 선교의 모습을 살펴보면 존 무어의 선교지 평양 서부 지역의 교세가 어떻게 확장했는지 그 과정

---

*   John Z. Moore, "NAL YUNBO," *Korea Mission Field*. 1908. 4., 61.

이 보인다. 한국 기독교인들이 시간을 내어 전도하며 모인 사람들에게 교육을 실시하는 것은 그 자체가 활력이 넘치는 자립의 모습이었다. 이렇게 자발적인 참여와 적극적인 운영은 선교지 확장의 결과로서 교회 건물이 세워지는 모습으로 나타났다. 당시 한국인이 교회를 세워가는 모습을 "교회 건축Church Building" 이라는 글에서 살펴볼 수 있다. 이 글은 교회가 세워지는 과정이 단순히 교회 건물이 세워지는 것이 아닌 한국인의 신앙 내면에 변화가 있어야 가능하다는 것을 보여주고 있다. 여기서 2가지 차원의 변화를 살펴볼 수 있는데 첫째가 '구원과 내세에 대한 확신'이며 둘째가 '하나님 나라의 확장을 기대하는 확신'이었다. 이 내면의 변화가 나타나는 방식 중 하나는 성전-교회라는 건물이 세워지는 것이었다. 함종에서 있던 영원한 축복이라는 이름 "영복"이라는 할머니의 희생적인 교회건축 헌금에는 이렇게 '구원의 확신'과 함께 '내세에 대한 소망'이 있었고 이를 위해서 어렵게 시장에서 벌었던 돈을 '하나님 나라 확장'이라는 차원에서 헌금을 하는 희생적인 이야기가 나온다.

"올해는 매우 두드러지게 교회 건축을 하는 한 해였습니다. 여덟 개의 교회가 새로 세워졌고 다른 교회들도 수리되었습니다. 모든 한국인들이 이 일을 위해 490엔을 기부했습니다. 교회 건축에 들어간 유일한 외국 돈은 청산에 있는 새 교회를 위해 확보한 60엔과 삼화의 한 교회에 지원한 10엔입니다. 어떤 곳에서는 그리스도인들이 함께 모여 한 마음, 한 뜻으로 노동과 돈과 건축을 바친 열정, 여성들이 돈과 쌀을 준비하는 데 있어 그들의 역할을 감당하는 방식이 가장 고무적이었습니다. 몇 가지 사건은 기록할 만한 가치가 있습니다.

　함종에서 한 할머니가 저에게 와서 세례를 받고 이교도 이름이 아닌 천국에 가서 영원히 간직할 수 있는 좋은 이름을 받고 싶다고 말했습니다. 할머니는 외로운 과부였지만 주름진 얼굴에 환한 미소를 지으며 자신의 이야기를 들려주었고, 저는 할머니에게 세례를 베풀고 "영원한 축복"이라는 뜻의 "영 포키(영복)"라는 이름을 지어주었습니다. 할머니의 미소는 그 어느 때보다 밝았습니다. 일흔이 넘은 나이에도 불구하고 그녀는 시장에 나가 돈을 벌 때마다 저축을 했습니다. 몇 주 후, 그녀는 천 달러의 현금을 모았습니다. 그리고 지난 분기 연례회에서 더 환한 미소를 지으며 새 은화로 바꾸어 새 교회 건축을 위해 헌금했습니다. 우리는 예루살렘의 한 과부가 자신의 작은 헌금을 바친 것을 기억합니다. 여기서 그 성경 말씀이 그저 단순한 이야기가 아니라는 것을 알았습니다."*

할머니의 희생은 교회를 세우는 원동력이 되었다. 그녀가 희생할 수 있었던 이유는 영적인 변화와 이를 실천하는 모습으로 나타났기 때

---

*　John Z. Moore, "Church Building," *Korea Mission Field* 1906. 9., 219.

문이다. 이는 단순히 어떤 이성적인 판단이 아니라 내적 변화에 근거한 자립의 모습이었기 때문에 이러한 과정은 다양한 모습으로 나타났다. 삼화 지역에서 교회건축을 하는 모습은 그 지역의 유지가 주도적으로 진행했다. 그가 성전 건축을 주도했던 이유는 그 자신의 집이 그 지역 유일의 기와집이었는데 하나님의 집은 초가집이어서 성전을 건축하는 이유가 되었다는 것이다. "내 집이 주님의 집보다 주님의 성전보다 낫지 않으니, 내 집의 기와를 떼어 교회에 바치고 나는 초가집을 짓고 여러분들과 하나가 되겠다."고 말하며 교회 건축을 진행했다. 이러한 유지의 모습을 본 그 지역 사람들은 교회 건축을 위해 할 수 있는 모든 것으로 참여하기 시작했다.

> 삼화에서는 작년 가을에 5칸짜리 교회를 새로 짓고 둘러쌌지만, 추운 날씨가 오기 전에 완공하지 못했습니다. 올봄에 완공하러 갔을 때 신도들이 너무 많아 모두 들어갈 수 없어 두 칸을 더 추가해야 했습니다. 제가 4월에 방문했을 때 교회는 신자들로 가득 차 있었습니다. 이 건물에서 성장한 교회는 우리 한국 사역의 전형적인 모습입니다. 그 지역 주변에는 몇 년 동안 작은 초가집에서 예배를 드리는 그룹이 있었습니다. 작년에 리더가 교회를 새로 지어야겠다고 결심했습니다. 이 지도자는 마을의 촌장이며 마을의 자랑거리인 유일한 기와집을 가지고 있었습니다. 그는 기독교인들을 모아놓고 "교회를 새로 지어야 하는데 기와집이어야 한다."

며 자신의 계획을 설명했습니다. 그러자 그는 도와주면 모든 기와를 책임지겠다고 말해 사람들을 놀라게 했습니다. 그들은 기와를 어디서 구할 수 있느냐고 물었습니다. 기와를 구할 수 있는 곳이 없고 새로 구우려면 큰돈이 들 것이기 때문입니다. 그는 대답했습니다. "내가 그동안 기와집을 자랑스럽게 여기며 여러분 가운데서 영주처럼 살아왔지만" -실제로 이들 대부분은 농사를 지으며 살았습니다- "내 집이 주님의 집보다 주님의 성전보다 낫지 않으니, 내 집 기와를 떼어 교회에 바치고 초가집을 짓고 여러분들과 하나가 되겠다"고 말했습니다. 옛날 구약 시대 이래로 이런 말을 들어본 적이 없었지만 그들은 믿지 않을 수 없었습니다. 왜냐하면 그들은 한꺼번에 지도자의 집에서 기와를 가져오는 것을 도와달라는 요청을 받았기 때문입니다. 이것은 그들의 피 속에 전에 느껴보지 못한 뜨거운 불을 지폈습니다. 그들도 뭔가 해야만 했습니다. 10리 정도 떨어진 곳에 좋은 건축 자재를 만들 수 있는 좋은 나무가 있었기 때문에 그들은 즉시 가서 나무를 샀습니다. 그리고 나무를 베기 시작했습니다. 그들은 건장한 남자 열두 명을 소집했습니다. 그들은 미래를 위해 교회를 지을 것이기 때문에 큰 교회가 있어야 했습니다. 그들은 소와 당나귀와 자신들의 손으로 큰 힘을 들여 언덕과 골짜기 10리에 걸쳐 목재를 끌었습니다. 손이 아프고 허리가 피곤했지만, 그들은 하나님께서 성공을 주시고 그 도와주는 수가 크게 늘어나게 해달라고 계속 기도했습니다. 지도자의 집 바로 뒤에는 밤나무로 뒤덮인 아름다운 언덕이 있고 조상들의 무덤이 있어 신성한 곳입니다. 무덤 기슭에는 푸른 잔디가 완만한 경사를 이루고 있습니다. 이곳이 새 교회를 짓기 위해 선택한 장소였기 때문에 그들은 이곳에 목재를 쌓았습니다. 이곳은 소작인 밭이었고, 사람들은 그가 원하는 대로 할 수 있다고 생각했습니다. 그러나 서양인에게는 예상치 못한 많은 일들이 이곳에 일어났습니다. 이 때 기독교인이 아닌 지도자의 형제와 어머니가 나타나 분노와 폭력의 위협으로 이 땅에 교회를 세울 수 없다고 선언했습니다. 그것은 무덤을 지키는 용의 꼬리 형지로서 그곳을 자른다는 것입니다. 수세기 동안 조상들의 무덤을 지키고 온 터전이 가족에게 끔찍한 재앙으로 닥친다고 했습니다. 교회를 건축하려는 기독교인들이 저에게 조언을 구했지만 풍수에 대해 잘 몰라서 무슨 말을 해야 할지 막막했습니다. 목수에게 지불 할 돈이 부족하여 공사가 지연되고 교회가 없는 겨울이 그들에게 다가왔습니다. 그러나 그들은 포기하지 않았고, 손으로 일할 수 없는 날에는 기도와 설교로 일했습니다. 봄이 오자 교인이 늘어났습니다. 교회는 완공되어야 했습니다. 열두 사람은 서까래를 제외한 모든 목재를 가져왔습니다. 이 일은 반드시 완성했습니다. 그들은 이제 서른다섯 명의 남자를 모았는데, 소와 당나귀로 가을에는 일주일 동안 힘들게 일해야 할 일을 하루 만에 쉽게 가져왔습니다. 아직 목수는 구하지 못했습니다. 그때 새 신자 중 한 사람이 나왔는데, 그는 술을 잘 마시는 사람이었습니다. 그는 "500냥(50엔)을 주겠소. 1년 치 술값이오."라고 말했습니다. 또 한 사람은 쌀이 많으니 일할 수만 있다면 목수에게 숙식을 제공하겠다고 말했습니다. 그렇게 건물이 시작되었습니다. 하지만 어디서? 다른 곳이 아니라 처음 계획한 대로 용의 꼬리형지 위에서 지어야 하는 과정이 남아 있는데… 겨울의 부흥은 다른 모든 문제와 마찬가지로 이 문제도 해결해 주었습니다. 마음의 부흥은 머리와 손의 모든 어려움을 얼마나 자주 해결해 주는지 모릅니다. 새 신자들 중에는 지도자의 어머니와 자매, 형제들도 있었는데, 그들은 이제 자신들의 유일한 보호자로 알고 있는 참 하나님을 위한 성전을 짓는 일을 기꺼이 돕게 되었습니다. 지붕이 올라갈 때까지 몇 주가 지나지 않았고, 이제 주변이 내려다보이는 아름다운 경사면에 거의 완성된 이 교회는 가장 훌륭한 교회 중 하나가 되었습니다. 돈과 인건비만 거의 10,000냥(1,000엔)이 들었습니다. 8칸짜리 큰 건물로 완공될 때쯤이면 거의 다 채워질 것입니다. 그들의 기도가 응답되고 그들의 수고가 보상을 받은 것이 분명합니다."*

앞서 소개한 선교지의 보고와 이야기에서 나타나듯 존 무어가 담당했던 선교지의 교회건축 과정은 단순히 외국에서 돈을 끌어다가 지

---

*   앞의 보고서, 220.

은 건물이 아니었다. 신앙 공동체 스스로가 세운 교회였으며 그 과정에서 신앙 공동체를 만들어 나갔던 것이다. 따라서 존 무어의 선교지는 날이가면 갈수록 한국인이 중심이 되는 선교지로 변모해갔다. 또한 1907년, 평양에서는 평양의 연합 대학교Union College and Academy를 승인하기 위해서 베어드Messrs Baird, 블레이어Blair, 맥큔McCune, 변하설Bernheisel, 노블Noble, 무어Moore, 헌트Mr. Hunt, 휘트모어Whittemore 등 선교사들이 모여서 연합사업을 이끌어 냈다.* 이와 함께 자신의 선교지에 교회와 학교 기관이 만들어지는 것에 소홀하지 않았던 존 무어는 다음과 같은 선교 현황과 결과를 보고한다.

---

*   Arthur L. Becker, "Pyeng Yang High School," *Official Minutes of Korea Mission Conference*, 1907. 6., 51.

선교 현황과 결과

　　존 무어는 그가 맡은 선교 현황에 대한 보고를 다음과 같이 했다. 서재산, 증산, 함종, 삼화, 진남포, 선돌, 강서, 솔모루 등의 교세와 간략한 구성원에 대한 내용이다. 초창기 존 무어가 정착한 이 지역은 선교의 발판이 될 뿐 아니라 한국인 지도자 양육, 자립 정신 등 교회 스스로 헌신적인 노력을 강조하여 독립해가고 있었다. 이러한 자립은 한국 교회를 더욱 빨리 성장시키는 중요한 자원이었는데 8곳의 선교지 현황에 대한 요약된 보고를 보면 다음과 같다.

　　서데산(서톄산).
　　이 구역은 평양에서 서쪽으로 50리 떨어진 곳에 있습니다. 이 곳의 속장은 농사를 잘 짓는 사람인데, 그는 올해 농사일을 정리하여 거의 모든 시간을 무보수로 교회 일에 바쳤습니다. 그 결과 교인 수가 약 50% 증가했고, 교회는 두 곳이며 다른 8개 마을에 기독교인이 있습니다. 교인은 세례 학습자를 포함해 135명이며, 다른 신도 112명을 합치면 총 247명입니다.

청산(증산).

이 분기별 연회는 증산 구역 전체가 포함됩니다. 잘 조직된 세 개의 교회와 두 개의 기도회실이 있으며, 약 40개 마을에 기독교 인이 있습니다. 입교인은 302명이며, 가끔 참석하는 239명을 합치면 541명입니다.

함총(함종).

이 사역에는 함종 구역 전체가 포함됩니다. 50여 개 마을에 5개의 중앙 교회와 3개의 기도모임실이 있습니다. 올해 두 개의 큰 교회가 건축되었습니다. 입교인 수는 420명이며, 365명의 출석교인와 함께 785명의 교인이 있습니다.

삼화(삼화).

삼화에는 4개의 교회와 3개의 기도실이 있으며, 약 30개 마을에 기독교인이 있습니다. 한 교회의 핍박으로 인해 두 명의 조력자가 돌에 맞아 죽었고, 그들의 충성스러운 승리로 100% 이상 증가했습니다. 이곳에는 세례 학습자를 포함한 306명의 교인과 120명의 출석교인이 있어 모두 426명이 있습니다.

진남포(증남포).

이곳은 제 사역에서 가장 전략적으로 중요한 곳으로, 약 35개 마을에 기독교인이 있는 교회가 세 곳 있습니다. 진남포에서의 사역은 모든 순회 사역의 모델이 되고 있으며, 평양의 교회만큼이나 잘 조직되어 있습니다. 작년에 교회 건축을 위해 도움을 요청했지만 아직까지 결과가 오지 않아서 교회 건물이 없는 상태입니다. 한 해 동안 스크랜턴 박사와 그의 어머니가 준 100엔 외에는 대부분 지역 교회에서 준 700엔의 비용으로 학교 건물을 지었습니다. 여러분은 이렇게 좋은 학교 건물이 있는데 교회가 없다는 것이 이상하다고 생각할 수도 있습니다: 연초에 선교본부 재정위원회에서 교회를 위한 헌금을 결정했기 때문에 우리는 구역의 힘을 학교 건물에 쏟아 부었습니다. 그런데 얼마 지나지 않아 재정위원회에서 진남포에 지원금을 줄 수 없다는 소식이 들려왔고, 그때부터 계획이 변경되었습니다.

최선을 다해 지금은 예배를 드릴 수 있는 학교 건물을 지었습니다. 이 건물에는 250명이 예배를 드릴 수 있고, 예배에 참석하는 등록 교인은 거의 400명 정도이며, 300명이 예배에 출석하는 경우도 많습니다. 일 년 중 일부는 회중을 나누어 남성은 한 건물에서, 여성은 다른 건물에서 모입니다. 이곳에는 두 명의 교사와 70명의 장학생이 있는 남학교와 36명의 장학생이 있는 여학교가 있는데, 목사 월급으로 한 달에 12엔을 지급하며 훌륭하게 조직되고 확고하게 뿌리내린 공동체입니다. 우리는 새 교회를 위해 많은 일을 할 수 있지만, 당장 도움이 필요합니다. 이미 75엔의 비용으로 부지를 마련했는데, 그 위에 교회를 세울 수 있도록 누가 도와줄 수 있을까요?

선톨(선돌).

이 연회는 진남포에서 북쪽으로 40리 떨어진 곳에 있습니다. 약 30개 마을에 교회 세 곳, 기도처 한 곳, 교인은 총 233명입니다.

강소(강서).

이곳은 올해 놀라운 기록을 세웠습니다. 두 곳의 교회 임시 처소를 모두 재건했고, 교회에 출석하는 350명의 교인들이 헌금한 총액이 1,400엔이 넘습니다.

솔모로(솔모루).

증화 구역 평양에서 남쪽으로 40리 떨어진 곳에 있는 마지막 분기 연회입니다. 이곳에는 네 개의 교회와 두 개의 기도 모임실이 있습니다. 이 사역은 100% 이상 성장하여 현재 총 490명이 있습니다.

요약하자면, 8개의 분기별 대회와 27개의 완전한 조직 교회, 그리고 7개의 기도실, 즉 현지인들 부르는 기도 모임실이 있습니다. 이 기도실은 마을에 있는 교회 소유 건물로, 주민들이 주일 아침에는 다른 마을에서 큰 교회로 출석하기 위해 움직이지만 주일과 수요일 저녁에는 가까운 자기 마을에서 모이는 곳입니다. 201개 마을에 기독교인이 있습니다. 입교인은 506명, 세례 학습자는 1,875명으로 총 2,381명의 교인이 있습니다. 이 외에도 참석자로 등록되어 있지만 아직 세례 학습자로 등록되지 않은 1,723명이 있으며, 이들은 대부분 나중에 등록할 것입니다. 이로써 신도 총 회원 수는 4,104명이 되었습니다. 작년에 비해 회원 수가 3분의 1정도 증가했습니다. 올해 저는 344명에게 세례를 베풀었고, 550명을 세례 학습자를 대상으로 받았습니다.

교회 건물.

교회 건축에 대한 영웅적인 노력과 진정한 자기희생에 대한 많은 흥미로운 사건을 모두 쓸 수 없지만 단 하나는 말할 수 있습니다. 사람들이 모두 조상의 무덤에 참배하러 산으로 가는 명절인 함종에 기독교인들은 모두 모여서 제사를 지내기 위해서가 아니라 새 교회에 쓸 목재를 가져오기 위해 약 20리 높이의 산으로 올라갔습니다. 이들에게 이날은 정말 큰 기쁨의 성일이었습니다. 올해 15곳이 교회를 확장하거나 새 교회를 건축했습니다. 한국인들은 이를 위해 값진 한 해를 보냈습니다. 교회 건축에 들어간 유일한 외국 돈은 내가 준 몇 달러와 헤인즈 양이 준 15엔, 홀만 양이 준 5엔, 로빈스 양이 준 20엔이 전부인데, 이 일을 위해 많은 일을 해낸 공로를 인정받아야 할 것입니다.*

무급 도우미.

진남포에 교회당 건축의 필요성을 강조해야 합니다. 작년에 우리는 이 큰 필요성에 대해 연회의 관심을 촉구했습니다. 앞의 보고서에서 언급했듯이, 우리의 교인수는 두 배로 증가했지만 여전히 새 건물이 없는 상태입니다. 사람들이 모이는 학교 건물은 250명을 수용할 수 있는 반면, 교회에 수용할 수 있는 인원은 40명입니다. 모두가 교회에 다니고 싶어 하는데 얼마나 많은 사람들이 문밖으로 나갈 수밖에 없는지 쉽게 알 수 있습니다. 북한에서 평양을 제외하고는 이렇게 많은 사람들이 모일 수 있는 마을이 없는데, 만약 사람들을 수용할 수 있는 공간이 있다면 400명이 아니라 1,000명의 입교인과 세례 학습자가 있을 것입니다. 북

---

*　　John Z. Moore, "J. Z. Moore's Report," *Official Minutes of Korea Mission Conference* 1907. 6., 41-43.

한 전역의 천혜의 중심지에 있는 마을에 적절한 교회 건물이 있다면 마을 사람들의 필요를 충족시키는 것 이상의 의미가 있을 것입니다. 누군가 이 사람들을 구하고 새 교회를 위해 5,000달러를 기부하지 않겠습니까?

신계 구역.

교인들이 작년보다 81% 증가했고, 9개의 교회와 11개의 예배당, 그리고 91개의 마을에서 사역을 하고 있습니다. 김창식 목사는 한 해 동안 수차례에 걸쳐 전역을 순회하며 작업을 진행했습니다. 신계의 백나일과 오해주, 박미창은 지칠 줄 모르는 일꾼입니다.

부흥 운동은 거의 전 지역으로 퍼져 나갔고, 그 영향력 아래서 우리 학교를 위해 강한 청년들이 생겨났으며, 그들 중에는 복음 전파를 위해 목숨을 바치기로 결심한 사람들도 있었습니다.**

존 무어의 보고서에는 부흥의 결과를 숫자로 표현했을 뿐만 아니라 이렇게 부흥하게 된 근본적인 원인에는 한국인 내면의 흔들리지 않는 견고한 신앙이 있기 때문이다. 이것은 곧 자립 정신이며 신앙 공동체 안에 자리잡고 존재하고 있었다.

**   앞의 보고서. 44-46.

교육 현황과 결과

초창기에 존 무어는 평양 서부 지역의 교육을 담당했기 때문에 평양 시내의 광성학당은 베커와 빌링스라는 선교사가 이를 맡아 운영하였다. 이때 존 무어는 진남포, 강서등에서 사역했으며 다음과 같이 소년 주간학교, 고등학생들을 중심으로 선교 사역을 진행해갔다. 교육 사업은 크게 증가했고 한국 학생들의 의식도 변화했는데 뒤를 바라보는 것이 아니라 앞을 보고 진취적으로 나가는 모습이 이 교육 사업이 준 영향때문이라는 것이다. 또한 교육 사업의 핵심은 미래 인재 양육에 있기 때문에 존 무어는 무엇보다 미래 인재를 강조했다.

소년 주간 학교.

이 주간 학교에 대해 전체 보고서를 작성할 수 있지만 몇 줄이면 충분합니다. 작년에는 13개 학교에 281명의 장학생이 있었습니다. 지금은 17개 학교에 473명의 장학생이 있습니다. 숫자의 성장도 놀랍지만, 형태와 효율성, 외관의 발전에 비하면 아무것도 아닙니다. 거의 모든 500명의 소년들이 단정한 모자 아래 밝고 깨끗한 얼굴을 하고 있어 기독교 학교의 확실한 면모가 드러납니다. 몇몇 학교는 훈련과 체조에서 괄목할 만한 발전을 이루었는데, 지난 4월 평양에서 열린 도지사가 주최한 운동회에서 강서학교가 1등을 차지하기도 했습니다. 양쪽 어깨에 십자가가 달린 깔끔한 교복 차림에 성경책과 찬송가를 배낭처럼 메고 다니는 소년들의 모습이 인상적이었습니다.

"각 학교마다 훌륭한 중국인 장학생이 교사로 있고, 거의 모든 학교가 여름방학 동안 고등학생 중 한 명 이상을 조교로 두고 있습니다. 교과 과정도 길어지고 강화되었으며, 매일 성경을 가르칩니다. 학교는 그 어느 때보다 이론과 실제 모두 기독교화되었습니다."라고 말합니다.

우리가 일할 때 우리는 내일의 인재에 주시해야 합니다. 제 생각에는 이 주간학교에 가장 많은 노력을 기울여야 합니다. 내일의 인재는 이곳에 있으며, 개혁보다 인재를 만들어나가는 것이 훨씬 더 중요합니다.

고등학생들.

작년 가을 학기가 시작될 무렵, 제가 일하는 곳에서 만난 75명의 소년과 청년들이 우리 연합학교에 등록했고, 이 중 5명은 연

말까지 계속 다녔습니다. 그들 대부분은 명목상 기독교인이었지만, 지난 겨울 부흥 운동을 통해 거의 모든 이들의 신앙이 근본적으로 변화되었고, 성령께서 주님을 향한 열정으로 불타는 기독교인으로 만들어 주셨습니다. 이것이 어떤 결과를 가져왔는지는 평양의 한 초등학교에서 경비를 벌기 위해 가르치던 보통 이상의 총명한 한 청년의 사례에서 알 수 있습니다. 그는 그리스도인이었지만 열심이 없었고 그의 부모는 그리스도인이 아니었고, 더 나쁜 것은 이 청년은 부모가 그리스도인이 아니어도 괜찮다고 생각했다는 것입니다. 성령 세례를 받은 그는 부모님을 위해 기도하기 시작했고, 얼마 지나지 않아 부모님도 신실한 그리스도인이 되었습니다. 여름 방학을 떠나기 전에 그는 저를 찾아와 이 가정 교회에서 소년들을 위한 여름학교를 시작하고 싶다고 말했습니다. 그는 그렇게 했고 그 지역의 원어민 설교자에게 큰 도움이 되었습니다. 저는 개인적으로 이런 식으로 부모를 교회로 인도한 소년들 중 대여섯 명을 이미 알고 있으며, 여름 동안 다른 소년들도 그렇게 할 것입니다.

이 고등학생 소년들은 이제 집으로 돌아갔고, 적어도 25명은 한국인 도우미들의 지도 아래 소년부 학교에서 가르치고 설교하는 데 모든 시간을 바치고 있습니다. 이 일의 대부분은 무보수로 이루어지고 있으며, 몇몇 소년들은 숙식을 해결하고 일부는 내년까지 버틸 수 있도록 돈을 벌고 있습니다. 이 소년들 중 절반 정도는 돈을 가지고 있고, 나머지는 학교의 자립 지원 부서에서 1/4에서 1/2의 지원을 받고 있으며, 어떤 경우에도 돈이 전액 지원되는 경우는 없었지만 모두 받은 만큼 일했습니다. 내년에는 제가 맡은 순회학교의 소년 150명을 평양 기독교 대학 및 아카데미*에 입학시키는 것을 제안할 것입니다.

자립 지원.

3년 전 저는 보고서에서 이런 말을 했습니다. 진남포에 있는 동안 기독교인들이 돈이 없어 교회 감사 예배를 해야 한다며 급한 얼굴로 저를 찾아와서 300루피아를 달라고 간청했습니다. 저는 그들에게 "주는 것이 받는 것보다 복이 있다!"는 말씀을 통해 기부에 대한 가르침을 전했습니다. 3년 전 교회 개척을 위해 3엔을 모금하지 못했던 교회가 올해 842엔을 헌금한 것을 보고 그 교훈을 얻었으리라 확신합니다. 내가 그 보고서를 쓰지 않았다면, 그리고 각 교회의 관리와 함께 모든 지역 보고서를 주의 깊게 검토하지 않았다면, 나는 다음과 같은 헌금 기록을 믿지 않았

---

* 여기서 말하는 평양 기독교 대학은 장로교 감리교 재단의 학교가 연합하여 만들어낸 학교이다. 광성학교는 평양 남산현 교회에서 소학교-광성학당으로 시작하였고 후에 평양 기독교 대학 전신의 일원이 된다. 결국 장로교 감리교 학교가 더 이상 함께하지 못하자 분리되었고 후에 광성학교로 분리되어 빌링스가 잠시 맡다가 후에 존 무어에 의해 본격적인 학교로 형성하게 된다.

을 것입니다. 그들은 교회 건축과 수리를 위해 1,798엔, 지역 경비를 위해 440엔, 목사 봉급을 위해 505엔, 성경공회 13엔, 선교회 13엔, 기타 지역 경비 480엔, 주일학교 신문을 위해 105엔, 총 3,354엔의 교회를 위해 헌금했습니다.

그들은 또한 남학교 건물에 1,333엔, 남학교 교사에 628엔, 여학교에 130엔을 지출하여 학교를 위한 총액은 2,091엔, 교회와 학교를 위한 총액은 5,445엔이며, 이는 교인 및 세례 학습인 한 사람당 2.30엔의 현금이 있어야 합니다. 회원 수가 약 33% 증가한 반면, 자체 지원금은 53% 증가했습니다. 이러한 성과도 좋지만 미래에는 훨씬 더 좋은 일들이 기다리고 있습니다. 한 명의 권서는 일 년 내내, 또 다른 한 명은 일 년의 절반을 일하고 있습니다. 500권이 넘는 찬송가 책이 팔렸고, 성경도 거의 같은 수로 팔렸습니다. 위의 자비량 기록에 추가해야 할 것이 있는데, 거의 400엔은 책값으로 지출되었습니다.*

존 무어는 1907년 평양대부흥 운동의 한복판에 서 있었다. 이 사건은 존 무어가 선교대상 국가였던 한국과 한국인에 대한 인식을 바꾸어 놓았던 사건이었다. 1907년 평양대부흥 운동 연구에서 선교사들이 보고

---

*   John. Z. Moore, "The Day Schools of Pyeng Yang District," *Korea Mission Field* 1906. 7., 168.

한 글들을 자주 인용하고 있는데 그 가운데 하나가 존 무어의 글이었다. 그만큼 존 무어에게 있어 1907년 평양대부흥 운동은 큰 영향을 끼친 사건이었다. 또한 그의 선교는 이 부흥 운동의 배경에서 이루어졌기 때문에 존 무어가 평양대부흥 운동을 어떻게 경험했고 이해했는지 이를 파악하는 것은 중요하다. 따라서 그가 기고한 글 가운데 1907년 평양대부흥 운동이 한국인에게 끼친 영향에 대하여 잘 표현된 글을 이곳에 그대로 인용하려고 한다. 이 글은 '초교파적인 연합 운동', '영혼의 변화', '자립 정신의 증가', '사경회 등 성경과 기도 운동모임의 활성화', '삶의 변화', '구습타파와 근대화' 등을 말하고 있어 그의 선교 사역 대부분이 평양대부흥 운동에 영향을 받았다는 것을 알 수 있다. 그리고 글의 내용 가운데 무엇보다 주목할 부분은 한국인과 미국인에 대한 편견이 존재했지만 부흥회 이후 사람을 바라보는 관점이 외형적인 관점에서 내면을 바라보는 관점으로 변했음을 이야기하고 있다. 이는 오히려 미국인이 한국인의 신앙을 보고, 경험하고 배워야 한다는 그의 사상의 변화와 행동 등이 확실히 표현되고 있어 이를 주목해서 봐야 한다. 이러한 한국 개신교의 부흥회, 자립 정신, 근대화, 평등 등의 성격은 오늘 한국 개신교회가 물려받은 신앙의 모습이다. 다음은 존 무어의 1907년 평양대부흥 운동에 대한 기고글 전문을 인용했다. 앞서 보고했던 보고문과 겹치는 부분이 있지만 초기 선교에 비해 1907년에는 그 결과가 어떻게 바뀌었는지를 이야기하고 있기 때문에 이를 비교 고찰하기 위한 차원에서 인용한다.

1907년 평양 대부흥 운동*

존 무어

저의 보고서와 순회 선교의 성격은 광범위하기보다는 집중적이기 때문에 방대한 지역을 보고하는 것은 아닙니다. 이 구역은 약 180 x 75 리의 매우 인구가 많은 지역으로 구성되어 있습니다. 인구는 125,000명 정도 됩니다. 1906년 8월 12일부터 1907년 6월 10일까지 한 해 동안의 선교지 순회가 끝났습니다. 이 기간 동안 나는 한 달에 한 번에서 세 번씩 여행을 했고, 모두 17번의 여행을 했으며, 158일을 한국인의 집에서 생활하며 일을 했습니다. 약 5000리(1리=⅓마일)를 주로 걸어서 이동했습니다. 8번의 분기별 집회를 통해 27개의 완전한 조직 교회와 7개의 채플, 즉 현지 한국인들이 부르는 기도 모임방이 있습니다. 예배당은 마을에 있는 교회 소유의 건물로, 주민들은 주일 아침에는 다른 마을에서 교회에 출석하지만 주일과 수요일 저녁에는 자신의 마을에서 모입니다. 201개 마을에 기독교인이 있습니다. 입교인은 506명, 학습생은 1,875명으로 총 239명의 교인이 있습니다. 이 외에도 출석자로 등록하고 있지만 아직 학습하지 않고 등록하지 않은

---

* John Z. Moore "The Great Revival Year," *Korea Mission Field*, 1907.8., 113-20.

1,723명이 있습니다. 이들은 대부분 나중에 등록할 것입니다. 이로써 단순 출석자를 제외한 총 교인 수는 4,104명이 되었습니다.

작년에 비해 교인 수가 3분의 1정도 증가했습니다. 올해 저는 344명에게 세례를 베풀고 550명에게 근신 세례 학습을 실시했습니다. 교회 건축에 대한 영웅적인 노력과 진정한 자기희생에 대한 많은 흥미로운 사건들을 기록할 수 있지만, 여기서는 한 가지만 말할 수 있는데, 사람들이 모두 조상의 묘에 참배하러 산으로 가는 명절에도 함종에 기독교인들은 모두 모여서 제사를 지내기 위해서가 아니라 새 교회의 목재를 가져오기 위해 20리 정도 되는 높은 산으로 올라간 것입니다. 그들에게 정말 큰 기쁨의 성일이었다고 할 수 있습니다. 올해 15곳이 교회를 확장하거나 새 교회를 건축했습니다. 한국인들은 이를 위해 1,798엔을 지출했습니다. 주간 학교에 대한 전체 보고서를 작성할 수 있지만 몇 줄이면 충분합니다. 작년에는 280명의 학생이있는 13개의 학교가 있었습니다. 지금은 17개 학교에 473명의 학생이 있습니다. 숫자의 성장도 놀랍지만, 그 성장 형태는 효율성, 외형적인 발전이 있었습니다. 거의 모든 500명의 남학생들이 단정하게 머리를 자르고 단정한 모자 아래 밝고 깨끗한 얼굴을 하고 있는 것은 기독교 학교의 확실한 모습입니다.

일부 학교들은 훈련과 체조에서 괄목할 만한 발전을 이루었는데, 강서학교는 지난 4월 평양에서 열린 주지사가 주최한 운동회에서 1등을 차지했습니다. 양쪽 어깨에 십자가가 달린 깔끔한 교복에 성경과 찬송가책을 배낭처럼 메고 다니는 소년들의 모습이 인상적이었습니다. 각 학교에는 유능한 중국인 학생이 교사로 배치되었고, 거의 모든 학교가 여름방학 동안 고등학생 한 명 이상을 조교로 두고 있습니다. 교과 과정도 길어지고 강화되었으며, 매일 성경을 가르치고 있습니다. 학교는 그 어느 때보다 이론과 실제 모두 기독교적인 분위기가 강했습니다.

우리가 일할 때 우리는 내일의 인재에 주시해야 합니다. 이 학교들을 위해 최선의 노력을 기울여야 한다고 생각합니다. 작년 가을, 학기가 시작될 무렵, 우리 연합 Union 학교에 75명의 소년과 청년이 등록했고, 이 중 55명은 그 해가 끝날 때까지 계속 재학했습니다. 그들 대부분은 입학 당시 명목상의 기독교인이었지만, 지난 겨울의 부흥으로 거의 모든 학생들이 주님을 향하는 열정으로 불타는 성령 충만한 기독교인으로 변화되었습니다.

이것이 그들에게 어떤 영향을 미쳤는지는 평양의 한 초등학교에서 가르쳤던 보통학교 이상의 총명한 청년의 사례에서 알 수 있습니다. 그는 평양의 한 초등학교에서 학비를 벌기 위해 가르쳤습니다. 기독교인이었지만 열심이 없었고 고향 교회는 거의 도움이 되지 않았습니다. 그의 부모는 기독교인이 아니었고, 신앙이 흔들린 이 청년은 부모가 기독교인이 아니어도 괜찮다고 생각했습니다. 하지만 학교에서 가르치는 보조 일을 하면서 성령 세례를 받은 그는 부모님을 위해 기도하기 시작했고 얼마 지나지 않아 부모님도 신실한 그리스도인이 되었습니다. 여름 방학을 떠나기 전에 그는 저를 찾아와서 고향 교회에서 소년들을 위한 여름 학교를 시작하고 싶다고 말했습니다. 그는 그렇게 했고 그 지역의 한국인 설교자에게 큰 도움이 되었습니다. 저는 개인적으로 이런 방식으로 부모님을 교회로 인도한 소년들 중 대여섯 명을 이미 알고 있으며, 여름 동안 다른 소년들도 그렇게 할 것입니다. 이 고등학생 소년들은 이제 집으로 돌아갔고, 적어도 스물다섯 명 가운데 다섯 명은 한국인 조사들의 지도 아래 소년 주간 학교를 가르치고 설교하는 데 모든 시간을 바치고 있습니다. 이 일의 대부분은 무보수로 이루어지지만, 몇몇 소년들은 보수를 받기도 하고 일부는 내년을 위해 돈을 벌고 있습니다. 이 소년들 중 절반 정도는 돈을 가지고 있고, 나머지는 학교의 자립 부서에서 4분의 1에서 절반까지 지원받으며, 어떤 경우에도 돈을 전액 지원받은 경우는 없지만 모두 받은 만큼 일하고 있습니다. 내년에는 제가 맡은 구역에서 150명의 소년들이 평양 기독교 대학 및 아카데미에 입학할 예정입니다.

 3년 전 저는 보고서에서 다음과 같이 말했습니다: 진남포에 있는 동안 그곳 기독교인들은 구걸하는 자세로 우리에게 와서 교회 지붕을 얹어 달라고 말했습니다. 그리고 그들은 돈이 없어서 3엔을 달라고 간청했습니다. 그래서 저는 그들에게 본문을 통해 기부에 대한 가르침을 전했습니다. '주는 것이 받는 것보다 복이 있다.'고 했습니다. 3년 전에는 교회 지붕 공사를 위해 3엔도 모금하지 못했던 그 교회가 올해에는 842엔을 헌금한 것을 보면 그 교훈을 분명히 깨달았으리라 믿습니다. 제가 이 보고서를 쓰지 않았다면, 그리고 각 교회의 임원들과 함께 모든 지역 보고서를 주의 깊게 검토하지 않았다면, 저는 다음과 같은 헌금 기록을 믿지 않았을 것입니다. 교회 건물과 수리를 위해 1,798엔, 지방 경비 440엔, 목사 봉급 505엔, 비 고정회비 13엔, 선교회 13엔, 기타 지방 경비 480엔, 주일학교 교재비 105엔, 총 3,354엔을 교회에 헌금했습니다. 또한 남학교 건물을 위해 1,333엔, 남학교 교사를 위해 628엔, 여학교를 위해 130엔을 지출하여 학교를 위해 총 2,091엔, 교회와 학교를 합쳐 총 5,445엔을 지출했는데, 이는 교인 및 세례 학습인 1인당 2.30엔씩을 지출한 것입니다.

교인 증가율은 약 33%인데 반해 자립 지원금은 53%나 증가했습니다. 이것은 좋은 현상이지만 미래에 훨씬 더 좋은 일들이 기다리고 있습니다. 한 명의 권서는 일 년 내내, 두 명의 권서는 일 년의 절반을 일하고 있습니다. 500권 이상 이상의 찬송가가 판매되었고, 거의 같은 수의 성경이 판매되었습니다. 위의 자비량 기록에 책값으로 거의 400엔을 지출한 것을 추가해야 합니다.

"무급 도우미"에 대한 언급 없이는 한 해의 사역을 보고할 수 없습니다. 그들이 지난 한 해 동안의 사업 성공에 얼마나 기여했는지는 알 수 없지만, 대부분 직분도 없고 급여도 없는 평신도들의 충실하고 열정적인 수고가 없었다면 올해 보고서의 많은 페이지가 작성되지 못했을 것입니다. 종교적 헌신이 거의 또는 전혀 없이 자기 자신을 위해 살아온 한국인이 그리스도를 만나면, 처음으로 서로 형제자매가 되며, 성령의 은사가 그에게 정결함과 능력으로 임하면 그는 친구들을 위해 기도하게 되며 자신의 영혼을 나누어주기 위해 희생하는 삶으로 변합니다. 지난 해 한국을 뒤흔든 놀라운 부흥의 역사 속에서 무엇보다도 주목할 만한 것은 한국인들이 서로를 위해 기도하는 놀라운 모습과 선교사들의 기도에 대한 놀라운 응답이었습니다. 기도뿐 아니라 일에서도 한국 기독교인들은 때를 얻든지 못 얻든지 즉각적인 응답을 받았습니다. 감히 말하건대, 한국처럼 개개인이 무보수로 손과 손을 맞잡고 마음과 마음을 모아 전도하는 일이 많은 나라는 세계 어디에도 없을 것입니다. 부흥 운동 당시, 강한 자들이 죄의 확신으로 고통 속에 절망하며 부르짖을 때, 가장 아름다운 것은 고난을 겪고 승리한 다른 사람들이 그 형제에게 다가가 팔로 감싸 안고 빛으로 인도하는 모습이었습니다. 한국인은 개인적인 애정을 거의 표현하지 않는다는 사실을 기억할 때 그 경이로움이 더욱 커집니다. 부자인 한 속장이 있는데, 그는 자신의 귀중한 시간 대부분을 청지기로서 뿐만 아니라 전도자로서 교회 일에 많은 시간을 보냅니다. 또 다른 지도자, 가난한 사람은 그가 어떻게 사는지는 모르지만 대부분의 시간을 전도하는 데 보내고 있으며, 그가 한 일의 결과를 기록으로 남긴다면 어떤 유급 도우미와 비교해도 손색이 없을 것입니다. 그가 살고 있는 구역은 올해 들어 두 배 이상 부흥하여 지금은 거의 500명의 교인을 거느리고 있는데, 이는 이 사람의 사역 덕분입니다. 어느 날 아침 일찍 진남포에서 나가다가 들어오는 기독교인 중 한 사람을 만났습니다. 그들은 한 주간 동안 기도회를 하고 있었고, 빈손으로 가지 않겠다고 다짐하면서 가까운 마을에 가서 사경회에 참여할 보낼 사람들을 전도하러 나간 상태였습니다. 평양의 여성반에서는 죄 사함을 받고 거듭남의 평안과 기쁨이 충만한 새로운 경험을 한 여성들이 눈물을 흘리며 저를 찾아와 자신들도 교회에 가거나 누군가를 보내서 모두가 이 새로운 경험을 하고 살 수 있게 해달라고 간청했습니다. 어떤 경우에는 이 여성들 자신이 지역 교회에 부흥을 가져오는 수단이 되기도 했습니다. 남자와 여자뿐만 아니라 남학생과 여학생들이 어디서나 언제나 아무런 대가 없이 그리스도와 십자가에 못박히신 그분을 전했으니, 한국이 "현대 선교의 기적"이라고 불리는 것이 당연한 것 아닌지요? 저는 그들을 가르치기 위해 이곳에 왔고, 하나님께서 그렇게 할 수 있는 기회와 능력을 주신 것을 기쁘게 생각하며, 올해 한 해 동안 여러 번 그들 앞에서 무릎을 꿇고 그분의 길과 일을 배우려고 합니다.

한국인들이 이렇게 무보수로 봉사한 이유는 다음 사건에서 알 수 있습니다. 봉사를 마친 어느 어두운 밤, 저는 많은 일을 해 오신 속장 차 선생님을 길잡이로 삼아 10리를 걸어야 했습니다. 밭을 가로질러 거의 100야드마다 굽이굽이 돌아서거나 나뭇가지가 있는 밭 가장자리를 가로지르는 길이라고 불리는 구불구불한 샛길을 지나면서 저는 "당신이 함께 하지 않으면 어떻게 가겠습니까?"라고 물었습니다. 그러자 그는 "예수님이 우리의 길잡이가 되지 않으셨다면 악이 많은 이 어두운 세상에서 우리가 무엇을 할 수 있었겠습니까?"라고 대답했습니다. 이 사람이 언젠가 저에게 "우리 기독교인들은 잘 죽는다."고 말했는데, 이는 그리스도를 믿는 믿음으로 인해 죽음의 공포가 많이 사라졌다는 뜻입니다. 이 진리는 다음 사건에서 잘 드러납니다. 한 기독교인 할머니가 임종을 앞두고 병상에 누워 있었는데, 신실한 지도자들이 할머니의 마지막 유언을 듣고 마지막 유언을 듣기 위해 할머니 주위에 모였습니다. 할머니는 매우 고통스러워하며 말을 하려고 안간힘을 쓰는 듯했습니다. 마침내 할머니는 죽어가는 속삭임으로 "내 아들은 어디 있느냐? 그가 기독교인이 되겠다고 고백했니?" 그들은 아들이 이곳에 있지만 기독교인이 되지 않겠다고 말했습니다. 이 말에 그녀는 고통의 경련을 일으키며 첫 아들을 살려달라고 애원하기 시작했습니다. 그는 방에 들어와서 그녀의 고통을 보고 그녀의 기도를 듣고 눈물을 흘리며 "오 어머니, 지금까지는 불순종했지만 이제는 믿겠습니다."라고 외쳤습니다. 이 말을 들은 노모의 얼굴에 이상한 빛이 비치더니 큰 평안 속에 잠이 들었습니다.

성탄절부터 2월 말까지의 시간은 온통 '성경 공부'로 보냈습니다. 저는 중심지에서 일주일에 한 번씩 6번의 성경 공부를 열었는데, 평균 100명 이상이 참석했습니다. 다른 16개 지역에서는 한국인 도우미와 지도자들, 일부는 월급을 받거나 무급으로 일하는 사람들이 평균 50명 이상이 참석한 가운데 수업을 진행했습니다. 그렇게 두 달 동안 한국인들은 말 그대로 성경으로 살았습니다. 한국인들은 베레아인의 진정한 아들들입니다. 어린아이부터 노인에 이르기까지 모든 성도들이 성경을 가지고 있으며, 성경과 찬송가가 없으면 모자나 신발 없이 가는 것과 마찬가지로 성경과 찬송 없이 교회에 가는 것을 생각할 수 없을 정도입니다. 하루 일과를 간단히 요약하면 이렇습니다: 오전에는 한 시간의 기도와 두 시간의 공부, 오후에는 한 시간의 공부와 교회 생활에 중요한 주제에 대한 회의, 그리고 한 시간의 노방전도 및 집집마다 방문 전도, 그리고 저녁은 전도 집회로 채워졌습니다. 회의는 조혼, 교육, 청결, 담배 사용 등과 같은 주제에 대한 공개회의의 형태로 진행했습니다. 한국인들이 이러한 주제에 대해 토론에서 보여준 모습은 활기차고 예리한 태도였고 이러한 모습은 놀랍습니다. 무엇보다도 가장 놀라운 것은 모든 의심스러운 문제에 대해 그들이 취한 단호한 도덕적 입장이었습니다. 담배 사용에 반대하는 가장 훌륭한 주장은 2년 된 기독교인이 가장 설득력 있는 연설을 한 것이었습니다. 이 회의의 직접적인 결과로 저는 적어도 8명의 남성 지도자들과 학교 교사들이 담배를 끊은 것을 알고 있습니다. 이 모든 것이 전국적인 이슈가 된 유명한 금연 운동이 생겨나기 전의 일입니다.

이 성경 공부의 가치는 "성경 공부 전에"라는 작품에서 가장 지적인 한 사람의 말에 잘 표현되어 있습니다. "내 영혼이 모두 쪼그라 들고 가장 굶어 죽는 것처럼 보였습니다. 이제 나는 새 생명으로 충만해졌고, 이렇게 큰 축복을 받았으니 다른 사람들에게도 축복이 되고 싶습니다." 우리는 아브라함에 대해 공부하고 있었습니다. 이 말씀은 그리스도에 대해 무지한 사람들에게도 성경 공부의 가치를 보여줍니다. 왜냐하면 이 사람은 월급을 받지 않으면서도 많은 시간, 심지어는 며칠 동안 불신자들에게 그리스도를 전파할 것이기 때문입니다. 그러나 보다 직접적인 가치는 다음 사건에서 잘 드러납니다.

어느 날 오후, 훌륭한 속장 두 명이 있는 남학생 학교에서 기독교인이 없는 인근 마을에 갔습니다. 소년들이 노래를 부른 후 리더 중 한 명이 모여든 많은 군중을 향해 짧은 연설을 하고, 두 명의 소년이 그리스도를 위해 연설했습니다. 복음의 능력을 몰랐던 사람들은 소년들이 그렇게 자유롭고 능력 있게 말하는 것을 듣고 놀라워했습니다. 그 마을 사람들이 집회에 참석했으며, 초대를 받았을 때 이들 중 세 명이 앞으로 나왔습니다. 그 마을은 부유하고 학자 계층이 많은 큰 마을인데 이제 기독교 사역이 시작되었습니다.

한국에서 성경 공부를 흥미롭게 만드는 것 중 하나는 성경에는 동양적인 문화와 유사한 것이 있습니다. 그래서 미국에서는 이해하기 어려운 부분도 한국에서는 쉽게 이해할 수 있습니다. 어느 날 밤 저는 한국 방바닥에 앉아 성경 공부를 가르치고 있었습니다. 피마자 기름을 부어 불빛을 밝히는 호롱불이 충분히 밝지 않아서 미국식 촛대와 양초를 꺼냈습니다. 집주인이 모든 농부들의 집에서 볼 수 있는 "촛대"를 가져와서 그 위에 촛불을 켰습니다. 성경 말씀에 있는 교훈을 적용했고 우리는 신앙을 회복하는 것으로 마무리했습니다. 모든 영광을 주신 분께 돌려드려야 한다는 생각에 마태복음 5장 14-16절을 읽으면서 "사람이 등불을 켜서 말 아래에 두지 아니하느니라"는 말씀을 읽게 했습니다. 제가 촛불을 가마니 아래에 놓자 방이 어두워졌습니다. 저를 포함한 참석자 모두가 이 사건에 큰 감명을 받았고, 한 사람이 "오, 이 방이 너무 어두워졌어요, 모든 빛은 가마니 위에 있어야 하는데, 우리의 빛이 그리스도를 위해 빛나기를 바랍니다."라고 말했습니다.

올해는 한국 교회 역사에 첫 번째 대부흥의 해로 기록될 것입니다. 제가 책임을 지고 있는 이 모임은 말할 수 없는 축복과 선의 원천이 되어 주었습니다. 성경 공부 수업 외에도 거의 모든 대형 교회와 일부 작은 교회에서 1주에서 3주 동안 부흥회를 열었습니다. 신학반에서 평양 부흥회에 참여했던 현지인 설교자들이 이 사역을 주도했고, 그 결과 곳곳에서 교회가 변화되었습니다. 이 집회는 마음을 찾는 기도와 죄의 고백, 과거를 회복하고 바로 세우는 시간이었으며, 죄 사함의 경험, 거듭남의 확신에 대한 기쁨, 정결함과 봉사의 능력으로 성령 세례를 받는 시간이었습니다. 그들이 평양에서 부른 찬송가 중 해리스 감독을 가장 감동시킨 찬송은 "오직 예수의 보혈"이었습니다. 한국인들은 기독교인이 되면 산 중턱에 있는 '사당'과 집 앞마당에 있는 묘패를 없애지만, 이 부흥회를 통해서야 많은 사람들이 마음속에 마귀가 스스로 지은 집이 파괴된 것을 알게 되었습니다.

많은 사건을 이야기할 수 있지만 두 가지로 충분할 것입니다. 한동안 기독교인이었던 한 청년이 자신의 죄를 고백하면서 자신의 삶에 이상한 새 불(성령)을 받고 기독교인이 아니었던 부모님을 찾아가 눈물로 간청했습니다. 부모님은 20년 동안 운영하던 술집을 포기하고 지금은 그리스도를 진심으로 따르는 신자가 되었습니다. 약 0.5마일 떨어진 두 개의 큰 마을에는 꽤 강력한 두 그

롭이 있었습니다. 저는 이 일을 시작한 이래로 그들이 연합하여 교회를 세우도록 노력해 왔지만, 교회 다툼으로 인해 교회에 대한 우리의 계획뿐만 아니라 그 지역에서 주님의 사역도 항상 좌절되었습니다. 부흥이 찾아왔고 교만과 질투와 미움에 대한 고통과 눈물의 고백이 있었고, 지금은 큰 기와지붕의 교회를 건축하는 데 하나가 되었습니다. 한 한국인이 "이 부흥 운동이 없었다면 교회는 심각한 위험에 직면했을 것이라고 말할 정도로 올해 사역에서 가장 중요한 것은 바로 이 부흥 운동이었습니다. 그들과 함께 새롭고 살아 있는 교회가 탄생했습니다."라고 했습니다. 이 사경회를 위해 평양을 떠나기 전에 마지막으로 한 일은 교회에서 집회를 마치고 막 돌아온 성령 충만한 분에게 집회가 성공적이었는지 물어보는 것이었습니다. 그의 조용한 대답은 "다음에 방문하면 알 수 있을 것"이라는 것이었습니다.

올해까지만 해도 나는 동양은 동양이고 서양은 서양이며, 그들 사이에 진정한 친밀감이나 공통의 접점이 있을 수 있다는 경멸적인 생각에 어느 정도 얽매여 있었습니다. 다른 사람들과 함께 나는 한국인은 서양과 같은 종교적 경험을 하지 못할 것이라고 말했습니다. 이 부흥 운동을 통해 저는 두 가지를 배웠습니다:

첫째, 표면적으로는 서양과 정반대되는 수천 가지가 있을 수 있지만, 한국인은 마음과 모든 근본적인 면에서 서양의 형제들과 하나라는 것입니다. "하나님……이 모든 민족을 한 핏줄로 만드사 온 지면에 거하게 하시고 주님을 찾게 하려 하셨으니…… 그를 찾으라"고 하셨기 때문입니다.

둘째, 이 부흥 운동은 모든 삶을 종교적으로 만들고, 기도하고, 단순하고 어린아이 같은 신앙으로 만드는 것에 있어 동양은 서양에 가르칠 것이 많을 뿐만 아니라 심오한 것을 가지고 있으며, 우리가 이런 것들을 배우지 않으면 그리스도의 온전한 복음을 알지 못할 것이라는 것을 경험했습니다. 무엇보다도, 이 부흥은 기독교 증거의 전례가 없는 장을 썼습니다. 십자가와 보혈과 부활의 복음은 이제 수많은 사람들에게 자유롭고 충만하며 완전한 구원이 되었고, 말 그대로 게으르고 변화무쌍하며 목적이 없는 수백 명의 한국인들을 복음 전파의 역동적인 힘으로 바꾸어 놓았습니다. 이뿐만 아니라 기독교가 사람들의 영적 필요와 굶주림을 채워준다는 사실도 입증했습니다. 라프카디오 헌Lafcadio Hearn 의 '일본-해석'(203쪽)에 이런 놀라운 말이 있습니다: "불교는 인도에서, 중국에서, 한국에서, 그리고 여러 인접 국가에서 조상숭배를 고수하는 민족의 영적 필요를 충족시키는 방법을 가르쳤습니다." 사실 불교는 한국 사람들에게 적응하는 법을 가르쳤고, 그들의 조상숭배를 방해하지 않는 방법을 가르쳤지만, 과연 민중들의 영적 필요를 충족시켰을까? 물론 불교가 일부 상류층의 영적 필요를 충족시킨 것은 사실이지만, 대다수 민중을 완전히 굶주리게 한 것도 사실이며, 오늘날 기독교인을 제외한 대부분의 민중은 불교가 한국에 들어오기 전과 마찬가지로 영적으로 굶주리고 있었습니다. 3,000년 동안의 죽은 자의 통치(조상 숭배)를 통해서 한국은 죽은 민족이 되었습니다. 지금 필요한 것은 그들을 죽은 자 숭배에서 벗어나게 할 수 있는 살아 있는 그리스도입니다. 이 구원하는 이가 기독교에서 발견되었다는 사실은 날이 갈수록 분명해지고 있습니다. 선교사들이 조상 숭배에 대해 특별히 공격적인 태도를 보이지는 않았지만, 기독교와 이 부흥 운동이 조상 숭배에 큰 타격을 입힌 것은 분명합니다. 기독교가 한국인의 영적, 지적, 도덕적 필요를 충족시키고 있다는 것은 모든 곳에서 가장 분명하게 드러납니다.

저는 올해 우리가 만난 많은 저명한 서양인 방문객 중 한 명에게 한국의 기독교에 대해 어떻게 생각하는지 물었습니다. 그는 마침 5천, 6천 명의 기독교인들이 모여 예배를 드리는 평양의 한 도시에서 주일을 보냈는데, 그의 대답은 "원더풀! 원더풀! 원더풀!!!"이었습니다. 목사들과 선교사들뿐만 아니라 수많은 신문사 특파원들과 사업가들이 한국에서 기독교가 미친 놀라운 영향에 대해 찬사와 놀라움을 표했습니다.

그리고 한국인들은 기독교인뿐만 아니라 비기독교인들도 구원의 유일한 희망이 기독교에 있다는 것을 깨달았습니다. 불과 1

여 년전만 해도 일어날 수 없었던 작은 사건이 대표적인 사례로, 그 의미는 매우 큽니다. 함종 구역의 정부 기관장은 기독교 초등학교 학생들을 정부 청사로 초청해 운동회를 열었습니다. 약 200명의 남학생과 4-5백 명의 기독교인들이 모였습니다. 기관장과 7명의 주요 상인(모두 비기독교인)은 소년들뿐만 아니라 모든 기독교인 남성들에게도 저녁 식사를 대접했습니다. 수백 명의 비기독교인 관광객으로 있었습니다. 기독교인들 중 어느 누구도 저녁 식사를 그냥 얻어먹은 사람은 한 명도 없었습니다. 이 놀라운 모습은 미국의 유명한 신문 기자가 목격했는데, 그는 미국의 주요 신문 중 하나에서 이렇게 말했습니다:

"미국의 교회가 수세기에 걸친 기독교적 기회가 여기 한국이라는 것을 깨닫게 하기 위해 무언가 말하거나 행동할 수는 없습니까?"

"나라 전체가 잘 익은 과일처럼 준비되어 있습니다. 끔찍한 정치적 상황은 한국 국민을 미국 선교사들에게로 향하게 했고, 그들의 메시지는 눈에 보이는 유일한 성공입니다. 지도자들은 기독교에서만 국가의 정치적, 사회적 구원을 찾을 수 있다고 공개적으로 선언하고 있습니다. 그들의 극단에서 한국인들은 살아 계신 하나님께로 향할 준비가 되어 있습니다.

2년 후에는 그렇지 않을 수도 있지만 여기에 쓸 수 없는 상황과 여건들이 한국인의 태도를 바꾸고 있습니다. 기독교 교회가 전략에 대한 개념이 있다면 선교지 가치에 대한 인식이 조금이라도 있다면, 내년이 아니라 지금 당장 행동에 나서야 할 것입니다!"

이 시대에 살고 있음이 다행으로 여겨집니다. 성장의 시기는 인생에서 가장 흥미진진한 시기이자 유일하게 의미있는 시기입니다. 한국은 새 생명으로 가득 차 있습니다. 이 일을 하면서 가장 흥미롭고 희망적인 것 중 하나는 방문을 통해 다양한 성도들이 성장하고 있으며 단체와 교회가 내적, 외적으로 성장하는 것을 지켜보는 것입니다.

어느 날 저는 도우미 중 한 명과 함께 교회에서 교회로 걸어가고 있었습니다. 그는 늘 그렇듯 엄청난 속도로 이야기를 하고 있었고, 틈틈이 노래를 불렀습니다. 그는 "50년 전에 살지 않아서 얼마나 다행인지 모른다"고 말했습니다. 그 당시 사람들은 새로운 것을 보지 못했고, 지금처럼 하나님을 알지도 못했으며, 성장도 없었습니다. 유교가 있었지만 그것으로 죄를 없애는 것은 매우 어려웠고 거의 불가능했으며 평화가 없었습니다. 이제 우리는 죄를 없앨 수 있고, 얼마나 큰 평화를 얻었습니까! 방금 신문에서 세상이 곧 종말이 온다는 기사를 읽었는데, "종말이 온다고 해도 무슨 상관이야, 우리는 죄 없이도 잘 살 수 있고 이 육신이 살든 죽든 다 잘 될 거야. 아이들이 자라기에 얼마나 영광스러운 시대인지, 우리와는 얼마나 다를지!"라고 생각합니다.

또 다른 희망적인 시대적 징후는 여학교에 대한 관심이 높아졌다는 점입니다. 2년 전만 해도 관심이나 돈으로는 여학교를 시작하기가 어려웠습니다. 지금은 거의 모든 교회가 여학교를 원하고 있고, 선교사의 도움 없이 여학교를 시작한 교회도 있습니다. 여학생들이 공부하고 싶어 한다는 것은 다음 사건을 통해 알 수 있습니다. 함종의 여학생 중 한 명이 평양 여학교에 가고 싶었지만, 다른 학생들이 평양으로 떠난 후 돈이 없어 어떻게 견뎌야 할지, 무엇을 해야 할지 몰라 너무 안타까워했습니다. 그 곳의 기관장은 학교 남학생과 여학생에게 친절했기 때문에 그녀는 들어가서 그와 이야기를 나누기로 결심했습니다. 상당한 용기가 필요했지만 그녀는 그가 얼마나 친절했는지 기억하고 찾아갔습니다. 이야기를 나누는 동안 그는 그녀에게 돈을 빌려줄 수도 있다고 제안했습니다. 그는 공부에 열의가 있는 소녀를 발견하고 너무 기뻐서, 수업이 끝날 때까지 충분한 돈을 주었고 다른 아이들보다 하루 늦게 평양에 무사히 도착했다는 것을 확인했습니다.

저는 부모가 모두 세례를 받고 신실한 신자가 아니면 절대 아기에게 세례를 주지 않기 때문에 올해 그 어느 때보다 많은 아기에게 세례를 주었다는 사실은 우리 기독교 공동체가 안정되고 있다는 신호입니다. 아기에게 세례를 주는 것뿐만 아니라 아기에게 이름을 지어주는 것도 중요합니다. 양부모들은 기독교인에게 외국 이름을 지어주는 것을 좋아하고 심지어 선호하기도 합니다. 저는 이런 이름을 지어주지 않지만, 그들이 성경 이름을 원할 때는 언제나 기꺼이 지어줍니다. 올해 저는 두 명의 건장한 아기 요한(요한)에게 세례를 주었는데, 둘 다 전도사님의 아들이었습니다. 그리고 페이트로(베드로)는 이름에 걸맞은 사람이 될 것이라고 믿습니다.

가장 주목할 만한 징조 중 하나는 다음 사건에서 발견됩니다. 평양 연합대학교에 재학 중이던 한 훌륭한 청년은 스무 살이 되자 결혼할 때가 되었다고 판단했습니다. 그러나 그의 부모님은 한국 관습에 따라 그가 열두 살 때 아내를 선택하지 않았기 때문에 결혼에 대한 희망이 없었습니다. 가장 친한 성경조사 중 한 명에게 18살의 예쁜 딸이 있었습니다. 신학 수업 당시에 그녀가 '정략 결혼'을 하지 않았다는 사실을 알게 된 그는 형과 함께 그 조사를 찾아가 딸의 청혼을 부탁했습니다. 이에 그 조사는 동의를 했고 결혼식 날짜가 정해졌습니다. 그러한 모든 일이 청혼 당사자의 동의는 말할 것도 없고 그 부모가 신경 써야 할 문제를 해결한 것이기에 충분히 잘했다고 생각했을 것입니다. 그러나 이 청년은 그렇지 않았습니다. 그는 더 합리적인 방법에 대해 들었고 그 여인과 직접 이야기하고 싶은 욕심이 생겼습니다. 그래서 그는 '그녀에게 결혼을 청혼할 수 있는 배려'를 달라는 편지를 조사에게 썼습니다. 그렇게 해서 어느 토요일 오후, 그는 그녀의 아버지, 조사의 집에서 그녀를 만났고, 일요일에는 그녀와 함께 교회에 참석하여 곧 있을 행복한 일에 대해 오랫동안 이야기를 나눴습니다. 이것은 새로운 삶의 징조 중 일부에 지나지 않습니다. "한국의 각성"은 "국민의 각성"으로 명명해야 합니다. 지금까지 한국은 "황폐화"에 있었지만 이미 "황금"으로 바뀌었습니다. 새로운 극동의 이 넘치는 삶의 한가운데서 브라우닝의 통찰력있는 말은 이렇게 말합니다.

"단순한 삶! 모든 마음, 영혼, 감각을 영원한 기쁨에 집중시키는 가장 좋은 방법"이라고 표현합니다.

다른 사람들이 이 모든 놀라운 사역을 읽고 이해할 때, 한국 선교사들이 위대하고 헌신된 일꾼이라고 생각할 것입니다. 현장에 있는 우리는 여러분보다 그 큰 경이로움을 더 많이 느끼며, 비록 우리가 슬픔 속에서 몇 개의 씨앗을 뿌리며 피곤함 속에서 물을 조금 줄지라도, 자라게 하시는 분은 하나님이라는 것을 알고 현장에서 체험하고 있습니다. 우리가 이 사실을 잊어버리고 자기 영광의 유혹에 빠지지 않도록, 주님께서 70명이 돌아왔을 때 그들이 행한 놀라운 일들을 말씀하시며 그들을 꾸짖으신 말씀만큼 이 글을 마지막으로 정리하기에 적합한 말씀은 없을 것입니다.

주님은 "귀신들이 너희에게 복종하는 것을 기뻐하지 말고 너희 이름이 하늘에 기록된 것을 기뻐하라"고 말씀하셨습니다.

우리와 이 모든 한국인의 이름이 그곳에 기록되기를 바랍니다.

1907년 평양 대부흥은 존 무어에게 매우 특별한 한해였다. 한국인의 죄고백과 부흥 이면에 개신교의 힘을 가까이서 지켜본 존 무어는 한국인 지도자가 세워져야 함을 깨닫고 이들에게 넘겨야 함을 알고 있었다. 따라서 존 무어에게 한국인은 피선교지의 선교 대상이 아니라 좋은 자원이었고 동시에 신앙적으로 도전을 주는 존재였다. 1907년 대부흥 운동은 존 무어가 그렇게 원했던 한국인 지도자를 성장시킨 사건이었다.

한국인 지도자의 성장

　존 무어는 한국 교회가 가장 빠르게 성장할 때 내한했기 때문에 그의 선교보고에는 자신감과 확신이 넘쳐있다. 특히 교세와 헌금의 증가, 선교지 재정자립도가 점점 커지면서 그가 선교 목표로 생각했던 것을 대부분 달성했거나 초과하는 경우가 많았다. 이는 젊은 나이에 내한했던 그가 어디에도 없는 한국 개신교의 선교지를 경험했기 때문에 더욱 선교 열을 불러일으켰다. 따라서 이러한 선교 열 때문에 그의 선교지 이동거리는 상당했고 이에 따른 많은 결실들도 있었다. 다음 내용은 존 무어가 1908년 감리교 연회에서 그는 다음과 같이 보고한 내용이다.

1908년 연회 보고서
평양 서부 구역 보고서*

---

*　　John Z. Moore, "Report of West Circuit," *Official Minutes of Korea Annual Conference*, 1908. 3., 57.

이 선교 사업은 3개 구역 전체와 4개 구역 일부를 포함하며, 약 160명의 연회 회원과 함께 8번의 분기별 회의가 열립니다. 출석 교인 수는 50명에서 400명에 이르는 26개 교회가 있으며, 13개 마을에 기도 모임실이나 예배당이 있고 250개 마을에 기독교인이 있습니다. 전체 회원은 입교인 1,339명, 세례 학습자 1,004명으로 총 2,343명입니다. 이 외에도 1,932명의 출석 교인을 포함하여 총 4,295명이 참석합니다. 25개의 조직된 주일학교에는 교장과 2-15명의 교사가 있으며, 2,870명의 학생들이 매달 약 500부의 주일학교 신문을 구독하고 있습니다.

25개의 남자 주간 학교에는 680명의 학생이, 여학교에는 205명의 학생이 다니고 있습니다. 70명의 남학생이 고등학교에 다니고 있으며, 두 달에 한 번씩 열리는 신학 수업에는 40명의 청년과 전도사가 참석합니다.

재정자립

재정자립의 기록은 가장 고무적입니다. 새 교회 건물 679.52엔, 수리비 186.24엔, 지역 교회 560.46엔, 설교자 봉급 443.60엔, 성서공회를 위해 14.10엔을 헌금했습니다.

특별한 목적을 위해 418.12엔, 교회에 2,302엔. 이 외에도 남학교에 1,912엔, 여학교에 192엔, 총 4,406엔을 결산했습니다. 이러한 자립은 겨우 9개월이지만 이 비율로 12개월 동안 계속하면 교인과 학습교인 한 사람당 2.50엔 이상을 헌금할 수 있을 것입니다.

정중히 제출합니다.

존 무어.

선교지의 발전 모습은 존 무어에게 중요한 과제를 던져주는데 그것은 한국인 평신도 지도자 양육이었다. 존 무어는 그의 상반기 선교 사역이 마무리되기 전에 성경 공부와 부흥회를 하기 위해서 행사를 준비했지만 팔이 부러지는 바람에 아무것도 못하고 있었다. 그때 한국인 지도자들이 설교자들과 권사들을 모아 스스로 말씀과 기도회를 인도하며 그 결과를 존 무어에게 보고하는 식으로 진행했는데 한국인들의 자립적인 신앙 정신으로 은혜를 받은 교회와 신앙 공동체에 대하여 다음과 같이 보고하고 있다.

성경 수업과 부흥회(1908. 4.)*

존 무어 목사

---

* John. Z. Moore, "Bible Classes and Revivals," *Korea Mission Field* 1908. 4., 50.

12월에 열린 지방대회가 끝날 무렵, 저는 지도자들을 모아 각 교회에서 "한 주간 성경 공부"와 부흥회를 열 계획을 세우려고 했지만, "사람의 가장 좋은 계획"이 대부분 그렇듯이 팔이 부러지는 바람에 예기치 않게 이 계획을 중단했습니다. 대회 폐막일, 저는 팔의 통증과 함께 어떻게 성경 공부를 하지 않고도 잘 지낼 수 있을지, 왜 가장 좋은 기회에 제가 봉사에 참여하지 못하게 되었는지 고민했습니다. 그런 생각을 하고 있을 때 한국인 설교자 중 한 명이 신문을 들고 들어왔습니다. 내가 그 일을 맡을 수 없다는 것을 알고 지방회에 참석한 한국인 설교자들과 교회 권사들이 함께 모여서 26개 교회가 각각 한 주간씩 성경 공부와 부흥회를 두 명의 검증되고 참된 사람들의 지도 아래 진행하는 계획을 세웠는데, 그들은 나에게 그 계획의 사본을 보내면서 각 사람이 어디에 참여하고 있는지 보면서 기도로 함께 해달라고 했습니다.

　나는 이 사경회의 결과를 기대하며 기다렸고, 곧 그들이 각 지역에서 좋은 시간을 보냈다는 보고가 들어오기 시작했지만, 1월에 이들과 많은 교회 임원들이 신학 수업을 위해 모일 때까지 나는 확실한 보고를 받지 못했습니다. 나는 곧 오후 10시에 그들을 모두 우리 집에 모이게 했고, 수업에 대한 보고를 받았습니다. 모든 수업, 한 반을 제외한 모든 반은 예정대로 열렸고, 이 전도위원회가 처음에 정한 대로 약속을 지켰다면 거리가 너무 멀어서 신학반에 늦었을 두 사람을 제외하고는 모든 남자들이 지정된 장소로 갔습니다. 각 사람은 이번 주를 위해 자신의 교회에서 다른 지역 교회로 갔고, 지역 교회들은 난방, 조명, 전도자 숙식 등 모든 비용을 부담했습니다. 참석자는 적게는 스물다섯 명에서 많게는 여든 명이 넘었습니다. 낮에 열리는 정규 성경 공부에는 모두 천 명이 넘는 사람들이 참석했고, 밤에 열리는 부흥회에는 교회에 모일 수 있는 모든 사람들이 여러 곳에서 참석했습니다. 실제 내면의 결과는 말할 수 없지만 사역 곳곳에서 볼 수 있습니다. 많은 교사들이 성경 지식이 너무 부족했지만, 각 집회마다 "하나님께서 그분의 거룩한 세계로부터 많은 새로운 빛을 비추셨고", 여러 곳에서 작년과 마찬가지로 죄의 짐에 대한 슬픔과 사죄와 용서의 기쁨이 가득한 예배가 드려졌습니다. 이 집회에 참석한 대부분의 지도자들-대부분은 이전에 이런 집회를 한 번도 이끌어 본 적이 없는 사람들입니다-은 자신의 영적 삶에 축복을 받고 믿음으로 세워졌으며, 오후 집회에서 어떤 사람이 말했듯이 "받는 것보다 주는 것이 더 복되다."는 것과 '자신이 받은 것을 다른 사람에게 줄 때까지는 복음을 진정으로 얻지 못한다.' 것을 처음으로 배웠습니다. 교회에서 모임뿐만 아니라 교회가 없고 기도 모임 방만 있는 마을에서 계획에 없던 여러 모임이 열렸고, (한국인들이 원하는 대로) 여성들이 여성들만을 위한 자발적인 성경 공부 모임을 최소 4번 이상 열었습니다.

존 무어는 선교지에서 한국인 지도자가 스스로 성장하는 과정을 보면서 사역의 한마디가 마무리 되는 과정을 경험했다. 하지만 존 무어 인생과 가정에는 위기가 찾아온다. 선교 사역을 하다가 아내가 병(폐렴)에 걸려 미국에 다시 귀국할 수밖에 없는 상황을 맞이했기 때문이다. 병 상태가 점점 악화되자 수소문 끝에 캘리포니아 콜로라도 주에 있는 베델 병원Bethel Hospital, Colorado에 아내를 입원시킨다. 존 무어는 아내의 병간호 때문에 병원비, 생활비의 부족에 시달리고 병이 악화되는 모습을 보면서 심신의 어려움을 경험했다. 그래도 그가 포기할 수 없는 것은 한국에 두고 왔던 그의 선교지였다. 이 시기 그의 서신철들을 살펴보면 선교지 발전을 위해 서신 왕래로 선교에 애쓰고 있는 내용들이 포함되어 있다. 특히 이북의 진남포 지역에 교회를 세워야하는 과제가 있었기 때문에 교회, 학교가 세워지는 과정에서 복잡한 토지, 건물 매각 문제 등을 서신을 통해 해결했다. 이에 대한 재정적인 지원을 미국의 후원자와 매칭시키기 위해 노력했다. 이렇게 존 무어는 병간호와 모국에서 한국의 선교를 신경 쓰며 노력했지만 결국 알파 레이니는 한국 선교 4년 만에 병을 이기지 못해 생애를 마무리하게 된다. 다음은 모리스C. D. Morris 선교사가 알파 레이니를 추모한 글이다.*

---

*　　C. D. Morris의 추모글

"알파 레이니의 초기 생애는 그녀가 어린 시절부터 독실한 기독교 신자였다는 것 외에는 잘 알려져 있지 않습니다. 한국에 오기 전 그녀는 가정교회에서 집사로서 충실한 봉사를 했고, 중국에서 일하기 위해 자신의 삶을 드렸습니다. 1905년 무어J. Z. Moore 목사와 결혼하여 한국에 왔습니다. 4년 동안 그녀는 남편의 충성스러운 조력자로서 한국인의 구원을 위해 끊임없이 노력했습니다. 평양을 비롯한 서북 지방 전역에서 사랑과 감사가 가득한 인물로 기억하고 있습니다. 4년간의 헌신적인 봉사 끝에 그녀는 결핵에 걸렸고, 존 무어 부부는 슬픈 마음으로 한국에 작별을 고하고 미국으로 돌아가 그녀의 건강을 되찾아 다시 한국인들 사이에서 사랑받는 사역을 할 수 있기를 바랐습니다.

캘리포니아에서 시간을 보낸 후 그들은 콜로라도로 갔고, 그곳에서 그녀가 죽을 때까지 살았습니다. 그녀의 건강을 회복시키기 위해 가능한 모든 노력을 기울였지만, 그녀는 희망이 없다는 것을 깨닫고 안식을 갈망할 때까지 점점 더 약해져 갔습니다. 얼마 전 무어 형제가 보낸 편지에 이렇게 적혀 있었습니다:

"그녀는 지금 너무 피곤하고 많은 고통을 겪고 있습니다. 하늘의 빛이 이미 그녀의 얼굴에 비치고 있고, 오늘 아침에 '가서 쉬고 싶다.'고 말했습니다."

그녀는 4월 22일까지 버티다가 주님의 면전에서 갈망하던 안식에 들어갔습니다. 무어 여사가 한국에서 보낸 시간은 4년밖에 되지 않지만, 그녀의 아름다운 삶은 오래도록 기억될 것이며, 우리는 그녀를 한국으로 인도하신 하나님께 감사드립니다. 그녀는 한국 사람들에게 많은 사랑을 받았고, 몇 달 전에는 오랜 친구들이 사랑과 동정의 작은 표시로 무어 부부를 위해 사용해 달라며 50여 엔을 제 손에 쥐어 주었습니다.

진남포 지방회 폐회 직전에 그녀의 사망 소식이 전해졌고, 회원들은 즉시 기도에 들어갔으며, 그 후 무어 형제에게 위로의 편지를 쓰기 위한 위원회를 구성했습니다. 그녀의 기억 속에 있다는 것이 축복이었고 친구들의 마음 속에 그녀는 살아 있습니다. 깊은 슬픔에 빠진 무어 형제에게 우리의 기도와 따뜻한 위로를 전합니다."

4장　　　평양 지역 선교지의 재건
　　　　　1914-1921

존 무어는 슬픔을 딛고 마음을 추스르며 한국 선교에 복귀하기 위해 준비한다. 미국 북감리교 선교부와 동료들은 한국에 다시 선교하러 가는 존 무어에게 위로를 전하거나 가는 것을 다시 생각해보라는 권고를 했다. 여러 생각과 고민이 그에게 있었지만 결국 1914년 11월 21일 샌프란시스코에서 한국으로 향하는 배편을 타는데 그가 다시 미국에서 한국으로 가면서 조지히버에게 보냈던 서신에서 그의 각오를 살펴볼 수 있는 대목이 있다. "지금 한국에 선교를 하러 간다면 영원이 이곳 미국을 떠날 것입니다."라며 그의 아내를 잃었던 슬픔, 어려운 생활고에 시달리면서 세상의 성공이 아닌 선교에 매진하기 위해 더 어려운 삶으로 희생하러 가겠다는 다짐이었다.

"1914. 9. 10
친애하는 조지 히버씨에게

저는 며칠 동안 콜로라도 컨퍼런스에 참석하기 위해 이곳에 있습니다. 내일 산자락에서 잠시 휴식을 취한 후 다음 주에 떠날 예정입니다. 그 때에는 덴버에 있을 것입니다. 열흘 정도 머물지도 모르겠습니다. 제 항해(한국으로 항해)에 대해 정보를 알고 있는지요? 10월 말에서 11월 초에 출발해도 괜찮을지요? 제가 돌아오는 동안 스케줄에 대해 계속 연락해주시기 바랍니다.

샌프란시스코를 통해 한국으로 생활용품 11박스를 보냈습니다. 선불 운임은 40.60달러입니다. 지금부터 출항할 때까지의 생활할 수 있도록 150.00달러의 특별 수당을 받을 수 있으리라 믿습니다. 올해는 제 인생에서 재정적으로 가장 힘든 한 해였습니다. 콜로라도를 떠나기 전에 이 구역에 있는 사람들을 만나서 한국에서 일할 수 있는 무언가를 얻으려고 합니다. 콜로라도 스프링스에는 과거에 도움을 주셨던 분들이 몇 분 계십니다. 또한 출항하기 전에 휠링의 클라크 부인도 만날 것입니다.

콜로라도에서 좋은 제안을 받았기 때문에 이곳에 머물고 싶은 생각도 있습니다. 하지만 지금 일을 하게 된다면 영원히 이곳 미국을 떠날 것입니다. "저 멀리서 황금빛 두루미의 울음소리(황새인 것 같고 지난 존 무어의 에피소드에서 황새가 머물고 있는 곳이 예전에 박해 현장이 있던 곳이기 때문에 순교자에 대하여 영광이 있다는 글을 기고한 적 있다. 84p)가 들리니 가야만 합니다." 주님의 돌보심을 신뢰하고 주님의 도우심을 기대하며 두려움 없이 떠납니다. 저는 당신의 기도가 필요합니다."

진심으로 당신을 존경하며*

---

* John Z. Moore to George Heber letter, 1914. 9. 10.

존 무어 문목사 환영 기념 학 자수 (기독교 대한 감리회 역사정보 자료실 제공)

    존 무어가 진남포, 증산 지역 선교를 진행할 때 결실로 정착한 교인들은 그의 복귀를 환영했다. 위 그림은 존 무어가 돌아온다는 소식을 듣자 증산 구역 각 교회 교우들이 존 무어에게 선사한 학과 소나무 자수의 모양이다. 장수를 기원하는 의미를 담은 정성스러운 자수를 받았던 존 무어는 이들의 환영이 무척이나 반가웠을 것이다. 존 무어는 미국 북감리교의 선교와 학교를 새롭게 시작하는 마음으로 평양 전 지역에 선교를 착수하게 된다. 이미 평양 서부 지역의 선교를 경험했던 존 무어는 이 지역이 얼마나 중요한지 알았던 것이다. 특히 평양 지역 선교에 핵심이 되는 광성학교를 존 무어가 맡게 되면서 실재적인 설립자로서 교육 사업을 진행한다. 이 학교는 존 무어에게 있어 거의 선교 기지의 역할을 하게된다. 정의여학교 등의 다른 교육 기관이 위치할 집결지를 조성할 때에도 그 중심에는 광성학교가 있었고 존 무어의 주택도 학교 안에 자리 잡고 있기 때문이다. 그렇다면 존 무어가 이토록 애지중지했던 광성학당이 과연 언제 설립이 되었고 광성학교로 발전되었는지 다음에서 이를 간단히 살펴보려고 한다.

광성학당의 재건

광성학교의 기원.

윌리엄 제임스 홀(광성학교 창설 및 재임: 1894. 2-11)은 1891년 12월 미국 북감리교의 3번째W. B. Scranton, W. McGill, William J. Hall 순 한국 의료 선교사로 파송 받아 스크랜턴의 의료선교를 도와주었다. 이후 맬럴류 W. F. Mallalieu 감독에 의해 연회에서 1892년 8월에 평양 개척선교사로 파송 받는다. 제임스 홀은 김창식과 함께 평양 서문안 대찰리 언덕에 있던 기와집 두 채와 초가집을 구입하여 임시병원과 예배처소로 개조했고 1894년 2월에는 본격적인 교육 선교를 실시한다.* 당시 홀이 교육을 했던 학교의 교육 현장 모습이다.

---

* 　광성학교의 시작 년, 월은 1894년 4월로 재정하여 지금까지 지켜오고 있다. 그 근거는 제임스홀의 아내인 셔우드 홀이 제임스 홀 자료집을 출판하면서 관련 글귀에 "April, 1894"라고 끝에 적은 것을 근거한다. 제임스 홀의 아내 셔우드 홀이 편집하여 출판한 책 Rosetta Sherwood Hall, M. D., *The Life of Rev. William James Hall*, M. D., 272.를 참고하라. 이에 대한 번역 자료는 로제타 셔우드홀 편저·현종서 역, 『한국에서 최초로 순직한 선교사 윌리엄 제임스홀』, 252.이다. 하지만 제임스 홀이 직접 기고한 (William James Hall, *The Chinese Recoder and Missionary Journal*, 316.을 참고하라.) 글을 보면 William James Hall, *The Chinese Recorder and Missionary Journal*, 316.의 기록은 2월에 기록한 것을 알 수 있다. 따라서 광성학교의 시작 년, 월은 1894년 2월로 거슬러 올라갈 수 있다.

"우리는 이곳 평양에 남자(소년)학교를 열었는데 한 사람의 성실한 기독교인 교사(敎師)와 벌써 13명의 학생을 모았답니다. 학생들은 아침과 밤에는 교리 문답을 공부하고, 그 밖의 시간에는 한글과 한문을 공부합니다. 이곳에도 앞날을 밝혀줄 새벽이 온 것 같습니다. 이렇게 길을 열어 주신 하나님을 찬양합니다. 다음 주일 날에는 조선인 몇 사람들이 세례를 받습니다. 나는 매일 밤 정규예배가 시작되기 전에 소년들과 모임을 가집니다. 한 15명쯤 되는데 다들 빠지지 않고 잘 나옵니다. 어젯밤에는 그동안 가르쳐 준 내용에 대해 질문을 했는데 그들이 많이 외운 걸 보고 놀랐습니다."**

위 내용은 홀이 한국인 선생과 소년 13명으로 구성된 학교의 시작을 알린다. 이 학교는 청·일 전쟁이 있기 전까지 지속적으로 유지되었다. 다음은 10월달 보고서 내용이다.

"마펫Samuel A. Moffett, 리Graham Lee, 나는 10월 1일 육로로 평양을 향해 출발했습니다. 나의 후원 요청에 대한 선물로 수백 통의 카드와 편지를 받았습니다. 많은 사람들이 답장을 요청했지만, 이

** 셔우드 홀 저·김동열 역, 『닥터홀의 조선회상』, 107.

곳에서의 일이 매우 바쁘기 때문에 친애하는 친구들께는 이것을 제 답장으로 대신하니 이해해주시기 바랍니다. 후원에 대하여 한국 어린이들을 대신하여 감사드립니다. 저는 한글로 요한복음 2장 16절을 인쇄하고 있습니다. 16절을 책 뒷면에 인쇄하고 있는데, 하나님의 축복이 이 책들 하나하나에 깃들어 많은 어린 마음에 진리의 씨앗을 심는 수단이 될 것이라고 확신합니다. 영어로 인쇄된 책은 한국인이 읽을 수 없습니다."*

한글과 성경 공부를 하는 모습으로 의료선교사로서 사역을 하면서 교육을 실시한 모습을 살펴볼 수 있다. 하지만 홀은 청·일 전쟁이 발발했기 때문에 피신을 한다. 그래도 교육이 계속 지속되었으리라 생각하는 것은 '성실한 한국 기독교인 교사'가 여전히 남아있었기 때문이다. 홀은 전후 복구와 전쟁으로 부상을 당한 이들을 치료하기 위해 다시 선교지를 방문했다. 그 이후, 서울로 오면서 전염병에 감염이 되어 치료를 받다가 안타깝게도 1894년 11월 24일에 별세한다. 이후 평양 지역 선교와 관리는 홀의 동역자였던 김창식이 도맡아 하게 되는데 순회전도와 목회로 인해 교육에 관한 보고서는 나오지 않는다. 다만 한국인 교사에 의해 학교가 운영되었음을 알 수 있다. 이에 대한 것은 2번째 평양 지역

---

*   W. J. Hall, "Missionary Work in Korea," *The Chinese Recorder and Missionary Journal*, 537.
로제타 셔우드홀 편저·현종서 역, 『한국에서 최초로 순직한 선교사 윌리엄 제임스홀』 252.

책임자로 부임한 노블 선교사의 보고서를 통해서 알 수 있다.

"평양 지역 주간 학교는 저희의 교인 중 한 명인 오(오석형)씨가 가르칩니다. 그는 좋은 사람이고 신실한 사람입니다. 사서삼경(한문)과 기독교와 함께 가르치려고 노력한 지 반년 정도 지나자 우리는 사서삼경을 없애고 중국어와 한국어로 된 기독교 서적만 가르쳤습니다. 처음에 우려했던 것처럼 출석 인원이 줄어들지는 않았습니다. 모든 소년들이 주일 오전 예배에 참석하고, 많은 수가 주일학교에서 한 반을 이루고, 주중 기도회에서도 대부분 얼굴을 볼 수 있습니다. 일 년 중 3개월 동안 저는 매일 두 시간씩 신학 수업을 가르쳤습니다."**

노블(William Arthur Noble 광성학교 재임: 1896. 8. 31-1905.)은 1892년 10월 18일 내한하여 1892년부터 3년간 배재학당 교사로 활동하다가 1894년 제임스 홀의 별세로 그 뒤를 이어 약 15년 동안 평양 지역 전체를 총괄한다. 특히 1908년부터 1911년에는 평양과 서울 지역 감리사

** William A. Noble, "Missionary Report, 1897" *Annual Report Of the Board of the Foreign Missions of the Methdist Episcopal Church* (서울: 한국기독교역사연구소, 2001),135; "North Korea District,1904" *Annual Meeting Of the Korea Missionr for the Methodist Episcopal Church*, 235; 황정모의 "나의 지난일을 회상함"의 글을 보면 오씨는 오석형으로 황정모, 정용하가 선생으로 봉사했다. 황정모 "나의 지난일을 회상함," 『승리의 생활』(경성: 기독교 형문사, 소화2년), 77, 83.

(지역 책임 선교사)를 역임하기도 했다. 그가 평양으로 부임한 1896년부터 1905년 감리교 연회 보고서를 살펴보면 평양 지역 남자학교와 교육 선교 내용에 대하여 보고하고 있으며 보고서의 내용에는 새롭게 시작한 것이 아닌 이미 오석형에 의해 존재하고 있음을 보고하고 있다. 학교의 규모는 축소되지 않고 운영되었다. 광성학교의 전신으로서 제임스 홀의 교육 선교가 중간에 멈추었던 것이 아닌 지속되었음을 알 수 있는 내용이다. 따라서 노블 선교사, 한국인 오석형, 황정모, 정용하(앞의 각주 참고)는 제임스 홀의 선교를 교육 선교로 계승·발전시키고 있던 것이다.

1903년에는 존 무어, 베커(Arthur Lynn Becker 광성학교 재임 기간 1905-1909) 등이 함께 이북 지역의 교육 선교에 임하게 되는데 존 무어는 진남포(평양 서부 지역), 베커는 칠산 지역과 평양의 교육 선교를 진행했다. 베커는 평양의 칠산 구역과 광성학교의 전신인 남산현 교회에 부속된 소년학교를 맡았으며 1905년에는 장로교·감리교 연합학교인 평양남자고등학교Pyengyang High School를 세워 본격적인 고등학교 설립을 주도했다.* 평양부사립 기독교소학교(광성학교)에서 배운 이들이 평양남자고등학교에 진학했다. 이후 1906년에는 평양의 남산현 교회 교인들이 기금을 모아 평양의 광성, 평양남자고등학교를 위해 사용할 과학관Science

---

*   Arthur L. Becker, *Annual Report of the Board of Foreign Missions of the Methodist Episcopal Church Korea Mission* 1906년도 보고서.

Hall인 "격물학당" 공사 착공에 들어갔다. 1907년에 완공된 이 건물은 광성학당과 평양남자고등학교(연합)의 교실로 쓰인 건물이다.**

격물학당 건물 사진 ©GCAH

"지난 연회에서 베커A. L. Becker 목사가 이 일에 임명되었습니다. 평양에 있는 우리 교회 교인들은 새로운 과학 공업 학교 건물을 위해 6,000엔(3,000달러)을 모금하겠다고 제안함으로써 우리의 교육 계획에 대한 열정을 보여주었습니다. 그들은 본격적으로 비기독교인들 사이를 다니며 모금에 나섰고, 어디를 가나 그들의 반응은 매우 호의적이었습니다. 캔자스 주 위치타에 있는 제일교

** Arthur Lynn Becker, "Drew Appenzeller Memorial, Pyengyang," *Annual Report of the Board of Foreign Missions of the Methodist Episcopal Church Korea Mission* 1907., 419.

회 주일학교는 새 건물 건립을 위해 5,000엔(2,500달러) 중 2,400 엔(1,200달러)의 첫 번째 분할금을 보내왔습니다. 이 적극적인 헌금에 대해 북부 주민들은 감사의 마음을 전하고 있습니다."*

후원금액은 남산현교인의 모금과 미국 캔자스 주Kansas, 위치타 Wichita에 위치한 제일감리교 First Church 의 헌금으로 1907년 완공하게 된다. 이렇게 평양 교육의 토대를 올려놓았던 베커는 1909년에 평양연합대학교(PyengYang Union College and Academy, 장로교 감리교 학교로서 연합선교에 일환으로 시작됨)의 운영에 참여한다.** 1913년에 베커는 평양연합대학교의 총장을 역임한다.*** 1914년까지 베커가 감리교 대표로 참여했고 이후 연합사업이 서울로 이동하면서 서울의 연희전문학교(연세대학교의 전신)을 세우기 위해 언더우드 2세, 에비슨과 함께 서울 지역에서 교육 선교를 위해 힘쓰게 되는데 1918년에는 연세대학교 이공계열의 전신인 수물과(數物科)를 설치하여 수학과 물리학, 화학, 천문학 등을 가르쳤다.

이후 평양 지역에 교육 선교사로 빌링스(Bliss Washington Billings, 광성학교 재임 기간 1909-1915)가 임명된다. 빌링스는 1909년 6월 남산현

---

* 광성학교 90주년, 100주년 역사책을 보면 이 격물학당이 존 무어가 지었다고 했으나 베커가 지은 것으로 정정해야 한다. Arthur L. Becker, *Annual Report of the Board of Foreign Missions of the Methodist Episcopal Church Korea Mission* 1906., 333.

** *Annual Report of the Board of Foreign Missions of the Methodist Episcopal Church Korea Mission* 1909., 350.

*** *Annual Report of the Board of Foreign Missions of the Methodist Episcopal Church Korea Mission* 1913., 447.

교회에서 집사목사로 안수를 받았다. 1909년 베커의 안식년 휴가로 숭실학당, 칠산 구역, 구골 구역 선교지와 평양사립 기독교소학교(광성학당)를 담당하면서 숭실평양연합대학교에 교사로 섬기며 장로교 선교사들과 함께 학교를 운영했다.

빌링스가 놀이를 하는 소년학교(광성학교) 학생과 함께 있는 모습 ©GCAH

이후 남산현의 소년학교는 빌링스가 맡아서 크게 발전을 시켰다. 광성중·고등학교의 역사와 광성학교에 대한 신문을 보면 빌링스 재임 시절 광성학당은 1910년 7월 1일에 구 한국 학부대신의 사립학교 인가를 받았기에 학교로서 발돋음 한다. 이후 1913년 6월에는 평양의 장로교 감리교 연합 사업이였던 평양연합대학교 사업은 서울 조선기독대학(연희전문의 전신)으로 이전하면서 평양의 연합사업은 종료하게 된다. 이때 고등보통학교의 교육이 자체적으로 필요하던 미북감리교선교사회는 남산현교회에 있는 광성학교를 키워 고등보통학교의 교육을 이전시키려고 했다. 다음은 빌링스의 선교 보고서 내용이다.

> 작년의 임명에 따라 베커 씨와 빌링스 씨는 6월 학교가 문을 닫을 때까지 평양의 연합 기독교 대학에서 가르쳤습니다. 그러나 대학 위치 문제에 관한 미주 합동 총회의 결정이 내려진 후, 대부분의 학생들은 봄 학기 학업을 위해 소년 학교(광성학교)로 진학했습니다. 이로 인해 감리교 소년 학교(광성학교)는 곧바로 우리의 북부 사업 보고서에서 주목을 받게 되었습니다.*

이렇게 광성학교가 주목받았던 이유는 단순히 평양의 연합 기독교 대학이 없어지고 그 대안의 학교로서만이 아니라 그 전부터 이미 명문사학으로 발돋음하고 있었기 때문이다. 1913년 6월에는 이미 광성학교만을 위해 벽돌로 지은 3층짜리 신축 교사가 1912년부터 착공되어 1913년 여름에 완공되기에 이른다.** 이를 위해 미국선교부의 지원뿐만 아니라 운영비의 상담부분도 지역교회에서 후원하였다.

---

*   B. W. Billings, "Educational Report for Northern Districts.," *Minutes of the korea Annual & Conference of the Methodist Episcopal church*, 1904.6., 69-70.

**   광성학교 연혁에서는 1914년 7월에 대찰리에 교사가 신축되었다고 하나 1913년 여름이다. 위의 보고서.

"지난 한 해 동안 한국인들은 이 학교에 1,346엔을 기부했습니다. 이 기금은 운영비 지원뿐만 아니라 주일학교 측에서 헌금한 1,000엔과 함께 책걸상, 차트, 지도, 기타 장비들을 마련하고 교정을 개선하는 데 사용되었습니다. 이러한 비품들은 학부모들의 학교에 대한 열정과 자부심을 불러일으키는 데 큰 도움이 되고 있으며, 적은 봉급을 받고 일하는 교사들의 헌신과 함께 한국 선교지 학교 중 가장 많은 학생이 재학 중인 이 학교의 성공의 원동력이 되고 있습니다. 김창춘 선생님은 본연의 업무 외에도 학업을 계속하여 올해 이곳 유니온 칼리지를 졸업한 분으로 아무리 칭찬을 해도 지나치지 않습니다."*****

평양 지역뿐만 아니라 미국 북감리교 선교사들은 각 선교지마다 학교가 있어야 할 시급성을 인지했었고 특별히 평양에 고등보통학교를 세워야 할 필요성을 다음과 같이 결의한다.

"미션 스쿨을 위한 교육제도 회는 또한 한국의 교육 제도 발전을 위한 교회 정책으로 다음과 같은 사항을 채택한다:

(1) 초등학교 하급학교(보통과)를 지원할 수 있는 교회 조직이 있는 곳이면 어디든지 지원하도록 권장하되, 적어도 한 군에 하

*** 위의 보고서.

나씩은 지원하되, 가능한 한 자립할 수 있도록 할 것을 권고한다. 같은 지역에 두 개 이상의 취약한 학교가 있는 것보다 강하고 잘 발달된 한 개의 학교가 선호되어야 한다. 또한 이러한 학교들이 상원 및 정부 기준에 부합하도록 모든 노력을 기울일 것을 촉구한다.

(2) 우리는 다음 지역에 고등 보통학교(고등과)를 조속히 설립할 것을 권고한다: 서울, 평양, 공주, 해주, 영변, 그리고 교회, 선교, 재정위원회가 적절한 건물과 설비, 경상비를 위한 모금에 전력을 다해 줄 것을 요청하며, 이 학교들이 적어도 위 각지에 있는 훌륭하게 설비된 관립학교와 동등하게 만들어야 할 것이므로 교회, 선교, 재정위원회에 요청한다. 만약 우리가 일류 학교를 제공하지 못한다면 그 결과는 선택된 지역에서의 기독교 선전에 재앙이 될 것이라는 것이 우리의 의견이다.

(3) 우리 선교부는 연합대학이 위치할 한 곳에서만 대학 예비과(특별과)를 실시할 것을 더욱 권고한다.

(4) 또한 "선교부는 대한민국 전체에 하나의 연합대학을 설립하는 것에 찬성하며, 그 대학은 서울에 위치할 것"이라는 작년의 결의를 재확인한다. 각 지방회마다 교육담당을 임명하여 목사와

협의, 해당 지방회의 학교를 감독할 권한을 가지며, 교육 정책에 관한 모든 문제는 이 교육담당자 및 행정조직에 회부할 것을 결의한다."*

이 시기 매일신보를 보면 광성학교를 광성고등보통학교로 명칭을 개정 신청하라는 본전평양부윤의 지령을 받게 된다.** 따라서 광성학교는 존 무어가 학교를 맡기 이전 빌링스 재임 기간에 광성학당에서 광성학교로 (1910)광성학교에서 광성고등보통학교로 명칭 변경을 준비하던 시기를 맞이한다. 이미 평양의 선교부는 3층짜리 교사와 격물학당이라는 건물을 가지고 있기 때문에 2개의 건물을 광성학교가 사용하는 것으로 다음의 보고를 한다.

"이 소년학교는 1913년 보통학교The Common School 교육을 위해 좋은 3층짜리 좋은 건물을 가지고 있습니다. 이전 고등보통학교(장로교 감리교 연합학교)가 사용한 과학관 건물로 이를 소년학교가 사용하게 될 것입니다. 우리 학교의 등록인원은 총 331명으로서 80명은 예비학교, 유치원 과정 2반으로 구성되었고 138명은 보통학

---

*   Annual Report of the Board of Foreign Missions of the Methodist Episcopal Church Korea Mission, 1913, 315.

**   "평안남도 13일,"「매일신보」1914. 5. 14.

교, 113명은 고등보통학교의 수준에 있는 학생들이 있습니다."*

1915년, 아픔을 견디며 다시 한국 선교를 시작한 존 무어(광성학교 재임 기간 1915-1941)는 평양 지역 전체를 담당하는 감리사로 파송된다. 이때 그가 평양 지역뿐만 아니라 이북 지역을 책임지는 총책임자로 있으면서 가지고 있던 생각은 '한국 선교지의 자립은 꼭 필요하며 그것을 한국인에게 이양하여 완전한 한국 감리교회로 세우는 것'을 중요하게 생각했다. 이러한 차원에서 존 무어가 신뢰하는 한국인 지도자들이 있었다. 그 인물 가운데 한명이 김득수였다. 존 무어의 한국 선교 복귀와 함께 선교의 주요 축은 교회와 학교였다. 특히 평양의 광성학교가 핵심 축이었고 이를 책임지는 인물을 선정하는 것은 무엇보다 중요한 일이었다. 존 무어는 광성학당에 사택을 둘 정도로 이 기관을 핵심 선교지로 두고 있었다. 하지만 평양 지역 전체를 책임져야하는 위치라 1915년 빌링스가 안식년 휴가를 떠나면서 존 무어에게 광성학교의 학교장 자리를 넘겨준다. 이미 큰 규모의 학교로 성장한 광성학교를 책임지고 운영하는데 최적인 김득수를 다시 선정했다. 따라서 존 무어는 1915년에 학교장으로 잠시 있다가 1916년 1월 1일에 김득수를 교장으로 세우고 자신은 이사장으로서 김득수를 전방위에서 지원하는 역할을 한다.

---

*   B. W. Billings, "Educational Report for Northern District," *Minutes of the Korea Annual Conference*, 1904., 69-71.

존 무어가 그를 교장으로 선택해야 하는 이유를 다음의 서신에서 쓰고 있다. 주요 골자는 '김득수라는 유능한 한국인이 없으면 아무것도 할 수 없으니 끝까지 책임을 지라'는 것을 선교본부 책임자에게 보냈던 것이다.

"뉴욕시.
친애하는 노스 형제님:

강서교회를 위한 그 돈이 어떻게 되었는지 궁금합니다. 최대한 빨리 알려주시면 감사하겠습니다. 나는 그것이 당연히 들어올 것으로 알고 지불 날짜를 정했습니다. 그런데 그 날짜가 한 달이 넘도록 돈이 오지 않고 있습니다. 목수는 두 달째 돈을 기다리고 있습니다. 저는 금액의 절반을 빌렸지만 더 이상 빌릴 수 없습니다. 이 끝에서 모든 것을 볼 수는 없지만 돈이 우리에게 도달하는 데 시간이 오래 걸리는 것 같습니다.

또한 김득수의 월급에 관해서도. 나는 그것에 대해 전혀 명확하지 않습니다. 그는 6월 한 달 동안 월급을 받지 못했고, 실제로 선교사를 대신한 이에게 월급이 없습니다. 그는 더 이상 부탁하기 부끄러울 때까지 빌려왔습니다. 사실 우리 중 누구도 더 이상 빌릴 것이 없으며 그의 월급이 약속되었는지 여부를 알 수 없습니다. 혹시 아는 게 있나요? 그가 훌륭한 일을 하고 있고 그가 없이는 아무것도 할 수 없기 때문에 나는 알아야합니다. 그의 급여가 어떻게 고정되었는지 또는 금액이 얼마인지 모르겠습니다. 한 달에 75엔 이상이어야 합니다. 신 씨는 한 달에 100엔을 받는 것으로 알고 있습니다. 김 씨는 더 나은 학위를 가지고 있고 신 씨만큼 중요한 일을 하고 있습니다. 그의 급여에 대해 어떤 조항이 있는지 알려주시겠습니까?

오늘 아침 서울신문에서 스크랩한 내용(학교 행사에 종교 색채를 제거하라는 내용)을 동봉합니다. 종교와 관련된 내용을 참고하시기 바랍니다. 정말 가슴이 아픕니다. 그것이 교육에 대한 선교적 태도라면 저는 그 어떤 것도 원하지 않습니다. 김 교장의 취임식 프로그램도 동봉합니다. 도지사께서 참석하셔서 축사를 하셨습니다. 종교의 색채가 없어지니 나의 역할이 끝나는 것 같습니다.

해리스 감독이 보낸 편지가 있습니다. 그는 당신과 평양의 상황에 대해 이야기했다고 말합니다. 간단히 말해서 이것입니다. 이곳에서 우리의 사역을 강화하든지 아니면 장로교에 넘기든지, 1만 명 이상의 기독교인이 있는 가장 가까운 곳에서 자립 사업을 하라는 것입니다. 평양의 선교지는 한국 영토의 20분의 1정도로 작습니다. 이곳에서 우리는 세계에서 가장 강력한 장로교 선교부와 함께 하고 있으며, 우리는 그러한 교회에 걸맞은 일을 계속하지 않으면 그만두어야 합니다.

내년에 김(득수) 씨가 맡은 소년 학교를 강화해야 합니다. 1917년에는 1916년보다 1,500엔이 더 있어야 합니다. 더 크고 영구적인 필요 때문에 웰치 감독이 오기를 기다려야 합니다. 제 생각에 우리가 만주에 들어갈 생각을 한다는 것은 어리석은 짓입니다. 세브란스 병원 문제도 그렇습니다. 우리에게 여분의 돈이 있다면 그것은 분명히 우리 자신의 어려움을 겪고 있는 병원 중 하나에 들어가야 합니다.

여기 평양의 병원에 있는 장로교인들에게도 우리 문은 여전히 열려 있습니다. 의사가 있다면 그들이 들어올 거라고 믿습니다. 지금 의사들은 일본어로 시험을 봐야 하는 것으로 알고 있습니다. 그래서 미국인 의사를 확보하는 것은 거의 불가능합니다. 이 편지는 쓸 때마다 다섯 줄 정도 썼습니다. 모든 것이 잘 되고 있으며, 일은 기쁨과 밝은 전망으로 이루어지고 있습니다.

가장 진심으로 당신을 존경하며, 존 무어*

위 서신에서도 확인할 수 있듯이 "광성학당"은 소년학교로서 존재했는데 감리교 선교부는 평양 지역 선교에 장로교 선교부가 있어 선교

---

*　　John Z. Moore to F. M. North letter, 1916. 11. 8.

의 마찰을 피하기 위해 만주 지역으로 옮기려고 했다. 하지만 존 무어의 생각은 달랐다. 평양 지역의 잠재력과 가능성은 신생 국가인 만주와는 비교가 안되는 것이었다. 따라서 평양의 선교와 광성학교에 더욱 큰 지원이 필요하다는 것을 요청했다.

광성학교 김득수 교장 (가운데)
©GCAH

대정5년(1916년) 1월 1일에 취임한 김득수(광성학교 재임 기간 1916-1936. 1923년에는 김득수의 미국 출장으로 종교국장으로 있던 쇼-W. E. Shaw 선교사가 교장직을 수행)는 존 무어의 전적인 신뢰를 받았다. 1916년부터 교장에 취임하여 미국북감리교의 실행계획이었던 고등보통학교 인가를 1918년에 "광성고등보통학교"로 인가 받게 된다. 그리고 1936년까지 학교의 행정을 이끌어가면서 존 무어의 동역자로서 오늘 광성의 토대를 놓게된다. 그는 평양 부호의 아들로 당시 노블 선교사의 부인을 도와 여성들에게 전도를 했던 김세지가 그의 어머니(계모)였다. 그녀가 일생을 회고한 글을 보면 김득수는 광성학당의 전신은 남산현 교회의 평양소학교를 다녔었다. 김세지는 이렇게 회고한다.

"내가 처음으로 예수 믿기를 시작한 해는 1893년이다. 이해는 남산재 예배당안에 소학교가 이미 설립이 되었을때니 우리 내외는 아직 믿지 아니하였을 지라도 아해들은 그 예배당학교에 입학을 시켰다."*

김득수가 교장으로 평양광성고등보통학교를 인가 받을 때 제출한 서류를 보면 제임스홀 선교사가 세웠던 평양소학교(광성학당의 전신)에 입학하여 학교를 졸업했다. 그때의 명칭은 "평양부사립기독교소학교 명치 34년(1901년) 졸업"이었다. 이후 평양관립일어학교, 장감연합학교였던 평양부사립숭실중학교, 숭실대학교를 졸업한다. 또한 선교사들의 추천을 받아 미국 오하이오의 웨슬리안 대학으로 유학하여 1914년 졸업하고 컬럼비아에서 석사학위를 받아 귀국했다. 김득수가 숭실중학교, 대학교를 다니고 있을 때 함께 있었던 베커 선교사가 연희전문의 교수겸 운영을 맡았기 때문에 그를 연희전문 교수로 제안했으나 가지 않고 존 무어를 도와 광성학교의 발전을 위해 33세의 나이로 1916년 1월 1일에 교장으로 취임했다. 이후부터 현 광성중·고등학교의 원년은 원래대로 제임스 홀W. J.

---

* 김세지, "나의 과거생금" 『승리의 생활』 (경성, 기독교형문사, 소화2년), 37.

Hall의 설립을 기원으로 1894년 11월을 기준으로 하였다. 11월로 지정한 이유는 제임스 홀의 순직월인 11월을 기념하기 위해서였다.* 이렇게 존 무어는 한국의 선교를 다시 시작하자마자 한국인 지도자를 중요한 자리에 앉히면서 현지인들의 자립으로 해결할 수 없는 큰 규모의 교회, 학교 건물의 후원을 받아 오는 것에 집중했다.

---

* 광성학교의 창립 기념일은 1923년 초기 신문 기사와 그 이후 기사에서 대부분 11월을 기점으로 지켜오고 있다. 아래는 당시의 신문기사의 내용으로 기념행사 연월일에 대한 부분을 명시하고 있다. 평양광성고보 1923년 11월 17일에 창립 28주년 기념행사를 거행했으며 설립연도를 1895년에 설정; ("평양광성고보기념," 「동아일보」 1923. 11. 9.), 광성고보 1932년 11월 1일 오후 6기에 대강당에서 41주년 기념 음악회 개최하였고 설립연도를 1891년에 설정("광성고보서 41주 기념," 「동아일보」 1932. 11. 3; "광성고보의 41주기념," 「기독신보」 1932. 11. 9.), 광성고보 43주년 기념식을 1935년 11월 1일에 창립 43주년 기념행사를 거행했으며 설립연도를 1892년에 설정.("광성고보 43주년기념식," 「기독신보」 1935. 11. 6.), 광성고보 창립 41주년 창립 기념행사를 1935년 11월 1일에 거행했으며 설립연도를 1894년에 설정 했다.("평양교육계중추 광성 정의 양교 창립기념," 「조선일보」 1935. 10. 26.); 위 설립연도의 공통점은 윌리엄 제임스 홀과 연관되었다. 먼저 1891년에 설정된 것은 제임스 홀 선교사의 선교 시작(평양 선교는 1892년 9월부터 시작함)을 기준으로 정했으며 1894년은 제임스 홀 선교사가 의료선교를 하면서 본격적인 교육 선교의 시작으로 본 것이 1894년이기 때문이다. 따라서 광성학교의 창립 연도는 제임스 홀의 교육 시작을 기원으로 하고 있다. 또한 창립 기념일을 11월로 정한 이유는 제임스 홀 선교사의 순직을 기념하는 11월을 근거하고 있는 것으로 추정한다. 그러다가 4월로 변경되었는데 그 이유는 제임스 홀의 책, 로제타 셔우드홀 편저·현종서 역, 『한국에서 최초로 순직한 선교사 윌리엄 제임스홀』, 252. 에서 제임스 홀 선교사의 편지와 보고서의 기록이 4월에 있었기 때문에 이를 근거로 변경했 다. 하지만 광성학교의 시작일에 대한 앞의 각주에서도 밝혔듯이 제임스홀이 직접 기고한 글 은 2월이다. The Chinese Recorder and Missionary Journal, 에서는 1894년 2월 로서 The Chinese Recoder and Missionary Journal, 1894., 316.를 참고하라.

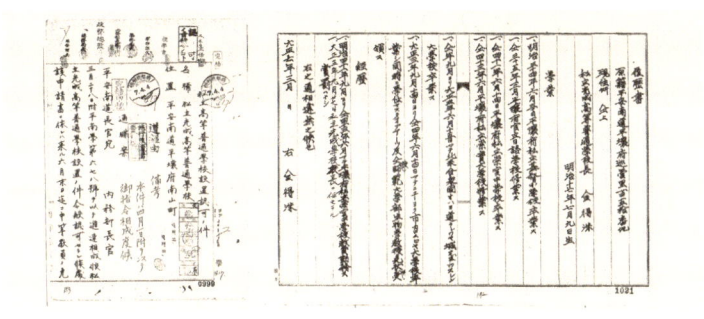

광성고등보통 조선총독부 인가 문서   김득수 약력 서류, 조선총독부 제출서류

광성학교가 고등보통학교와 보통학교로 평양 지역 명문사학으로 자리잡아간 초기의 설립 과정을 연혁으로 정리하면 다음과 같다.

초기 광성학교의 설립 과정

1894. 2.

평양 최초의 선교사 제임스 홀 선교사Rev. William James Hall가 한국인 교사 1명과 함께 13명의 학생들을 모아놓고 한글, 한문, 성경 공부를 시작하여 기독교 선교와 교육을 하는 사숙으로 창립(초대 교장).

1894. 10.

남자 소년학교에서 한글 교육과 성경 공부를 병행.

1894. 11. 24.

제임스 홀 선교사 별세 – 한국인 교사에 의해 남자 소년학교 운영.

1896. 8. 31 - 1905.

노블 William Arthur Noble 이 평양 지역 선교사로 부임.

"평양부사립 기독소학교(광성학교의 전신)"운영. 이 당시에 김득수 광성학교 교장은 1901년 6월 30일 "평양부사립 기독소학교"를 졸업.

1903. 5.

존 무어 John Z. Moore는 평양 서부 지역인 진남포, 삼화, 증산, 강서를 중심으로 선교를 시작. 이 지역의 교회와 학교 개척.

1905.

베커 A. L. Becker 선교사가 "평양사립 기독소학교(광성학교)"의 교장을 맡아 운영하면서 장로교, 감리교 연합사업인 평양남자고등학교(Pyengyang High School, 장·감연합학교) 설립을 주도.

1906.

베커가 과학관인 "격물학당 Science Hall" 공사 착공.

1907.

베커가 과학관 "격물학당"을 완공. "평양사립 기독소학교(광성학교)"와 "평양남자고등학교(장·감연합학교)" 교육의 토대를 마련.

1909.

베커가 장로교, 감리교 연합선교의 일환으로 평양연합대학교 PyengYang Union College and Academy 를 맡아 추진하다가 1909년에 안식년 휴가를 얻어 귀국.

빌링스 Bliss Washington Billings 가 내한하여 1909년 6월 남산현 교회서 집사목사 안수를 받은 후 평양사립 기독교소학교(광성학교)의 교장을 맡아 운영.

1910. 7. 1.

구한국 학부대신의 사립학교 인가를 받음. 이때 "광성학교"로 명한 것을 추측.

1913. 6.

평양의 장로교·감리교 연합학교는 서울로 이전하여 운영. 이에 미국 북감리교회 선교회가 광성학교를 광성보통고등학교로 인가할 계획을 세움.

학교부지에 3층 벽돌 건물로 소년학교(광성학교)를 위한 교사 완공.

1913. 5.

"광성학교"를 "광성고등보통학교"로 개정 신청하라는 본전평양부윤의 지령.

1915.

빌링스 안식년 휴가.

존 무어가 평양 지역 감리사(지역 총 책임자)로 부임하면서 "광성학교"의 교장 부임.

1916. 1. 1.

오하이오주 웨슬리안 대학, 컬럼비아 대학을 졸업한 한국인 김득수가 교장으로 취임.

존 무어는 이사장으로 취임.

1918. 4. 1.

사립 광성보통학교와 광성고등보통학교를 인가 받아 유치, 초, 중, 고 교육.

1921. 10. 5.

미국 북감리교 선교 100주년을 기념하여 평양 경창리에 교사(미국 감리교 선교 100주년 기념관) 준공, 기숙사 착공.

1923. 5. 1.

미국 감리교 선교 100주년 기념 기숙사 완공 및 개관.

1924.

교내 청소년 Y.M.C.A. 조직.

1930. 11. 5.

대강당과 체육관 신축.

1936. 3. 5.

지용은 교장 취임.

1937. 6. 11.

과학관 신축.

1938. 4. 1.

일제의 교육 탄압으로 인해 광성중학교(5년제)로 개명.

1941. 5. 1.*

무도관 신축.

---

* 이후는 『광성구십년사』, 『광성백년사』 참고.

평양 지역 선교의 시작

존 무어는 예전에 맡았던 진남포 중심의 선교지뿐만 아니라 평양 중심부, 사리원, 영변, 강서 지역에 이르기까지 그 선교지가 광범위하게 바뀌었고 이 지역의 총 책임자인 감리사로서 그 역할을 감당해 나가기 시작했다. 다음은 7년 만에 한국으로 귀국한 후의 그의 보고서 내용이다. 그의 보고서를 보면 다시 혼자가 된 그가 직접 선교를 했기 때문에 평양의 교회, 학교뿐만 아니라 전체의 운영을 위해 시간을 쪼개어 가면서 선교지에서 순회하며 업무를 보았던 것을 알 수 있다. 처음 한국 선교를 시작했을 때의 거리처럼 5,000리 가운데 2/3를 걸어서 이동했으며 중국, 일본 여행을 다녀왔다고 보고하고 있다. 1916년 일본 여행은 존 무어의 재혼으로 다녀 온 것이다. 1916년 2월 일본 도쿄의 아오야마 가쿠인으로 가서 내한 선교사로 파송되었던 루스 베네딕트(Ruth Emma

Benedict, 한국명: 문로득, 1884. 8. 29.-1968. 12. 19.)와 재혼(1916.2.11.)하였다. 미국 시민권 명부에 의하면 그녀는 1884년 8월 29일에 미국 뉴욕주 롬Rome에서 태어났으며 1910년 11월 8일 내한 선교사로 선교를 하였고 서울에서 선교를 하다 평양지역에서 선교를 하고 있던 여성 선교사였다.* 성격이 낙천적이고 적극적이라 선교 사회에서도 늘 기쁨과 감사함으로 선교를 감당했던 선교사였으며 평생 존 무어와 함께 선교를 했다.

루스 베네딕트
ⓒGCAH

존 무어가 한국에 돌아와서 했던 것은 그동안 보고 싶었던 자신의 선교지를 방문하는 일이었고 앞으로 함께 사역할 한국인 지도자들을 세우는 것, 사역할 선교지의 파편을 모으고 정리하는 일이었다. 존 무어는 서신 등을 통해 한국, 선교본부와 소통을 했지만 7년 만에 감리교 연회에 보고서를 작성하면서 본인의 소회와 선교지 상황을 다음과 같이 말하고 있다.

---

*   Ruth Emma Benedict, *U.S., Consular Registration Certificates*, 1907-1918., 147.

"올해는 재조정의 한 해였습니다. 또한 파편들을 모으는 해이기도 했습니다. 변화된 상황에 대한 재조정과 7년 동안 사용하지 않았던 언어의 남은 파편들을 모았습니다. 또한 6년 넘게 보지 못했던 작품의 파편들을 한데 모으기도 했습니다.

315일 동안의 선교 사역을 개괄적으로 정리하면 다음과 같습니다: 평양을 떠난 날들 141일 중 95일은 교회에서 교회로 순회하며 보냈습니다. 약 5,000리를 이동했는데 그중 3분의 2는 걸어서 이동했습니다. 중국 중앙 연회 참석을 위한 중국 여행, 일본 여행, 선교 및 재정위원회 회의 참석을 위한 서울 여행이 나머지 평양 외출 일수를 채웠습니다. 130번의 설교를 했고, 많은 기도회를 인도했으며, 토요일에 제가 평양에 있을 때는 주일학교 공과를 우리 시에서 일하는 약 100명의 교사들에게 가르쳤습니다. 한 해 동안 20회의 분기별 집회가 열렸습니다. 35일은 성서학원에서 가르치는 데 보냈습니다. 약 3주는 부흥회를 지원했습니다. 평양 학교와 지방회 전역의 초등학교를 돌보는 일도 제 시간의 적지 않은 부분을 차지했습니다. 그러나 지방회의 진정한 사역은 한국인 목사님들의 신실한 노력으로 이루어졌습니다.

이 구역은 평양 시내 교회 3곳과 시 외곽에 있는 39개 교회로 구성되어 있습니다. 학습세례자 749명, 입교인 1,589명, 세례인 183명, 출석인 3,491명 등 총 6,017명의 성도가 있습니다. 이로써 총 교인 수는 6,017명이 되었습니다. 정부에 대한 신중한 보고로 인해 기록은 신중하게 정리했습니다. 그러나 총계는 작년과 거의 동일합니다. 주일학교는 39개이며 총 재적 인원은 6,310명입니다. 이는 작년에 비해 10% 증가한 수치입니다. 한 해 동안 149건의 세례가 있었습니다.

본 교회가 모든 항목에 대해 기부한 총액은 8,850엔이며 4,425달러입니다. 이는 25% 증가한 수치이며, 이 중 약 10%는 목회 지원 내역에서 증가했습니다. 가장 큰 증가는 교회 건축이었습니다. 세 개의 마을 교회가 각각 약 1,000엔의 비용이 드는 고급 기와지붕 건물을 지었습니다. 이 중 약 4분의 1은 각각의 지역 교회가 남긴 잔액을 그 지역의 교인들이 채웠습니다. 이것은 진정한 희생을 의미합니다. 기독교인들은 대부분의 건축을 직접 했습니다. 이 교회들은 새 건물이 세워진 후 출석 교인이 두 배로 늘었습니다. 진남포 야곱기념교회는 한 목회자의 지원으로 세 개의 마을 교회와 연결되어 있습니다. 올해는 완전히 자립하여 마을 교회들이 자체적으로 목회자를 모시게 되었습니다. 순회의 일부였던 다른 두 마을 교회는 별도의 목회자를 지원받게 되었습니다. 8개 교회로 구성된 한 선교 구역에서 작년에 한 명의 설교자를 지원 받았습니다. 올해는 자비량 지원을 늘려 세 명의 목회자를 지원받게 되었습니다.

진남포의 야곱기념교회는 평양의 제일교회를 제외하고 북한에서 가장 크고 강력한 교회입니다. 신도 수는 60여 명, 정기 출석 신도는 50여 명에 달합니다. 건물이 이미 협소해 세 구역으로 나뉘어 모이는 주일학교를 돌보는 것이 문제입니다. 한 해 동안 분립한 두 번째 교회는 150명이 출석하고 있습니다. 이 교회 옆에 있는 강서와 증산은 한 해 동안 수적으로나 영적인 면에서 발전한 교회로 특별히 언급할 만합니다.

선교사업 곳곳에 조직된 어린이 주일학교를 특별히 언급할 필요가 있습니다. 수백 명의 기독교인과 비기독교인 어린이들이 이 학교에 모였습니다. 그 중 많은 어린이들이 현재 주간학교에 재학 중입니다. 이 작업은 미국에 있는 친구들이 보내준 수천 장의 그림엽서와 남은 주일학교 카드의 도움으로 매우 실질적인 도움을 받았습니다. 이 자리를 빌려 감사의 말씀을 드립니다.

명절 직후 평양에서 열린 대규모 중앙 성경 사경회 이후, 42개 교회에서 각각 일주일 이상 성경 사경회와 부흥회를 가졌습니다. 매일의 프로그램은 5시 30분에 새벽 기도회로 시작됩니다. 이 시간은 존 웨슬리의 설교 시간보다 30분 정도 늦은 경우가 많습니다. 한 교회는 3개월 동안 매일 아침 이 모임을 가졌습니다. 또 다른 교회는 6개월 동안 쉬지 않고 이 모임을 가졌는데, 이 기간 동안 매일 아침 세 명의 여성이 참석했습니다. 낮에는 성경 공부를 하고, 늦은 오후에는 노방전도를 하고, 저녁에는 부흥회를 합니다. 이 일은 한국인 설교자들이 평신도들의 도움을 받아 수행합니다. 이 평신도들은 월급 없이 시간을 내어 봉사합니다. 어떤 이들은 일 년 중 두 달을 이 사역에 할애하기도 합니다. 우리 기독교인의 거의 3분의 2가 이 "사경회에" 참석합니다. 죄의 고백, 성령 충만, 일 년 동안의 지속적인 개인 사역을 위한 준비가 이 모임의 특징입니다.

현재 교육 기관은 17개의 주간학교가 있습니다. 작년 보고서에는 19개가 있었습니다. 출석 학생 수는 작년 668명에 비해 현재 779명입니다. 즉, 학교 수는 10% 감소했으나 학생 수는 17% 증가했습니다. 작년 학교당 평균 학생 수는 35명이었지만 올해는 46명입니다. 이 17개 학교 중 12개 학교가 선교비를 지원받고 있습니다. 한 달에 2달러에서 10달러의 소액 보조금이 지급됩니다. 이들 학교에는 특별한 헌금이 필요합니다.

평양 소년학교는 세 개의 학과로 구성되어 있는데, 모든 시설을 갖춘 초등학교로 조직된 45명의 예비반, 207명의 남학생이 있는 1학년 보통학년, 84명의 남학생이 있는 2학년 고등학년으로 구성되어 있습니다. 총 336명입니다. 학교는 역사상 최고의 한 해를 보냈습니다. 교사들은 최고의 조화를 이루며 함께 일했습니다. 그들은 아주 적은 월급으로 충실히 일하고 있습니다. 제가 개인적인 감독을 거의 할 수 없는 상황에서 이 학교는 한국인들에게 책임이 주어졌을 때 무엇을 할 수 있는지에 대한 좋은 시험대가 되고 있습니다. 학교는 선교부로부터 한 달에 50달러를 받고 있고, 한국인들은 한 달에 60달러를 수업료와 특별회비로 내고 있습니다. 이제 선금을 지급해야 할 때가 왔습니다. 저는 이미 선교부에서 주는 금액보다 더 많은 월 20달러를 의무적으로 내고 있습니다. 이 학교는 이미 "대제국을 위한 일꾼"을 공급하는 데 큰 역할을 하고 있습니다. 장비와 연간 예산을 위한 기금만 확보할 수 있다면 더 크고 유용성 있는 성공이 눈앞에 있습니다.

이 보고서는 하나님의 풍성하고 변함없는 자비에 대한 감사로 마무리합니다. 구원의 방주를 만드는 계획은 하나님의 약속만큼이나 밝습니다. 기도로 우리를 지탱해준 후원자들과 끝없는 재정적 필요를 채워준 후원자들은 일일이 다 언급할 수 없을 정도로 많습니다. 그들의 이름은 어린양의 생명책뿐만 아니라 우리 마음에도 기록되어 있습니다. 우리 앞에 놓인 한 해는 기회로 가득합니다. 그 어느 해보다 더 많은 기도와 봉사의 삶이 쏟아지는 한 해가 되기를 바랍니다.*

존 무어, 한국 평양에서

위 보고서를 보면 존 무어가 강조하는 자립 정신의 모습을 살펴볼 수 있을 뿐만 아니라 한국인 지도자를 세워 그 역할을 감당할 수 있도

---

* John Z. Moore, "Report of Pyeng Yang Western District. 1915-1916," *Minutes of the Korea Annual Conference of the Methodist Episcopal Church*, 1916.

록 도와주었다. 선교 현장은 한국인 교역자와 지도자가 이끌 수 있도록 했고 교육 기관인 광성학교에 김득수 교장을 세우고 존 무어 자신은 물러나서 이들의 필요한 부분에 선교비가 잘 집행될 수 있도록 했다. 광성 고등보통학교로 인해 초등, 중등, 고등교육 기관까지 있는 이들 학교를 위해 월 수업료 수입은 60달러, 선교부의 선교 후원은 월 50달러, 존 무어는 개인 사비로 월 20달러 이상을 후원하고 있었다. 전체적인 후원 규모로 보았을 때 존 무어의 개인 후원은 큰 부분을 차지할 정도로 희생적인 지원을 하고 있었다.

또한 평양 지역 주변에 교회가 세워지고 제법 규모가 있는 교회가 그의 초기 선교지였던 진남포에 자립 정신으로 세워지는 모습을 인상깊게 보고하고 있다. 선교를 다시 시작하는 마음으로 존 무어는 받은 사례를 자신이 아닌 한국 선교지를 위해서 수입보다 더 지출하고 있는 모습을 살펴볼 수 있다. 세상적인 관점으로 투자 대상이 아닌 선교비를 계속 써야 하는 곳이라 어떤 이익도 없기에 어리석게 보일 수 있지만 존 무어의 이러한 모습은 선교지가 자신의 삶보다 더 값지고 의미 있는 곳이라고 여겼기 때문에 가능했다.

교파 연합 운동

평양 지역에서 일어난 운동 가운데 1907년 평양대부흥 운동과 함께 기억해야 할 사건이 연합 운동이다. 장·감 교파가 구분 없이 모여서 연합 운동을 진행한 것인데 이 연합 운동은 실재적으로 진행되었기 때문에 강단교환 설교 등을 통해 장로교 목사는 감리교회에서 감리교 목사는 장로교회에서 설교를 하며 교파 구분 없이 진행했다. 이러한 연합 운동이 모태가 되어 정의여학교의 전신인 평양여학교를 장감연합으로 운영하고 병원을 장감이 연합하여 함께 운영하는 방식으로 그 결실이 맺어지기도 했다. 물론 그 출발점은 그리스도를 고백하는 같은 신앙에서 출발하기에 교파의 구분은 의미가 없지만 장로교, 감리교 각각 서로 알아가는 과정에서 오해가 쌓였던 부분을 이해하고 연합하는 방향으로 연합 운동이 진행되었던 것이다.

"나는 부흥회를 믿지 않습니다. 그 결과는 오래가지 않습니다."라는 말은 흔히 부흥회를 반대하는 의견입니다. "목욕의 결과가 지속되지 않지만 그렇다고 해서 목욕을 반대할 수 없습니다." 부흥회를 싫어하는 반대자에게 대답하는 빌리 선데이의 답입니다. (육체적인 목욕과 달리)영적 목욕은 하지 않으면 죽을 때가 있습니다.

1916년 10월 영국 브라이튼의 C. 인우드 목사가 개최한 특별 집회를 통해 우리는 부흥의 필요성에 대하여 더욱 깊이 깨달았습니다. 그는 케직 운동의 지도자 중 한 사람으로 일주일 동안 매일 두 번씩 선교사들에게 설교하고 밤에는 약 1,500명의 한국인 기독교인들에게 연설했습니다. 그의 설교는 거룩함, 더 높은 삶, 봉사를 위한 성령의 능력에 대한 건전하고 강력한 메시지였습니다. 아마도 한국인들은 이 위대한 주제에 대하여 가장 간결하고 깊이 있는 말씀을 들었을 것입니다. 이 집회는 선교사들과 한국인들 모두에게 큰 축복이었습니다.

특히 가을이 깊어가는 시기, 먼 길을 떠날 때 이러한 생각은 우리에게 오래도록 남아있었습니다. 우리 마음은 교회에 성령이 부어지고 새 신자들이 더 많이 모이기를 갈망했습니다. '주린 자는 복이 있나니 저희가 배부르게 될 것입니다.'라는 말씀처럼 북방 산악 지역 여행이 끝날 무렵, 영적인 갈망을 가지고 있었던 윌리엄 N. 블레어 형제는 마음이 은혜가 충만 한 채로 저에게 달려

왔습니다. "평양시 교회들을 위해 무엇을 할 수 있을까요?", "우리가 연합 캠페인을 한 번도 해 본 적이 없다는 것이 사실인가요?", "교회가 가져야 할 큰 규모의 모임을 갖지 못한 것이 사실인가요?" 이러한 질문이 선교사들과 한국 교회 지도자들에게 더 많은 모임과 기도를 갖게 했고 결국 실행되었습니다. 그 결과 장로교와 감리교 양쪽에서 선교사 한 명과 한국인 목사 두 명으로 구성된 위원회가 임명되었습니다. 6명으로 구성된 이 위원회가 모든 일을 맡았습니다.

실행된 계획은 다음과 같았습니다. 먼저 선교사들과 한국 교회 관계자들을 위한 저녁 기도회가 세 차례 있었습니다. 이 모임은 중앙에 위치한 교회 중 한 곳에서 열렸고, 첫날밤에는 300여 명이 모였는데 다음에는 거의 300여 명이 더 늘어났습니다. 이 집회는 매우 큰 축복이 있었고, 특히 모든 교회의 직분자들을 하나로 모으는 데 큰 결실을 맺었습니다. 크고 강한 것보다 더 중요한 것은 헌금으로 자립하는 것이 아니라 성령의 능력으로 충만해지는 문제입니다. 평양 교회는 전자를 가지고 있었지만 후자가 필요했습니다. 이 기도회와 이어진 특별 집회 주간을 통해 성령의 능력이 공급되었습니다.

한국 새해 첫날 캠페인의 두 번째 단계가 시작되었습니다. 일주일 동안 두 교단은 시내 기독교인들을 위한 별도의 성경 공부 교실을 열었습니다. 이 성경 공부반은 이미 계획되어 있었다는 사실 외에는 따로 분리해야 할 이유가 없었습니다. 이주 동안 매일 밤 두 교회의 남성들은 중앙장로교회에서 모임을 가졌습니다. 서울의 무스 목사는 매일 밤 죄와 회개, 거룩한 삶에 대해 설교했습니다. 이 집회에는 매일 약 1,200-1,500명의 남자들이 참석했습니다. 그들은 주님의 소유가 되었고 그리스도인들을 정결케 하고 세우는 사역에 익숙했습니다. 같은 시간에 두 교회에 속했던 여성들은 제일감리교회에서 오기선 목사의 인도 아래 모임을 가졌는데, 최근 동경 한인교회 목사였던 그는 "믿음으로 구원받는다"는 본문으로 일주일 내내 점점 더 큰 능력을 가지고 지속적으로 말씀을 전했으며, 매일 밤 5백 명에서 8백 명의 여성들이 참석했습니다.

이 모든 것은 실제 캠페인을 위한 준비 과정일 뿐입니다. 다음 주에 "믿음의 선한 싸움을 싸우기 위해" 일종의 "전신 갑주를 입으라"는 것으로 진행할 것 입니다.

그런 다음 도시의 13개 장로교회와 감리교회가 연합한 실제 캠페인이 시작되었습니다. 매일 아침 6시가 되면 도시 곳곳에서 교회 종소리가 울려 퍼졌습니다. 이 시간에 모든 기독교인은 가족기도회에 참석했습니다. 매일 여는 찬송은 한국 찬송가 89장 "성령이여 내게 임하소서"였습니다. 오후 두 시에는 거리 전도와 집집마다 방문 전도를 위해 나가야 할 모든 사람들이 중앙 교회 중 한 곳에 모였습니다. 이 도시는 감리교회나 장로교회에 관계없이 여섯 구역으로 나뉘었습니다. 각 구역에는 일주일 내내 봉사하는 속장이 있었습니다. 모인 사람들은 매일 제비뽑기로 나뉘어 짧은 연설과 기도를 마친 후 도시 곳곳으로 흩어졌습니다. 도시의 각 집에는 매일 다른 안내가 배포되었고, 모든 사람들은 그날 밤 가장 가까운 교회로 가도록 요청했습니다. 그 사이에 2,000개의 대형 포스터가 도시 곳곳에 붙었고, 모든 기독교인 집 앞에는 문구가 적힌 종이 포스터가 걸렸습니다. 또한 이 집회는 일간지에 광고되었습니다. 이 모든 과정에서 장로교나 감리교에 대해서는 단 한 마디도 언급되지 않았습니다. 모든 설교는 그리스도의 이름으로 이루어졌고 사람들은 단순히 교회에 가도록 요청 받았습니다.

교회에서 밤에 하는 설교는 선교사들과 한국인 설교자들과 평신도들이 했습니다. 훨씬 더 많은 설교가 한국인들에 의해 이루어졌습니다. 교회마다 매일 밤 설교자가 달랐습니다. 이것은 위원회가 직접 담당했으며, 감리교회에는 장로교 설교자가, 장로교회에는 감리교 설교자가 설교를 할 수 있도록 절반 정도는 계획적으로 순서를 구성했습니다. 모든 예배 때마다 교회 문이 열렸고 어떤 집회에도 응답하지 않은 경우는 없었습니다. 매일 밤 집회의 결과는 오후 회의에서 보고되고 표로 작성되었습니다.

이제 결과에 대해 한 마디 말하자면, 13개 협력 교회는 각각 새 신자를 보고했습니다. 가장 적은 교회는 34명이었고, 가장 많은 교회는 316명이었습니다. 13개 교회의 총합은 1916명, 교회당 평균 147명이었습니다. 이는 7일 동안 각 교회당 21명의 새 신자가 생긴 것입니다.

그러나 새 신자는 그 결과 중 가장 작은 숫자일 뿐입니다. 완전히 새로운 영이 평양 교회에 들어왔습니다. 그들은 죽어 있었지만 지금은 살아 있습니다. 그들은 예의와 질서를 지키며 예배를 드리는 것에만 만족하지 않고 새로운 영혼을 얻기 위해 불타오르고 있습니다. 집회가 끝난 후 첫 기도회 날 밤, 거의 모든 교회에서 새 신자를 보고했습니다. 모두 50여 명이었습니다. 옛 기독교인들이 새 생명을 얻게 된 것은 모든 노력을 보상하는 것 이상입니다.

또 다른 결과는 두 교단 간의 조화와 협력이 매우 두드러지게 진전되었다는 것입니다. 그들은 서로 아는 법을 배웠습니다. 찰스 램이 말했듯이 "아는 사람은 미워할 수 없다."는 말이 있습니다. 우리가 서로를 모르는 것은 서로를 좋아하지 않기 때문입니다. 처음부터 끝까지 불협화음이 하나도 없었습니다. 기쁨과 그리스도인 교제의 진수를 느낄 수 있는 자리였습니다. 가장 행복했던 순간 중 하나는 감리교 목사님이 장로교 교회에서 설교하던 날 밤, 88명의 새 신자들이 앞으로 몰려나왔을 때였습니다. 이는 한 교회에서 하룻밤 동안 가장 많은 숫자였는데, 목사님은 자신의 교회였다면 이보다 더 기쁠 수 없었을 것입니다. 모든 기독교인이 해야 할 의무이지만, 교회 안팎에서 영혼이 구원받는 것을 보고 기뻐하는 곳에 이 도시의 기독교인들이 있습니다. 기독교인이 되는 것이 감리교인이나 장로교인이 되는 것보다 더 훌륭한 일이라는 것을 발견했습니다.

그리고 이것은 시작에 불과합니다. 현 목사님이 사경회에서 이 운동을 발표할 때 "인구 5만 명의 이 도시에서 모든 마귀를 몰아낼 것이니 이 나라 사람들은 마귀를 경계해야 한다."고 말씀을 전했고, 대동강 바로 너머에 있는 이 목사님은 "마귀를 강 너머로 몰아낸다"는 말을 듣고 우리가 바삐 움직여야 할 때라고 생각했습니다. 그래서 우리는 준비하고 계획을 세웠고, 모든 교회 관계자들은 일주일 동안 기도와 고백, 그리고 섬김의 능력을 주실 하나님을 기다리는 특별 모임을 갖기로 합의했습니다. 집회는 이른 아침에 열렸습니다. 집집마다. 이제 집회는 끝났고 우리는 20년 역사상 가장 큰 부흥을 경험했습니다. 20년 전 우리 중 처음으로 세례를 받은 김 씨도 그리스도 안에서 새 사람이 되었습니다. 그는 이렇게 간증했습니다.

"여러분도 알다시피 저는 지금까지 한 푼의 보수도 받지 않고 교회에 시간을 드렸습니다... 꿈을 꾸었는데 그 꿈속에서 저는 최종 시험을 치르고 있었습니다. 첫 번째는 저의 신학적 신념이었고, 저는 그것에 대해 100점 만점으로 통과했습니다. 그 다음에는 성경 읽기가 나왔는데, 여러분도 아시다시피 저는 20년 동안 매일 성경을 읽지 않은 적이 없기 때문에 문제가 없었습니다. 그 다음에는 기도가 나왔고 저는 그것도 통과했습니다. 충실함에서 저는 언제 흔들리거나 끝까지 충실하지 않겠다고 생각한 적이 있었나 싶을 정도로 100점 만점을 받았습니다. 그러나 모든 형제들에 대한 진정한 사랑에 관해서는 0점을 받았고, 집집마다 다니며 개인에게 전파하는 일에서 더 나아진 것이 없었습니다. 그러다가 주님께 모든 영광을 돌려드렸는지에 대한 질문에 이르자 저는 완전히 실패하고 무너져 울었습니다. 이제 저는 이 고백을 하고, 새해에는 제 기록에서 이 세 가지 0을 없애기 위해 전과 다름없이 일하고 기도할 것을 여러분과 주님께 약속합니다."라고 말했습니다.

예수님은 이 교회나 저 교회를 세우러 오신 것이 아니며, 교리를 위해 싸우러 오신 것이 아니라 "생명을 얻게 하고 더 풍성히 얻게 하려고" 오셨습니다. 이 불쌍하고 어두운 땅이 갈망하는 것은 바로 이 생명의 빛입니다. 교회가 이 생명을 줄 수 있다면 교회는 살고 성장할 것입니다. 이 성령의 능력으로 충만하고, 영원히 살아계신 그리스도의 실제 임재를 의식하는 살아있는 교회만이 이 생명을 가져올 수 있습니다. 방금 평양에서 열린 이와 같은 캠페인은 우리가 그분의 능력을 얻고 그분의 목적을 위해 사용하는 데 도움이 됩니다.

이 캠페인의 경비를 위해 60엔(30달러)의 기금이 확보되었고, 이 중 54엔이 사용되었다는 사실을 아는 것은 흥미롭습니다.*

존 무어

평양 지역이 한국의 예루살렘으로 불리웠던 이유가 바로 대부흥 운동뿐만 아니라 하나의 신앙을 고백하는 교파들이 서로가 서로를 이해하며 교파 간 갈등과 분열 등을 보여주는 모습보다 함께 할 수 있는 것을 찾아 나섰던 것에 있었다. 이러한 평양 지역의 분위기는 결국 교회 성장이라는 모습으로 결과가 나타난다. 또한 1916, 1917년의 선교 보고서를 살펴보면 교인과 학생 수는 늘어나는 것에 비해 관련 시설들의 수용 능력이 부족함을 알 수 있다. 따라서 교세의 성장은 기관 건물을 신축하거나 확장을 하는 모습으로 나타나거나 연합 운동을 통해 시설을 함께 이용하는 모습으로 나타났다.

존 무어가 원했던 한국인 지도자 양육의 결과는 광성고등보통학교 및 보통학교의 운영에서 나타났다. 학교의 실업무를 파악하고 운영하는 것은 김득수에게 맡겨 교육 선교는 스스로 자립, 발전하기 시작했다. 존 무어의 전체적인 선교구는 안정되기 시작했다. 연합 운동과 더불

---

* John Z. Moore, "Pyeng Yang Union Evangelistic Campaign," *Korea Mission Field*, 1917. 4., 104-107.

어 1917년 연회에 보고한 보고서를 보면 평양 지역 감리사 업무를 하면서 서울로 다녀와야 하는 출장이 많아졌고 이동거리가 비약적으로 많아졌음을 알 수 있다. 1년이 넘는 기간 동안 260회 설교에 51회의 집회를 열었고 교회 8개를 완공시켰는데 선교사 1명이 과중한 업무를 맡았지만 이를 모두 수행하고 있었다. 교인수와 재정 부분도 모두 각각 증가했으며 위의 연합 사역의 일환으로 여자 유니온학교(정의여학교의 전신)의 성장 등도 함께 보고하고 있다.

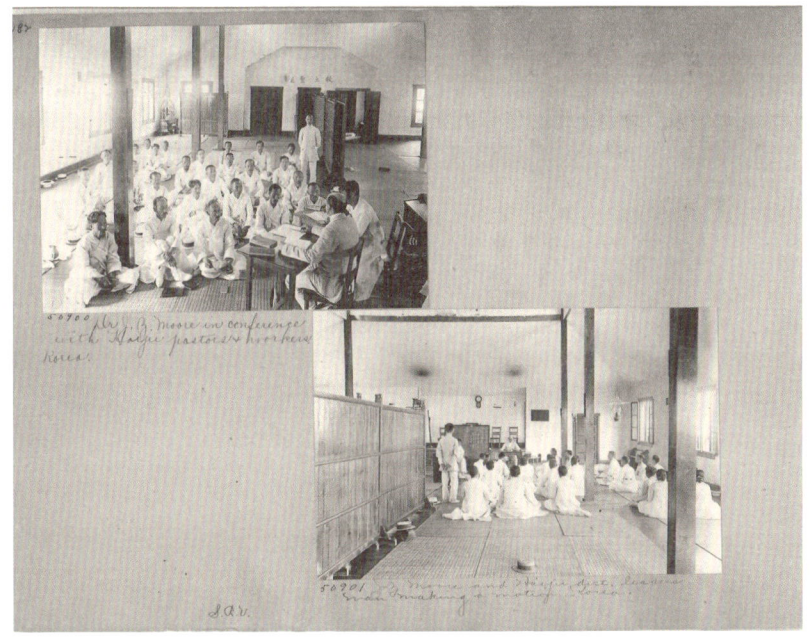

존 무어의 성경 공부 ©GCAH

1917년 연회 보고서
평양 지방
존 무어 감리사.

이 보고서는 작년에 평양 동부 지역과 평양 서부 지역으로 이미 알려진 곳을 모두 보고할 것입니다.

C.D. 모리스 형제의 평양의 모든 일을 제가 담당하고 있습니다.

지방 감리사의 업무.

지난 연회 이후 461일이 지났습니다. 이 중 132일은 지방회 업무를 수행하기 위해 교회를 돌아다니며 보낸 날입니다. 총 7,120리를 24번 방문했습니다. 또한 선교 및 재정위원회 회의에 참석하기 위해 서울로 5회 출장을 다녀왔습니다. 이 여행들은 2일이 걸렸고 5,000리를 이동하여 총 154일 동안 평양에서 12,120리(1리 = 1/3마일)를 이동했으며, 260회의 설교를 했고 51회의 분기별 집회를 열었으며 8개의 교회를 봉헌했습니다.

지방회.

평양 지방은 평안남도 평양시 서쪽에 위치한 지역과 황해남도 평양시 동쪽에 위치한 지역, 그리고 평양시에서 사역하는 지역으로 구성되어 있습니다. 감리교회가 책임지고 있는 인구는 약 30만 명입니다. 이 지역에는 88개 교회에 5,494명의 입교인과 6,329명의 출석교인이 등록되어 총 11,823명이 출석하고 있으며, 이는 작년에 비해 13% 증가한 수치로 한국 감리회 전체 신도의 약 4분의 1정도입니다. 전체 주일학교는 68개이며, 총 등록 학생 수는 12,191명으로 작년에 비해 24% 증가했습니다. 교육부에는 1,609명의 학생이 재학 중인 23개의 남자 초등부 주간학교가 있습니다. 초등학교 여학교는 16개교에 941명의 학생이 재학 중입니다. 이로써 총 3개 학교, 2,550명의 학생이 재학 중이며, 이는 작년보다 24% 증가한 수치입니다.

자립 지원.

유급 목회자 30명 중 7명은 선교비를 받지 않고 현지 교회에서 전액 지원하고 있습니다. 한국인 교회가 목회자 지원을 위해 지불한 총액은 3,995엔으로 작년보다 70% 증가했습니다. 주일학교를 위한 헌금은 754엔이었습니다. 교회 비용과 건축을 위해 총 6,154엔이 헌금되었습니다. 자선 사업비 2,644엔, 주일학교 3,701엔, 총 17,248엔으로 작년에 비해 40% 증가했습니다. 이는 회원 1인당 3.10엔입니다.

성경 교실과 부흥회.

7월에 열린 여름 일꾼 성경 교실에는 150명의 남성이 참석했습니다. 이들 중 대부분은 교회 임원이었습니다. 이것은 우리가 개최한 종류의 성경 공부 반 중 가장 많은 사람들이 참석하고 가장 많은 도움을 받은 반이었습니다. 1월에는 평양에서 겨울 중앙 성경반이 열렸습니다. 거의 300명이 등록했습니다. 이것은 우리가 이 땅에서 성경 공부를 경험한 이래로 가장 진지한 2주간의 성경 공부였습니다. 12월에는 동쪽 지역에서 성경 교실과 부흥회를 열었습니다. 또한 다른 반에서 성경 공부를 도왔습니다. 평양의 성경 공부 반이 끝난 후 88개 교회는 각각 한국인 사역자 두 명이 인도하는 특별 성경 공부를 일주일간 가졌습니다. 이 사경회 이후 대부분의 사경회에서는 축복받은 부흥회가 이어졌습니다. 평양시에서 우리는 가장 성공적인 연합 전도 캠페인을 개최했습니다. 수백 명의 새 신자들이 우리 교회에 추가되었고, 많은 그리스도인들이 봉사를 위한 새로운 성령의 능력을 받았으며, 감리교와 장로교 교회들이 전례 없이 하나로 묶였습니다.

교회 건축과 헌납.

한 해 동안 8개의 교회가 봉헌되었습니다. 가장 큰 교회는 강서에 있는 훌륭한 교회였습니다. 한 해 동안 우리는 교회뿐만 아니라 소년 학교, 소녀 학교, 목사 사택, 여자 성경 학교 사택, 목회자 사택을 건축했습니다. 웰치 감독이 헌납한 이 전체 기관 건물은 우리가 한 모든 일 중에서 가장 완벽한 기관 중 하나입니다.

평양 제일교회와 진남포 야곱 기념관 다음으로 이 교회는 지방회에서 가장 큰 회중이 모이는 교회입니다.

평양시.

현재 평양시에는 6개의 교회가 모이고 있습니다. 이 중 4개 교회는 완전히 조직된 교회로 자립하고 있습니다. 한 해 동안의 사역 중 가장 좋았던 일 중 하나는 이문골 교회가 완전한 자립으로 가는 길을 훌륭하게 이끈 것입니다. 이 교회는 곧 구골과 신천골의 뒤를 이었습니다.

교육 기관.

1. 평양 소년 학교. 이 학교(광성학당)는 김득수 선생의 충실하고 효율적인 관리 아래 역사상 최고의 한 해를 보냈습니다. 작년 보고에 따르면 준비부는 45명, 보통 207명, 고등 84명이었습니다. 총 336명이었습니다. 올해는 준비부 150명, 보통 230명, 고등 145명입니다. 총 425명입니다.

2. 여학생을 위한 유니온 아카데미(정의여학교 전신). 이 훌륭한 학교는 딜링햄 양의 효율적인 지도 아래 가장 성공적인 한 해를 보냈습니다. 현재 174명의 학생이 재학 중이며, 그 중 1/3이 감리교 여학생입니다.

3. 초등학교 여학교. 한국에서 가장 훌륭한 초등학교 여학교 중 하나입니다. 총 276명의 여학생들이 다니고 있으며 평양에서 가장 분주하고 밝은 학교 중 하나입니다.

4. 시작장애인학교와 농아학교. 홀 박사의 지도 아래 이 사업은 해마다 성장하고 있습니다. 올해 총 학생 수는 65명입니다. 이들은 한국 전역에서 왔습니다. 이 학교의 졸업생들은 교사를 비롯한 다양한 직종에서 자신의 길을 개척해 나가고 있습니다.

5. 홀 기념 병원. 이 병원은 새 건물에서 첫 해를 보냈으며 평양 의료 사업 역사상 최고의 한 해를 보냈습니다. 450명의 환자가 병동에서 의료 및 수술 치료를 받았습니다. 이 중 남성이 292명, 여성이 158명이었고, 외과 242명, 내과 208명이었습니다. 또한 병동에서 1,884건의 수술과 1,077건의 진료가 이루어졌습니다. 수술실에서는 213건의 수술이 있었습니다. 진료소에서는 11,817명의 남성 환자와 6,572명의 여성 환자가 치료를 받았습니다. 총 18,389명이었습니다. 이 중 장로교인이 5,785명, 감리교인이 6,872명, 비기독교인이 5,732명이었습니다. 이러한 진료소의 성과는 장 박사의 신실한 사역이 있었기에 가능했습니다. 장 박사는 41회, 폴웰 박사는 231회, 진료소 운영 횟수는 801회였습니다. 연회 연도 동안 병원과 진료소의 총 환자 수는 22,002명이었

고, 전도인 소씨는 자신의 일에 충실했으며, 고통의 하얀 침대에서 하나님의 뜻을 기다려야 하는 사람들에게 큰 축복이 되었습니다.

6. 확장된 은혜의 여성 병원. 홀 박사와 커틀러 박사는 이곳에서 많은 여성들을 돌보느라 바빴습니다. 198명의 환자가 병원에서 치료를 받았습니다. 5,887명이 진료소에서 치료를 받았고 106건의 외래 호출이 이루어졌습니다. 전신 마취 수술은 10건, 국소 마취 수술은 13건, 무마취 수술은 187건입니다. 산부인과 케이스 81건 성서 여성들은 병원에서 일할 뿐만 아니라 시내의 가정을 수천 번 방문하는 등 가장 훌륭한 봉사를 해왔습니다.

7. 도서실. 이 기관은 비좁은 공간에서도 역사상 최고의 한 해를 보냈습니다. 수백 권의 다른 책들 외에도 성경과 성경의 일부가 25,600권 판매되었습니다. 이는 작년보다 두 배 이상 증가한 수치입니다.

성경부인.

한 해 동안 19명의 성서 부인들에 대한 보고가 가장 흥미롭습니다. 이들은 51,300리를 여행하고 27,597개의 기독교 가정을 방문했으며 23,724명의 비 기독교인에게 복음을 전했습니다.

구령 운동.

구령 운동의 한 가지 목표는 각 새 신자를 교인으로 만드는 것이었습니다. 지난 연회에서 총 회원 수는 4,448명이었습니다. 작년보다 1,460명이 추가되었습니다. 이는 목표의 3분의 1을 조금 넘긴 수치입니다. 이 운동의 또 다른 목표는 작년보다 회원 1인당 1엔씩을 더 모금하여 지역 사업을 위해 사용하는 것이었습니다. 총 회원 수는 4,448명이었고, 작년보다 1엔 많은 4,865엔을 기부하여 목표를 1/10 초과 달성했습니다.

기쁨과 슬픔이 교차하는 한 해였지만, 모든 지각에 뛰어난 하나님의 평강이 늘 함께 하셨습니다. 이 보고서는 외형적인 진전을 보여줍니다. 하나님께서는 우리 마음속의 사랑이 성장하는 진전이 기대에 미치지 못했음을 아십니다. 한 해 동안의 결과는 설교자, 교사, 의사, 간호사 등 주님 안에서 수고하신 모든 분들의 신실한 수고가 있었기에 가능했습니다.

모든 영광을 그분께 돌리며, 참된 겸손으로 새해를 맞이하여 하나님의 도우심으로 교회의 역사상 최고의 해가 되기를 간구합니다.*

---

*   John Z. Moore, "Pyengyang District," *Minutes of the Korea Annual Conference of the Methodist Episcopal Church*, 1917., 59-62.

1917년 존 무어와 그의 선교지는 신앙적으로 연합 운동이 일어나는 등 영적인 각성과 부흥 운동이 일어났던 값진 한해였다. 하지만 존 무어에게 가장 큰 시련이 찾아 왔다. 1917년 존 무어는 첫 아이 John Zachariah Ⅲ를 얻었으나 10일 만에 죽기 때문이다. 개인적으로 한국 선교 때문에 2명의 식구들을 떠나보낸 아픔이 존재할 뿐만 아니라 느즈막한 나이에 얻은 아기가 떠난 것이라 가슴에 묻는 심정으로 아파했다. 하지만 이러한 시련에 그의 선교지에 대한 태도는 흔들리지 않고 나가는 모습을 보여주었다. 결국 1918년 8월에는 딸 해리엇 Harriett, 1918-2010 을 얻게 된다.

존 무어 가족 (여권사진)
좌측의 아이가 제임스B. 무어, 우측의 아이가 헤리엇E. 무어

존 무어가 담당하고 있는 선교지 가운데 가장 큰 변화는 1918년 광성학교가 조선총독부의 광성고등보통학교로 인가가 된 부분이다. 이와 함께 선교지 이동을 위해 포드자동차를 후원받아 효율적인 선교 업무를 보았다는 보고도 함께 하고 있어 그동안 장거리 이동으로 겪었던 시간과 체력 소모에 비해 획기적인 편의와 발전이 있었다. 하지만 도로의 정비 등, 자동차가 지나갈 형편이 되지 않아 선교지 이동의 사진을 보면 얼마나 힘들게 이동했을지 예상이 된다. 선교지의 자립도와 재정은 비약적인 발전을 거듭하고 있다. 따라서 목회지, 교육, 의료 분야에서 통계상 하나라도 뒤떨어지는 부분 없이 운영되고 있었다.

선교지에서 도랑에 빠진 존 무어의 포드자동차 ©GCAH

1918년 연회 보고서*
평양 지방

평양 지방은 평안남도와 황해 동부 지역의 감리교회 선교부 활동을 포함합니다. 평안남도 인구는 70만 명이며, 대동강 계곡을 끼고 있습니다. 황해는 두 개의 주요 도시인 황주와 해주에서 그 이름을 따왔으며, 해주에 있는 우리 선교지와 채령에 있는 장로교 선교지는 해주 지구에 있는 지방의 서부에 있습니다. 황해도 동부의 인구는 40만 명으로, 평양 전체 인구는 110만 명입니다. 두 지역 모두 부유하고 비옥하며 사람들의 주요 직업은 농업입니다. 이 구역의 광산 개장으로 새로운 부의 원천이 개발되고 있으며, 수천 개의 마을과 여러 개의 큰 마을이 있으며, 사람들은 건장하고 총명하며 성격이 강하여 전국에서 좋은 사람을 찾을 수 있는 곳 가운데 최고 지역입니다. 장로교, 제칠일안식일예수재림교회, 일본성결교회도 이 구역에서 활동하고 있습니다. 전체 인구 1,100,000명 중 우리 교회가 30만 명을 책임지고 있습니다.

평양.

평안남도의 주도인 평양(인구 6만 명)은 대동강 하구에서 약 45마일

---

* John Z. Moore, "Pyengyang District," *Minutes of the Korea Annual Conference of the Methodist Episcopal Church*, 1918.

떨어진 곳에 위치하고 있습니다. 평양은 서울과 압록강을 잇는 간선 철도가 지나는 중요한 철도 요충지이며 항구인 진남포까지 연결되는 지선이 있습니다. 평양은 상하수도, 하수도, 전등이 잘 갖춰진 현대 도시로 빠르게 발전하고 있습니다. 다윗 시대 이전으로 거슬러 올라가는 한국의 가장 오래된 도시입니다. 1907년 놀라운 부흥이 시작되어 현재 11개의 한국 교회와 2개의 일본 교회가 있습니다. 일본 감리교회는 이 도시에 거주하는 10,000명의 일본인들 사이에서 활동하고 있습니다. 일본 감리교회 선교 사업은 1892년에 시작되었습니다.

남선교사: E. 더글러스 폴웰 목사/ 의학박사, 폴웰 부인, 존 무어 목사, 무어 부인.

여선교사: 메리 M. 커틀러 선교사, 헨리에타 P. 선교사. 로빈스, 에밀리 I. 헤인즈, 그레이스 L. 딜링햄, 모드 V. 트리셀, 베시 살몬, 메리 아펜젤러.

기관: 평양 소년 고등학교, 소년 초등학교, 홀 기념 병원, 서점 및 독서실.

W. F. M. S : 유니온 여학교(감리교 및 장로교), 시각 장애인 병원 및 가정, 여자아이들을 위한 초등학교.

존 무어, 감리사

이 보고서는 1917년 6월 1일부터 1918년 6월 1일까지를 다루고 있습니다. 이 기간 동안 교육 선교 지역 전역을 여행했습니다. 여행은 각각 1일에서 14일 동안 지속했습니다. 총 104일 동안 7,800리를 여행했습니다. 선교부 및 위원회 회의에 참석하기 위해 서울을 네 차례 방문했는데 14일이 걸렸고, 4,000리가 추가되었습니다. 만주 여행은 총 134일 동안 총 16,300리(1리=1/3마일)를 이동했습니다. 169회의 설교를 했고, 5주 동안 특별 성경반에서 가르쳤으며, 34회의 분기별 집회를 열었습니다. 미국 감리교 선교회의 100주년을 기념하기 위해 24개 교회에서 종일 집회가 열렸습니다. 두 교회가 봉헌되었고 45곳에서 주의 만찬이 거행되었습니다. 콜로라도 스프링스 제일 교회의 신실한 친구들 덕분에 4,000리를 걸어서 이동했지만 이제 포드 자동차를 갖게 되었습니다. 한국 형제 중 한 사람이 말했듯이, 이 차는 1명의 지방 감리사를 3명으로 만들었고, 네 번의 장거리 여행에서 사고나 사소한 타이어나 엔진 문제없이 자동차의 가치를 입증했습니다. 효율적인 총독부 덕분에 교회의 4분의 3을 자동차로 도달할 수 있고, 매년 도로가 개선되고 확장되고 있습니다. 나는 청양에서 진남포까지 옛길을 걸으며 지친 이틀을 보낸 적이 여러 번 있었습니다. 며칠 전에는 우리 지방에서 회의가 오후 3시 30분에 끝났는데, 5명의 승객과 제 배낭을 모두 싣고 평양까지 1시간 30분 만에 도착했습니다.

선교 구역.

평양 지방은 평안남도 감리교회의 모든 사역과 황해성 북쪽 끝에 있는 감리교회의 사역을 포함하고 있으며, 복음화해야 할 인구는 35만 명입니다. 감리교회의 총 교인 수는 예비 교인을 포함하여 6,000명이며, 이는 작년에 비해 10% 증가한 수치입니다. 등록 신도는 5,117명입니다. 총 등록자는 11,117명입니다. 한 해 동안 426명의 성인과 126명의 유아가 세례를 받았습니다. 작년에는 68개의 주일학교가 보고되었고, 올해는 81개의 주일학교가 있습니다.

자립 지원.

선교구 지역 전체에 30명의 유급 목회자가 있습니다. 한 해 동안 목회자 급여로 지급된 총액은 7,172엔입니다. 이 중 5,252엔이 현지에서 모금되었습니다. 한 해 동안 모든 명목으로 모금된 총액은 25,186엔으로, 작년 헌금보다 45% 증가했습니다. 이는 세례학습에 포함한 입교인 1인당 4.70엔의 헌금을 한 비율로 계산한 것입니다.

성경 교실.

중앙 성경 공부반이 12월에 평양에서 열렸습니다. 83개 교회에서 각각 일주일에서 열흘 동안 특별 성경 공부를 진행했으며, 전체 교인의 3분의 2가 참석했고, 약 1,000명의 새 신자가 등록했습니다.

교육 사업.

평양고등학교(광성고등보통학교)는 이제 정부에 등록되어 공립학교의 모든 권리와 특권을 누리고 있습니다. 작년보다 64명이 늘어난 209명의 학생이 재학 중입니다. 올해 정부의 보통학교에서 53명의 졸업생을 배출했지만, 우리 학교의 비기독교인 남학생은 19명에 불과합니다.

남자 초등부 주간학교는 23개교로 1,516명이 재학 중이며, 교사는 54명입니다. 평양 시내에 있는 주간학교에는 230명의 학생이 있습니다. 이 학교들은 모두 고등학교를 위한 예비학교로, 부분적으로 특별 지원금을 받기도 하지만 대부분의 지원은 소년들의 부모로부터 나옵니다.

여학생을 위한 12개의 주간 학교에는 782명이 재학 중입니다. 교사는 27명입니다. 이 학교들 중 가장 큰 학교는 평양에 위치하고 있으며 260명의 학생과 8명의 교사가 있으며, 이 중 2명은 수업료 지원을 받고 있습니다. 이 학교의 졸업생은 115명이며, 이보다 더 많은 수가 상급학교에 진학하거나 교직에 종사하고 있습니다:

시각장애인과 청각장애인을 위한 기관에는 24명의 학생이 있습니다. 두 명의 특수 교사가 있지만 대부분 다른 학교 아이들과 함께 공부합니다. 이 학교는 한반도 전역에 알려져 있으며 학생들은 한국 전역에서 옵니다.

평양유치원은 오래된 선교사 사택에서 운영하고 있으며, 넓은 운동장과 그늘나무가 있어 아이들이 매우 좋아합니다. 재학생은 130명, 평균 출석률은 110명입니다. 세 명의 교사 중 두 명은 원아들의 부모가 지원하고 있습니다.

의료 사업.

홀 기념 병원은 역사상 가장 성공적인 한 해를 보냈습니다. 14,886명의 환자 중 6,162명이 장로교인, 4,852명이 감리교인, 3,872명이 비기독교인이었으며, 전체 환자의 3분의 1이 자선 단체의 환자였습니다. 병동 환자는 434명, 전신 마취 수술은 310명, 국소 마취는 842명, 무마취는 2,149명이었습니다.

담당 의사인 폴웰 박사는 332회 외래 진료를 했습니다. 장 박사는 1,472회 출동했습니다. 한 해 동안 지출된 금액은 12,628엔으로 이 중 7,588엔은 환자들이 기부한 금액입니다.

3.1 운동

    1919년 3월 1일 독립 운동이 전국적으로 일어났다. 평양 지역에서는 교회와 학생을 중심으로 독립 운동이 일어났다. 존 무어는 이때 어떤 역할을 했을까? 기존 연구는 그의 삶 전체가 아닌 일부만 살펴보고 있다. 그 가운데 존 무어가 광성학교 학생들이 정치에 참여 한다고 다그치거나 말리는 역할을 했다는 연구들이 있다. 하지만 손정도 목사의 아들 손원일의 증언에 따르면 존 무어의 사택 창고에서 태극기를 제작했다고 했다.* 3.1 만세 운동 준비를 할 수 있도록 존 무어가 보호해준 셈이다. 3.1 운동이 일어난 후 그 제작된 태극기는 만세 운동으로 시민들이 모여들 때 배부되었다. 이러한 항일 평화시위 운동이 개신교, 천도교가 중

---

*   손원일, "나의 이력서(7)," 「한국일보」 1976. 10. 7.

심이 되었던 것을 알 수 있는 부분이 있다. 바로 존 무어의 보고서를 통해 그 피해 정도를 살펴볼 수 있는데 대부분의 목회자와 성도들이 감옥으로 잡혀갔다. 뿐만 아니라 참여했던 학교나 학생들도 추가적인 피해가 잇따랐다. 광성고등보통학교 같은 경우에는 6개월 정도 문을 닫았다가 다시 열었는데 복귀한 학생들은 절반 정도였다. 제일 큰 문제는 선교지의 근본이 되는 교회의 목사나 지도자급 임원들이 감옥에 갇혀있거나 해외로 망명한 사람들이 많았다는 점이다. 이러한 여파는 1920년도까지 미쳤기 때문에 교회 운영이 힘들어졌으나 평신도들이 일어나 목회자의 부재를 메꾸어 내어 한국인의 신앙을 성숙시키는 전화위복의 시기였다.

1919-1920년
연회 보고서*

해주 지구

존 무어, 감리사

교회 현황

---

* John Z. Moore, "Haiju District," *Minutes of the Korea Annual Conference of the Methodist Episcopal Church*, 1919.

해주 지방은 우리 사역에서 가장 인구 밀도가 높은 지역입니다. 해주에 있는 선교 구역은 중앙에 있으며, 좋은 도로가 구역과 모든 지역을 연결합니다. 이 구역에는 약 30만 명의 사람들이 살고 있습니다. 60개의 교회와 총 4천 명의 신도가 있습니다.

이 구역의 재정 기록은 그 어느 해보다 뛰어납니다. 회원 1인당 평균 5.65엔을 헌금했습니다. 이 지방회에는 십일조 회가 있습니다. 겨울 성경 공부 모임에서 십일조를 낸 일부 회원들의 보고는 모두에게 영감을 주었고 도움이 되었습니다.

연초에는 열여덟 건의 고발이 있었습니다. 연초에 한 목회자가 사임하고 그 구역회는 인접한 구역회와 통합되었습니다. 남은 14명의 목사 중 7명은 독립 운동 중 체포되었습니다. 비상사태에 대처하고 사역을 돌보기 위해 교역자 회의가 소집되었고, 현재 7명의 목회자가 7개의 구역을 담당하고 있을 때까지 통합되었습니다.

해주시.

해주시 교회는 한 해 동안의 혼란에도 불구하고 출석 인원은 그대로 유지되었고, 선교 지원을 위해 헌금된 총액은 이전 기록을 뛰어넘었습니다. 담임목사가 체포된 후 그 일은 지역 전도사가 맡았습니다. 이 분은 우리 교회에서 가장 훌륭한 평신도 중 한 명이며 전도사로서 훌륭한 사역을 하고 있습니다. 젊은이들로 구성된 조직이 이 교회에 새로운 생명을 불어넣었습니다. 소년 학교와 소녀 학교는 그 어느 해보다 더 좋은 기록을 세웠습니다. 대부분의 소년 학교는 출석률이 떨어졌지만 이 학교는 오히려 증가했습니다.

1920년 연회 보고서
평양 지방*

지역: 평안남도와 황해남도 동부의 선교 사역을 포함합니다.

인구: 1,100,000명. 평안남도 인구는 70만 명입니다. 황해 동부, 40만, 감리교 책임 30만. 수천 개의 마을과 여러 개의 큰 도시가 있습니다. 사람들은 지적이고 강합니다. 산업 농업. 토양은 풍부하고 비옥합니다. 광산 개발로 새로운 부의 원천이 개발되고 있습니다.

일하는 선교사 교단: 감리교회, 장로교, 제칠일 안식일교회, 일본 회중 교회.

---

* John Z. Moore, "Pyengyang District," *Minutes of the Korea Annual Conference of the Methodist Episcopal Church*, 1919.

평양.

위치: 평안남도 주도, 대동강변에 위치. 중요한 철도 요충지. 다윗 시대 이전부터 시작된 가장 오래된 한국 도시.

인구: 60,000.

조직: 1892년에 감리교회 사역 시작.

선교 활동: 감리교회, 장로교, 일본 감리교 교회. 선교사: E. D. 폴웰 목사, 폴웰 부인, 무어 목사, 무어 부인. W.F.M.S.(해외 여성 감리교 선교사회): 미스 메리 M. 커틀러, M.D., 그레이스 L. 딜링햄, E. I. 헤인즈, 헨리에타 P. 로빈스, 맨드 V. 트리셀(휴직 중).

기관 : 남자 고등학교, 홀 기념 병원 선교사 자녀 학교, 서점. W.F.M.S.(해외 여성 감리교 선교사회): 유니온 여자 고등학교(감리교 및 장로교), 시각 장애인 병원 및 가정.

존 무어, 감리사

정치적 혼란.

지방회 때가 되자 한 한인 목회자가 "올해 지방회를 열기에 가장 좋은 장소는 교도소일 것 같다"고 말했습니다. 이 발언은 목사, 지방 전도사, 권사, 청지기, 속장, 주일학교 교사, 주일학교 교역자 등 160명이 독립 운동으로 인해 감옥에 갇혀 있었기 때문에 나온 말입니다. 3월 1일에 시작된 이 운동은 그 날 이후 대한민국에서 주요한 사상과 대화의 주제가 되었습니다. 한 해 동안의 사역 이야기는 이 운동이 중심이 될 수밖에 없었고, 모든 상황은 그 이전과 이후의 상황으로 나누어 살펴볼 필요가 있습니다. 우리는 28명의 목회자들과 함께 한 해를 시작했습니다. 이 중 14명이 체포되어 감옥에 갇혔고, 4명이 사임했으며, 2명은 월급이 생활하기 어렵다는 이유로, 1명은 다른 일을 하기 위해, 1명은 건강이 좋지 않다는 이유로 사임했습니다. 그렇게 해서 10명이 남아서 일을 계속할 수 있었습니다. 안수받은 11명의 연회 남성 중 8명은 감옥에 갇혔고 1명은 건강 악화로 인해 휴식을 가져야 했습니다. 우리는 두 명의 연회원으로만 한 해를 마감했습니다.

평양 시에는 다섯 교회가 안수 받은 여섯 명의 목회자를 지원하고 있었습니다. 이들은 모두 감옥에 갇혔습니다. 그 이후로 도시 사역은 한 명의 유급 현지인 설교자와 교회 관리들이 담당하게 되었습니다. 사역과 일꾼들이 재조정되었고 새로운 현지인 설교자들이 순회 사역을 맡게 되었습니다. 현재 한 곳을 제외한 모든 선교 구역을 목회자가 감독하고 있습니다. 한 지역 설교자가 순회 사역자로 파송되었지만 일주일 뒤 사역을 시작하기 전에 체포되어 감옥에 갇혔습니다. 일부 교회는 일주일에서 4개월까지 문을 닫았습니다. 이러한 상황에서 사역은 완전히 실패했습니다.

교인 수.

기록에 따르면 등록한 출석교인나 신도를 포함한 전체 신도 수는 25% 감소했습니다. 그러나 입교인의 감소는 5%에 불과합니다. 세례 건수는 작년보다 50% 정도에 불과합니다. 이는 부분적으로는 지원자가 부족했기 때문이기도 하지만, 세례를 받고자 하는 사람들을 돌보는 일에 세례 받은 남성이 많지 않기 때문이기도 합니다.

주일학교.

여기에서도 약 25%의 감소가 있었습니다. 이는 주로 한국에서 말하는 초등부나 어린이 주일학교에서 두드러집니다. 여기에는 적어도 두 가지 이유가 있습니다. 첫째, 가장 훌륭한 교역자와 교사들이 대부분 감옥에 갇혀 있기 때문입니다. 둘째, 제가 지난 분기별 회의를 진행하면서 돌아다닐 때 정부 학교의 교장들과 교사들이 아이들에게 주일학교에 가면 감옥에 갈 위험이 있으니 주일학교에 가지 말라고 계속 경고하고 있다는 말을 반복해서 들었습니다. 그래서 비기독교인 부모를 둔 수백 명의 아이들이 주일학교를 그만두었습니다.

자립 지원.

교인 수와 출석률의 감소에도 불구하고 총 헌금과 자비량 지원은 증가했습니다. 작년에 모든 목적을 위해 지방회에 기부된 총액은 엔화 25,177. 올해는 27,645엔으로 10% 증가했으며, 목회자 지원에 있어서는 사업 역사상 가장 좋은 해였습니다. 한 해 동안 목회자들에게 지급된 총액은 8,950엔입니다. 이 중 7,438엔은 한국 교회에서, 1,512엔은 선교본부에서 지급되었습니다. 다시 말해 84%는 자비량이고 16%는 선교후원비입니다. 이는 지난해에 비해 자립지원금은 40%가 증가했고, 선교후원비 사용은 20%가 감소한 수치입니다. 삼화 구역의 단부 교회가 교회 신축을 위해 1,500엔을 지원했습니다.

성경 수업.

1월에 전 구역을 대상으로 한 겨울 사경회가 평안도에서 열렸습니다. 200명이 넘는 사람들이 참석하여 우리가 가졌던 최고의 기도와 성경 공부의 정신이 있던 사경회였습니다. 우리는 여름 사경회 소집을 망설였습니다. 하지만 몇몇 지도자들과 상의한 끝에 8월에 개최하기로 결론을 내렸습니다. 남자와 여자가 동시에 소집되었습니다. 평양에서 열린 사경회 중 가장 큰 규모이자 최고의 사경회였습니다. 400명 이상이 참석했습니다. 2월에는 네 차례의 미국감리교 선교 100주년 기념집회가 열렸습니다. 이 집회에는 많은 사람들이 참석했고, 훌륭한 연사들이 전체 100주년 프로그램을 발표했습니다. 겨울 동안 각 교회는 적어도 일주일에 한 번씩 특별 성경 공부와 사경회를 가졌습니다.

기관.

1. 평양고등보통학교. 이 학교는 그해 설립 이래 가장 많은 학생이 등록한 해입니다. 3월 1일 이후 6개월 동안 문을 닫았다가 다시 문을 열었는데, 이전 출석률의 절반 정도입니다.

2. 초등학교. 이들은 폐쇄되고 많은 교사들이 체포되었습니다. 그러나 현재 두 곳을 제외한 모든 학교가 문을 열었고 출석률은 거의 작년 수준까지 올라갔습니다.

3. 병원. 입원실과 진료소 모두 일 년 내내 만원을 이루었습니다. 독립 운동으로 인한 혼란은 병원을 찾는 환자 수를 더욱 증가시켰습니다. 많은 부상자들이 치료를 받았지만 일부는 아직도 병원에 입원해 있습니다.

평신도 활동.

주목할 만한 일들이 많았던 한 해로 가장 주목할 만한 것은 평신도들이 부재 중인 목회자들의 짐을 대신 지고 하나님 나라의 일을 이어갔다는 점입니다. 연회에 남은 두 명의 연회원 중 한 명이 말했듯이, "파편만 남았지만 하나님은 그 파편을 당신의 영광을 위해 사용하실 수 있다."고 했습니다. 그분은 그렇게 하셨고, 한국 사람들의 마음과 정신은 그 어느 때보다 활짝 열려 있습니다.

3.1 운동 이후 평양 지역에 있는 교회는 목회자가 감옥으로 가고 망명을 갔기 때문에 목회자 부족 문제가 아주 심각했다. 이로 인해 교인 수와 학생수는 25% 이상이 감소했다. 피해는 교육 기관인 광성고등보통학교가 심각한 타격을 받았다. 3.1 운동에 주도하거나 참여한 학생들 가운데 광성고등보통학교 학생들이 많았기 때문이다. 6개월간 폐쇄되었고 보통학교 교사는 체포되었다. 당시의 상황을 광성고등보통학교 출신이었던 정일형 전 외무부장관의 경험담을 통해 살펴볼 수 있다.

"내가 광성 3학년에 다닐 때. 3.1 운동이 일어났다.

그러니까 지금으로부터 55년 전이다. 그날, 평양 대찰리(大察理)에 있던 光成학교에서 전교 생이 남산현 예배당으로 달려가 선언식(宣言式)에 참석한 후 거리에 뛰쳐나가 독립만세를 불렀다. 그리하여 대체로 상급학생들만 체포되었다. 옷깃에 달린 3학년 뱃지를 보고 잡아 넣는 것이었다. 그 당시 평양에는 일본군 77연대가 주둔하고 있었다. 그들이 만세 군중을 진압하고자 수단 방법을 가리지 않았다.

나도 어느 골목에선가 붙잡히고 말았다. 그 날 평양경찰서 유치장이 어찌나 대만원이 되었던지, 우리 학생들은 경찰서 뒷마당에 새끼줄을 쳐놓은 임시 가설유치장에 수용되었다. 마당 한 가운데 우리를 모아 놓고 총을 든 일본 군인들이 빙 둘러싸고 있었다.

평양의 3월 초하룻날은 그 추위가 이루 말할 수 없었다. 체포되지 않은 수 많은 시민들이 경찰서 앞마당 가장 자리에 가득했다. 대체로 체포된 학생들의 학부형인 듯 했다.

그러니까, 만세를 부르다가 체포된 학생들과 그 학부형들 사이에 새끼줄이 쳐지고, 일본 군인들이 총을 들고 서 있는 것이었다 누군가가 장작을 가져와 모닥불을 지폈다.

그날 평양경찰서 앞마당의 광경이야말로 나의 70평생에 가장 잊지 못할 추억의 장면이었다. 시민들과 학부모들의 지켜보는 가운데 우리는 만세를 부르며 첫 밤을 지샜다. 몇 날이 지나서야 우리 학생들을 하나 하나 심문하기 시작했다.

나는 한 달만에 풀려나 어머니가 계시던 진남포로 내려갔다. 그 한 달 동안에 젊은 나의 애국심은 단련되고, 나의 민족혼은 영원한 나의 횃불로 나의 가슴에 불을 밝힌 것이다."*

학교는 물론이고 대부분의 교회는 교인 수가 절반으로 급감했기 때문에 교회의 존폐문제도 심각했다. 여기서 3.1 운동에 대한 한국인과 선교사의 인식 차이가 존재한다. 한국인은 자국민의 독립문제가 우선순위였기 때문에 이 운동에 참여하고 이끈 지도자들이 대부분 기독교였다. 3.1 운동과 민족 운동에 참여한 전체 인원 가운데 기독교인의 참여 비율은 60%가 넘는다. 당시 우리나라 전체 인구 가운데 기독교

---

* 광성중학교·광성고등학교, 『光成 100年史』 (서울: 삼우상사, 1995), 85.

의 비중이 2-3% 정도 되는 소수의 인구임에도 불구하고 3.1 운동에 대부분의 기독교인들이 참여했기 때문에 그 피해도 교회와 관련 기관들이 제일 큰 피해를 당했다.* 이러한 피해는 존 무어가 담당했던 평양 지역도 마찬가지였다. 그 사실 때문에 선교사 입장에서는 기독교인의 정치 참여가 못마땅할 수도 있다. 하지만 어떤 한국인들은 교회의 재건을 위해 자신의 소유 땅을 팔기도 하고 소도 팔기도 하고 머리카락을 잘라서 팔기도 했다. 이러한 모습은 결국 교회가 하나가 되어 어려움을 헤쳐 나가는 밑천이 되었고 그 과정에서 성전을 건축하는 교회들이 있었다.

1919-1920년 연회 보고서

평양 지방**

존 무어, 감리사.

---

* 최재건 교수에 의하면 3.1 운동 당시의 기독교 피해를 다음과 같이 기술하고 있다. "3.1 운동 피해도 인구에 비례해 교회가 가장 많이 당했다. 조선총독부의 통계로도, 사망 7,500여 명, 부상 16,000여 명, 체포 46,948명, 공소 19,054명이었고, 7,816명이 유죄 판결을 받았다. 기독교회가 입은 피해가 상대적으로 가장 컸다. 정주의 이승훈이 세운 오산학교는 전소되었다. 기독교인 전체로는 체포 약 4만 명, 투옥 2,190명, 사살 6천여 명이었다는 보고서도 있다. 다른 통계에서는 9,458명 중 기독교인이 2,087이었다. 어떤 통계에서는 1919년 말까지 주동자로 투옥된 19,054명 중에서 교인이 3,373명으로 17.7%였고, 여자 피검자 471명 중에서 교인이 308명으로 65.4%였다." 3.1 운동의 정신과 유산-최재건의 역사탐방 http://www.cjk42.com/102

** John Z. Moore, "Pyengyang District 1919-1920," *Minutes of the Korea Annual Conference of the Methodist Episcopal Church*, 1920. 10., 44-48.

소개.

이 해는 많은 지도적인 목사님들이 부재하고 적지 않은 회원들이 중국이나 다른 지역으로 떠난 해였습니다. 1919년 3월, 독립운동을 이유로 감옥에 갇혔던 목사님들이 몇 분을 제외하고는 이제 막 석방되고 있습니다. 지난 연회에서 기소된 평양제일교회 담임목사 등 3명은 곧바로 감옥에 갇혀 1년이 넘도록 우리 곁을 떠나고 있습니다. 전에는 6명의 연회원이 자비량으로 연회를 섬겼던 평양시에는 이제 한 명만 남았습니다. 목회자 부족은 심각한 문제가 되고 있습니다. 교회들이 편히 쉬고 있는 동안 교회를 조직하고 세우는 진짜 일은 소홀히 하고 있기 때문입니다.

대도시 교회가 목회자 없이 잘 지내려고 시도한 결과는 1919년과 1920년의 교회 평양을 비교하면 극명하게 드러납니다.

내용/년도	1919	1920	손실
세례받은 아동	170	53	117
학습인	171	109	62
입교인	649	494	155
소계	990	656	334
예배 참석자	629	477	152
총합	1,619	1,133	486

한 해 동안 교인 수는 344명, 총 교인 수는 486명으로 감소했습니다. 아무리 큰 교회라도 그렇게 오래 버틸 수는 없습니다. 그러나 우리는 목자 없는 양들이 우리 모두의 위대한 목자에게 진실하고 충성스러운 모습을 보여 준 것에 대해 감사할 수밖에 없습니다!

수백 명은 아니더라도 잘 훈련된 젊은이들과 여성들, 그리고 적지 않은 학교 교사들이 한 해 동안 한국을 떠나 중국이나 다른 나라로 떠났습니다. 이것은 특히 우리 어린이 주일학교에 매우 큰 장애물이었습니다. 이 일의 가장 큰 피해 중 하나는 이 젊은이들이 가장 필요한 시기에 그들이 도망쳤다는 것인데 그들이 일제의 감시망을 피해 어둡고 궁핍한 세상의 다른 지역에서 생활 한다는 것입니다. 하지만 이들이 어디서든지 지상에 하나님 나라를 건설하는 데 도움이 될 수 있다면 감사할 것입니다. 특히 이들의 빈자리가 신입생들로 채워지고 있고, 올해 한국에서 활동한 어느 해보다 많은 젊은이들이 등록했다는 소식을 전할 수 있어 그나마 기쁩니다. 한 교회에서는 한 번에 42명의 세례교인이 간도로 떠났습니다. 은혜로운 부흥이 피폐해진 교회를 어느 정도 회복시켰습니다. 이렇게 다른 지역으로 이탈한 한국인은 한 해 동안 세례 받은 이들 395명이며 입교인의 총 증가가 37명에 불과하다는 사실은 큰 피해를 보여줍니다. 이탈한 모든 사람들이 여기에 있었다면 우리는 큰 증가를 보였을 것입니다. 때때로 교회 전체가 한국을 떠나 한국 땅 너머 북녘으로 떠나기도 합니다.

승리.

혼란스럽고 힘든 시기 속에서도 승리가 없는 해는 아니었습니다.

첫째: 교회 건축. 구령 운동의 영감으로 교회 건축에 있어서 최고의 해였습니다. 여덟 개의 교회와 세 개의 기도실이 새로 세워졌습니다. 또한 학교 건물 두 채를 증축하고 사택 한 채를 확보했습니다. 이 건물들에 들어간 총 비용은 약 14,000엔이었습니다. 이를 위해 선교본부로부터 100주년 기념 기금은 단 한 푼도 받지 못했습니다. 그러나 저는 다른 기금에서 2,400엔 정도를 지원했습니다. 이것이 얼마나 큰 승리였는지 이해하려면 이를 위해 희생한 많은 이들의 이야기를 모두 들어야 할 것입니다.

한 사람은 자신의 집과 농장을 팔았고, 여러 사람은 하나 이상의 밭을 팔았습니다. 칠산 구역의 교회는 이 모든 건물이 가장 큰 헌신과 희생을 상징합니다. 이에 특별히 언급할 만한 가치가 있습니다. 큰 영적 축복을 받았던 여름 사경회와 부흥회 폐막일에 헌금이 이루어졌습니다. 한 사람은 소를, 다른 사람은 옷 한 벌을, 다른 사람은 새 모자를, 여성은 반지를, 남성은 긴 머리를 헌금했습니다. 가장 큰 금액은 400엔이었고, 아이부터 5엔까지 모두 기부했습니다. 총액은 3,400엔이었습니다. 원래 헌금을 약정한 모든 사람들의 헌금이 지불된 다음 추가를 하였던 것입니다. 4,000엔으로 교회는 곧 완공되어 선교비를 한 푼도 받지 않고 모두 자비로 충당할 것입니다. 이곳의 회중은 매주 일요일 250명 정도입니다.

둘째: 잠자고 있거나 죽은 교회들의 부활. 한 해 동안 몇 년 동안 모이지 않던 7개 그룹이 살아나서 지금은 매 주일 20명에서 100명 정도 모이고 있습니다. 이것은 진정한 승리입니다.

셋째: 성경 공부와 부흥회. 평양시 성경 교실과 부흥회가 시작될 즈음, 세 명의 목회자 중 두 명이 체포되었습니다. 그 결과 한 명의 목사와 한 명의 선교사만 남았고, 다섯 교회에서 성경 공부반과 오후 집회, 야간전도 집회를 진행해야 했습니다. 많은 사람들이 집회를 포기해야 한다고 말했습니다. 첫 기도회에는 매우 낙담한 소수의 사람들이 모였습니다. 저는 그 상황을 생각하며 밤중에 제게 다가온 메시지를 전했습니다. "우리가 하나님의 임재를 확신할 수 있다면 목사나 선교사 없이도 성공할 수 있습니다." 각 교회마다 리더가 임명되고, 평신도들이 설교를 자원하고, 설교 속회가 조직되고, 그 결과 저녁 집회에 700명이 넘는 참석자들이 등록한 최고의 시내 사경회가 열렸습니다. 이들 중 이

례적으로 많은 비율이 지금도 계속 참석하고 있습니다. 하지만 올해의 가장 큰 성과는 8월 첫째 주에 열린 여름 사경회였습니다. 이 사경회는 삼화에서 열렸습니다. 저녁 정기 모임에는 500명 이상이 참석했고, 일일 사경회 반에는 150명이 참석했습니다. 마지막 날은 큰 잔치의 날로 장 목사님이 로마서 12장 1절("너희 자신을 산 제물로 드리라")의 말씀을 선포할 때 거의 모든 참석자들이 십일조를 서약하고, 모두 손을 들고 침묵 기도로 하나님 나라 건설을 위해 새롭게 헌신했으며, 14명의 젊은 남성들이 하나님과 함께 교회에 합심하여 사역을 하겠다고 서약했습니다. 이 날은 평양 지구에서 우리 사역의 "다시 태어난 날"이라고 말하는 사람이 있을 정도였습니다.

십일조.

여름 사경회로부터 우리는 9월 첫째 주일을 십일조 주일로 지키기로 결정했습니다. 그 결과 81개 교회에서 많은 십일조 속회가 결성되었습니다.

자체 지원.

한 해 동안의 총 헌금은 45,130엔입니다. 모든 작정 헌금을 통해 선교지가 운영되었습니다. 목회자 지원금으로 11,150엔이 지급되었습니다. 이 중 9,059엔은 자활 지원금이고 2,105엔은 선교부 지원금입니다. 이는 자활 지원금 80%와 선교후원비 20%입니다. 한 해 동안 회원 1인당 총 부담금은 7.70엔입니다. 총액은 작년에 비해 70% 가까이 증가했습니다.

기관.

1. 평양 고등 보통학교. 이 학교는 총 280명의 남학생이 재학 중이며 역사상 최고의 한 해를 보내고 있습니다. 우리는 이제 100주년 기념 기금으로 건립될 새 학교 건물에 착공했습니다. 곧 기숙사의 첫 번째 부분 공사를 시작할 예정입니다.

2. 평양 여자 고등 보통학교. 이 학교는 올해 개교하여 첫 3년 동안 68명의 여학생이 등록했습니다. 적절한 지원을 받는 이 학교의 미래는 밝습니다.

3. 남학생을 위한 초등학교. 250명의 남학생이 있는 평양 학교를 필두로 현재 총 25개의 학교와 1,341명의 학생이 있습니다.

4. 여학생을 위한 초등학교. 30명의 학생이 다니는 평양 학교를 필두로 현재 12개의 학교가 있으며 총 692명의 학생이 재학 중입니다.

5. 청각 및 시각 장애인을 위한 평양 학교. 올해 45명의 학생이 등록했습니다. 한국 각지에서 온 청각장애학생들을 돌보는 데는 지원금만으로는 한계가 있습니다. 미국에서 지원되는 기금은 한국 교회들의 성탄절 헌금으로 보충됩니다.

6. 유치원. 현재 지구에는 3개의 유치원이 있으며 총 330명의 어린이들이 다니고 있습니다. 3개가 아니라 30개가 되어야 합니다.

7. 홀 기념 병원. 이 기관은 역사상 가장 힘든 한 해를 보냈습니다. 담당 의사가 사임했음에도 불구하고 업무량은 계속 증가하고 있습니다. 현재로서는 수치를 알 수 없습니다. 이 병원은 장로교 선교회와 연합 병원이 되었고 현재 그 선교회 소속의 비거 박사가 책임자로 있습니다.

8. 여성 병원. 여기 역시 한 해 동안의 수치가 접수되지 않았지만 매우 바쁜 한 해를 보냈습니다. 우리 한국 병원이 이렇게 한국인들의 사랑을 받았던 적은 없었습니다. 이곳은 위대한 곳이지만 힘들고 어려운 현장을 가지고 있습니다.

비기독교인의 지원.
비기독교인들도 전례 없이 우리 사역에 관심을 가져주었습니다. 거의 모든 종류의 특별 집회에는 선교지의 어느 곳이든 교회가 꽉 찼습니다. 한 비기독교인은 새 교회가 들어설 부지를 제공하기도 했습니다. 한 비기독교인 여성은 시장에 나가서 번 돈으로 저축한 돈이 있었습니다. 그녀의 목적은 이 돈을 좋은 일에 사용하는 것이었습니다. 다른 지역에 새 교회가 세워진다는 소식을 들은 그녀는 그 돈을 청지기에게 헌금으로 바쳤습니다.

지방 감리사(존 무어).

지방 감리사는 평양의 유일한 감리회 선교사일 뿐만 아니라 한 해 동안 전도, 교육, 의료 사업을 담당해야 했습니다. 5번의 서울 방문을 포함해 27번의 지방 방문이 이루어졌습니다. 78일 동안 총 14,000리(4,500마일)를 이동했습니다. 이 모든 것이 포드를 이용했기 때문에 가능했습니다.

결론.

우리는 바울과 함께 금년에 우리에게 일어난 모든 일이 오히려 복음 전파에 진전이 된 줄 알게 하심을 감사드립니다(빌 1:12). 한 해 동안의 결과는 하나님의 축복 아래 하나님 나라 건설을 위해 자신과 재산을 바친 여선교회와 성경부인, 교회 임원 및 모든 회원들의 신실한 수고에 기인한 것임에 감사드립니다. 지방 감리사는 이 자리를 빌어 한 해 동안 신실하게 봉사하고 훌륭하게 협력해 주신 것에 대해 감사를 표합니다. 선교사와 한국인 목회자와 평신도들이 이렇게 격없이 함께 한 적은 없었습니다. 이 모든 것에 대해 모든 축복을 주시는 하늘에 계신 아버지께 감사를 드립니다.

존 무어가 담당한 선교 지역이 3.1 독립 운동으로 일제에 혹독한 탄압을 받았음에도 존재할 수 있던 이유는 교회에 남아있는 한국인들의 헌신과 희생이 있었기 때문이다. 그의 보고서에서 나타난 한국인들의 희생은 교회와 학교가 위기를 겪을 때마다 너무 간절한 마음으로 아끼는 모든 것을 바쳤음을 살펴볼 수 있다. 이렇게 교회가 살아났기 때문에 결국 학교 기관, 병원 기관이 살아 남을 수 있었다. 존 무어는 이들의 헌신적인 수고에 감사의 인사를 드린다. 이러한 '문제들이 결국 복음 전파에 진전이 된다.'라는 빌립보서 1:12의 말씀을 잡고 한 고비를 넘기는 경험을 한다. 존 무어는 이러한 상황에서 평양 지역 선교지를 새롭게 재건하기 위해 "겨자씨 비유"를 통해 어려움을 타개하려는 힘을 다졌다. '예수그리스도의 겨자씨가 인류를 구원'하고, '존 웨슬리의 겨자씨가 가장 큰 운동을 일으켰던 것'처럼 한국에 선교를 했던 미국 감리교 선교회가 조직 100주년 기념을 맞이하는 가운데 '작은 씨앗처럼 한국에 선교가 시작했지만 나중에 감리교의 백만 명 운동으로 발전할 수 있다'는 주장이었다. 이렇게 어려운 환경 가운데서 평양 지역 선교의 재건은 보다 강한 자립 정신에 기반하여 세워지게 된다.

ool on grounds of Hi

5장   평양 지역 선교지의 자립 1921-1929

선교지의 회복

존 무어는 한국 선교지가 여러 어려움에도 불구하고 하나하나 그 어려움을 헤쳐 나가도록 방향을 잡아주었다. 그는 사경회, 기도 모임 등을 통해 세상적인 방법이 아닌 영적인 회복을 우선시했다. 이러한 존 무어가 강조한 선교지 회복은 한국의 교회가 정치에 참여하는 것이 아닌 영적인 회복을 강조하는 신앙이었다. 이 당시 한국 교회는 3.1 운동에 참여해서 피해를 크게 입었지만 교회와 학교가 독립 운동을 위해 희생했던 모습이 오히려 한국인의 입장에서는 개신교에 대한 인식을 변화시켰다. 존 무어의 선교지였던 교회, 학교, 병원도 마찬가지였다. 광성학교 같은 경우에는 6개월 동안 폐교가 되어 기존의 학생들이 빠져나갔음에도 불구하고 신입생 모집에서 정원이 모두 찼다. 그 이유는 3.1 독립 운동에 한국을 위해 희생했던 교회, 학교가 한국인들에게는 개신교 인식을 호의적으로 전환시켰기 때문이다.

　　존 무어는 겨자씨 비유를 통해 어려움을 겪은 한국 교회가 주저 앉지 말고 다시 일어서서 세계 선교 대회인 미국 감리교 선교회 조직 100주년 기념에 참여하도록 비전을 제시했다. 3.1 운동의 여파로 힘든 시기였지만 기념적인 행사를 통해 이를 극복하려고 했던 존 무어의 모습을 보면 교회, 학교의 정치참여로 피해를 당한 이들에게 신앙의 참여로 독려하고 다시 힘을 실어주는 메시지였다. "인간의 가장 내면적인 요구는 우리의 새로운 사명을 감당케하는 영적인 삶을 살게합니다."라고 말하는 존 무어의 주장처럼 이러한 삶을 대하는 작은 마음의 태도가 실제로 결실을 맺어 나가는 것이 그가 말하는 겨자씨 비유였다.

한 세기의 성장*

존 무어

　　천국의 성장을 무엇에 비유할 수 있을까요? 우리 주님은 그분의 명료하고 관통하는 방식으로 "그것은 겨자씨 한 알과 같다."고 말씀하셨습니다. 언제나 그렇듯이 주님 자신이 가장 좋은 예

---

*　　John Z. Moore, "A Century of Growth," *Korea Mission Field* 1918.6., 129-130. 이 글은 1919년 3월 1일 독립 운동 이전에 쓰여졌지만 이후의 설교에 계속 인용되고 있던 내용이다.

를 들어서 말씀하셨습니다.

　1900여 년 전, 지구상에서 가장 작은 나라 중 한 곳에서 한 아이가 마구간에서 태어났습니다. 그는 유년기, 청소년기, 청년기를 인적이 드문 작은 산골 마을에서 보냈습니다. 서른 살이 되던 해, 목수로 자신과 가족의 생계를 책임지느라 허리는 피곤하고 손은 상처투성이가 된 그는 아버지 하나님의 부름을 들었습니다. 요단강에서 한 알의 겨자씨가 그의 마음에 떨어졌습니다. 그는 3년 동안 놀라운 선한 일을 하고 하나님 나라의 복음을 실현하며 살았습니다. 서른세 살에 그는 평범한 범죄자처럼 죽음을 맞이했고, 그 뒤에는 신실한 제자들만 남겼습니다. 그러나 이 작은 씨앗에서 자라난 나무를 보십시오. 오늘날 예수님은 역사의 흐름을 지배했고 제국의 모든 권력이 패했고 적어도 전 인류의 3분의 1이 그분을 따르고 있습니다.

　지금으로부터 약 200년 전, 영국 엡워스의 설립교회 목사관에서 한 아이가 태어났습니다. 이 아이는 열아홉 명의 자녀를 둔 매우 뛰어난 어머니의 보살핌 아래 지혜와 키가 자랐습니다. 그는 유명한 중학교에 다녔고, 스물세 살에 대학의 어머니라 불리는 옥스퍼드 대학을 졸업했습니다. 옥스퍼드에서 교수직에 임명된 존 웨슬리는 이후 10년 동안 거의 이상적인 삶을 살았습니다. 그러나 그가 갈망하던 내면의 평화를 얻지 못한 그는 교수직을 사임하고 인디언들에게 설교하기 위해 당시 영국의 식민지이자 선교지였던 미국으로 떠났고, 2년 동안의 결실 없이 영국으로 돌아왔습니다. 집으로 돌아오는 길에 그는 "나는 인디언을 개종시키러 나갔는데 누가 나를 개종시킬 것인가?"라는 유명한 일기를 썼습니다. 예상보다 빨리 답이 왔습니다. 작은 모라비안 집회에서 그는 "오직 의인은 믿음으로 말미암아 살리라."는 말씀을 들었고, 그 말씀이 그의 영혼에 불을 지폈습니다. 다시 그는 이렇게 기록합니다. "저는 제 마음이 이상하게 따뜻해지는 것을 느꼈습니다. 나는 느꼈다. 나의 구원을 위해 그리스도만을 믿습니다." 그렇게 겨자씨 한 알이 다른 영혼에게 떨어졌습니다. 서른여섯 살의 나이에 웨슬리는 그리스도 예수 안에서 새 사람이 되었습니다.

그는 50년 동안 "서두르지 않고 쉬지 않고" 영국 전역을 돌아다니며 하나님 나라의 씨앗을 뿌렸습니다. 50년 동안 하루 평균 3번, 연간 4,500마일을 순회하며 설교한 그는 당대 최고의 순회 설교자였습니다. 그는 죽을 때 42,000명의 제자를 남겼습니다. 우리 주님은 열한 제자를 남기고 "나를 믿는 자는 내가 하는 일을 그도 하리니 이보다 더 큰일도 하리라."고 말씀하셨습니다. 겨자씨 이야기는 다시 한 번 참된 지혜의 말씀으로 증명됩니다.

감리교 운동은 미국에서 일찍 시작되었고, 얼마 지나지 않아 미국 교회가 영국 모교회보다 더 많은 숫자를 차지하게 되었습니다.

정확히 100년 전, 즉 1819년 4월 6일에 미국 교회는 선교회를 조직했습니다. 그 계기는 아주 작은 겨자씨 한 알에서 비롯되었습니다. 몇 년 전 오하이오주 마리에타 근처의 한 캠프 모임에서 한 무식한 사람이 회심했습니다. 겨자씨 한 알이 그의 마음에 떨어졌습니다. 그는 환상을 통해 북서쪽에서 자신을 부르는 음성을 들었습니다. 모든 친구들의 반대를 무릅쓰고 그는 그 방향으로 가서 인디언 한국인 사이에서 정말 놀라운 일을 했습니다. 인디언들 사이에서 이 흑인의 사역을 지원하려는 노력이 감리교 해외 선교회의 조직으로 이어진 것입니다.

바로 그때, 지구상에서 가장 어두운 나라로 최초의 선교사를 파송하게 된 것입니다. 멜빌 콕스는 아프리카에서 2년을 보낸 후 자신을 도우러 갔던 사람들 사이에 순직했습니다. 그의 생명의 피는 새로운 하나님 나라의 겨자씨가 되었습니다.

이 작은 씨앗에서 얼마나 큰 나무가 자랐는지 보세요. 100년 전 영국과 미국의 한 교회. 오늘날 전 세계에서 "세계는 나의 교구"라는 웨슬리의 꿈이 실현되고 있습니다. 당시 약 20만 명이었던 감리교인은 이제 전 세계에 약 8,000,000명으로 늘어났습니다. 지구상에서 가장 큰 개신교회가 되었습니다. 그리고 한 명의 외국인 선교사. 지금은 감리교 감독교회에만 1,500명이 있습니다. 그리고 처음에 선교회 연간 예산은 수백 달러에 불과했습니다. 하지만 작년에는 총 3,500,000달러를 모금했습니다. 그리고 이 모든 것은 겨자씨에 대한 믿음으로 올해 사용할 돈이 모일 것입니다. 이 모든 것은 자랑하거나 자랑하기 위해 기록한 것이 아닙니다. 오히려 우리가 선조들로부터 풍성하게 받은 살아있는 씨앗을 받지 못하고 전수하지 못할까봐 겸손해지고 더 낮아져야 합니다. 선교 100주년은 전 세계 교회가 축하해야 할 일입니다. 이 문제를 다루는 위원회는 감리교 평신도인 존 R. 모트 박사가 이끌고 있는데, 그는 일종의 세계 사무총장이 되었습니다. 미국 교회는 향후 5년 동안 모든 선교지에 있는 교회가 더 완전한 도구를 갖추는 것을 돕기 위해 $40,000.000의 특별 헌금을 확보하기 위해 노력하고 있으며, 이러한 돈에 대한 노력의 배후에는 교회 역사상 확실한 기도라는 가장 큰 노력이 있습니다. 청지기의 원리라는 새로운 방법을 통해 자금을 확보할 것입니다. 최소한의 헌금인 십일조와 함께 전 세계 현장의 사실이 그림과 팜플렛과 강단에 의해 교회 앞에 작은 불꽃이 될 것입니다. 이전에는 꿈도 꾸지 못했던 방식으로, 100주년은 단순한 모금 캠페인이 아닙니다. 교육과 신앙 양육을 위한 캠페인입니다.

 한국 교회가 실패하지 않도록, 현재의 작고 불완전한 교회가 주 안에서 온전한 열매를 맺을 수 있도록, 한국 감리교회는 이 세계적인 축제에 제 몫을 다해야 합니다. 감리교회가 더 많은 돈을 벌어야 하고, 더 좋은 장비를 갖춰야 한다는 것입니다. 그러나 "인간의 가장 내면적인 요구는 우리의 새로운 사명을 감당케 하는 영적인 삶을 살게 합니다." 오늘날 한국 교회에 가장 필요한 것은 세계 대전이 이 새로운 시대에 갑자기 던져준 사명, 타인을 위한 희생적인 봉사입니다. 반복되는 계획, 반복되는 설교, 반복되는 헌금의 루틴한 태도는 전쟁으로 피로 붉게 물든 이 세상을 살리지 못하는 가장 나쁜 태도입니다.

한국을 위한 계획과 프로그램은 지난 총회대회에서 임명된 25명의 설교자와 평신도들로 구성된 위원회에 의해 준비되었습니다. 여기에는 다음과 같은 목표가 포함됩니다. 효율적인 지도력 훈련, 주일학교 발전, 가정 신앙 개선, 비그리스도인 전도를 위한 개인적 책임감, 기독교 정신의 사회 확산, 기독교 청지기 운동입니다.

우리는 인류의 삶 속에서 하나님의 능력이 자유롭게 작용하여 교회가 거룩하고 효율적으로 만들어지기를 원합니다. 다른 교회보다 더 잘되거나 강해지기 위해서가 아니라, 우리 교회가 해야 할 일을 잘 감당하여 모든 교회가 주님께서 가르쳐 주신 기도, "뜻이 하늘에서 이루어진 것 같이 땅에서도 이루어지이다."라는 기도를 다시 할 수 있도록 돕고자 합니다.

위와 같이 겨자씨처럼 영향력있는 한국 교회가 되기 위해 다음 글에서는 백만 명 운동에 참여하는 한국 교회의 목표를 구체적으로 제시했다. 한국 교회가 제일 어려운 상황 가운데 성장 목표를 정하여 가정에 복음을 전하고, 예배 참여를 높이고, 십일조 헌금 비중을 늘리는 식의 구체적인 신앙 생활의 목표를 통해 존 무어는 한국교인들에게 신앙의 동기부여를 주기도 했다. 다음의 모습을 보면 한국의 암울한 상황에서 그 관점을 신앙으로 돌리기 위해 감리교 백만 명 운동에 대한 당위성을 설명하고 있다.

감리교 백만 명 운동*

존 무어

현재 감리교회의 구령 운동은 백만 명 운동이라고 불립니다. 100년 전, 남들은 불가능하다고 말하면서도 불가능한 일을 해낸 대담한 영혼들이 한 작은 선교사의 씨앗을 심었고, 이 운동은 이제 온 땅에 그늘을 드리우는 거목이 되었습니다.

이 기념식은 부분적으로는 지난 100년 동안 하나님의 놀라운 은혜와 축복에 대한 감사와 미래를 위한 준비의 일환이었습니다. 사실 미래에 대한 생각은 과거의 업적에 대한 이야기를 덮어버릴 정도였습니다. 전쟁이 일어나기 전, S. L. 테일러 박사가 쓴 이 책은 다른 사람들이 어떻게 할 수 없는지 방법을 찾고 논의하는 동안 일을 하시는 하나님께서 현재 선지자들은 점점 더 큰 규모로 영적 전쟁을 안팎으로 수행한다는 내용을 담고 있습니다. 처음에는 후원금을 조성하기 위한 계획이었지만 지금은 교회 생활의 모

---

* John Z. Moore, "The Methodist million Movement," *Korea Mission Field* 1920. 2., 41-42.

든 부분과 부서를 들어 올리는 강력한 영적 조류가 되었습니다. 뿐만 아니라 마침내 감리교회를 넘어 다른 교회로, 그리고 모든 교회로 퍼져나갔습니다.

처음의 요청은 국내 및 해외 선교를 위해 8천만 달러($80,000,000)를 요청하는 것이었습니다. 나중에 이 요청은 증액되었고, 전쟁 재건 특별 기금도 요청되어 총 1억 5천만 달러($150,000,000)가 되었습니다. 교회 전체가 세세한 부분까지 조직화되어 미국 내 2만여 개 감리교회에 100주년의 메시지가 전달되었습니다. 어느 주일에 기금 마련을 위한 캠페인이 시작되어 다음 주일에 마감되었습니다. 제가 본 마지막 기금 모금 결과 보고서에 따르면 모금액은 약 1억 2,000만 달러($112,000,000)로 기록되어 있습니다. 이것은 감리교회만을 위한 것입니다. 남부 감리교회도 100주년을 기념하며 5,000만 달러($50,000,000)이상을 확보했습니다.

100주년 기념행사는 오하이오주 콜럼버스에서 열린 축하 행사로 마무리되었습니다. 이 행사는 세계 종교 박람회의 성격을 띠었습니다. 이 행사에는 수많은 군중이 참석했고, 100주년의 영적 목표가 화려하면서도 매우 인상적인 방식으로 제시되었습니다.

이제 100주년의 힘을 전도로 전환하기 위해 재정적인 노력을 기울이고 있습니다. 올해 안에 100만 명의 새 교인을 감리교회에 끌어들이는 것이 목표입니다. 현재 약 400만 명의 교인이 있는 감리교회에 있습니다. 이는 4분의 1을 더 늘리는 것을 의미합니다.

정회원.

미국에서의 100주년의 영감을 받아 한국 교회는 1917년에 구령 운동을 시작했습니다. 우리에게는 여섯 가지 목표가 있습니다. 효율적인 지도력 양성, 주일학교의 발전, 가정 신앙의 향상, 비기독교인의 복음화, 기독교 정신의 사회 확산, 그리스도인 청지기 정신을 특별히 강조하는 자립의 증대. 지금까지 집계된 성과는 재정 분야의 성과뿐입니다. 1918년 70,000엔, 1919년 81,000엔, 1920년 97,000엔의 목표가 설정되었습니다. 1917년 이후 한국 교회의 실제 헌금은 1917년 60,489엔, 1918년 75,034엔, 1919년 102,629엔입니다. 따라서 우리는 1919년 연회까지의 재정 목표에 도달했을 뿐만 아니라 이를 훨씬 뛰어넘었습니다.

올해 연회에서 100주년 위원회 모임을 갖고 올해 모든 노력을 전도와 십일조라는 두 가지 항목에만 집중하기로 결정했습니다. 다음과 같은 일곱 가지 특별한 목표가 설정되었습니다:

첫째. 교인 수를 4분의 1로 늘리는 것. 이것은 미국본토교회가 설정한 목표입니다. 둘째, 우리 영토의 각 가정에 확실하고 효과적으로 전파하는 것. 셋째, 모든 교인 가운데 믿는 가정을 50%까지 늘리는 것. 넷째, 모든 교회의 주일 출석률을 4분의 1로 늘리는 것입니다. 다섯째, 수요일 저녁 기도회 참석률을 50% 늘리는 것입니다. 여섯째, 모든 성경 공부 모임의 참석률을 50%로 늘릴 것. 일곱째, 십일조 회원이 전체 회원의 50% 이상이 되도록 등록하는 것입니다.

　이러한 목표를 달성하기 위해 몇 가지 사항을 권고했습니다. "첫째, 새해 첫 주일을 기도와 금식의 날로 정한다. 둘째, 매주 주일 아침에는 교회 문을 열고 모든 사람이 새벽 기도를 위해 모이도록 한다. 셋째, 각 지방 감리사는 십일조 등록과 십일조 속회 조직을 도울 사람을 지명해야 한다. 넷째, 대형 목표 포스터를 인쇄하여 모든 교회 벽에 부착한다. 이 포스터에는 달성해야 할 일곱 가지 목표와 함께 현재 수치, 목표 수치, 연차 대회 시점에 달성한 결과를 적을 수 있는 공간을 마련한다. 다섯째, 다음 연회에서 이 일곱 가지 항목에 대한 특별 보고를 하고, 이를 초과 달성한 모든 교회에 대해 특별 언급한다."

　이 계획은 각 지방 감리사가 자기 지방에서, 그리고 목회자들이 자기 교회에서 실천하는 노력에 의해 이루어질 것입니다. 따라서 결과는 각 일꾼이 자신의 일을 어떻게 하느냐에 달려 있습니다. 한가위 성경 공부는 이러한 계획과 목표를 달성하기 위한 수단으로 활용되어야 합니다.

　무엇보다도 이러한 목적을 달성할 수 있는 것은 계획이나 조직, 힘이나 인간의 능력이 아니라 오직 하나님의 영에 의해서만 가능합니다. 한국이 지금처럼 궁핍했던 적이 없었습니다. 교회가 지금처럼 하나님 나라의 실재를 위해 씨름해야 했던 적은 없었습니다.

독립 운동에 대한 여파로 교회가 힘들었지만 존 무어의 부흥 운동은 교회 회복에 기여를 했다. 독립 운동으로 일제의 탄압이 있었지만 한국과 교회 내부는 그 어느 때보다 단단한 결속이 있었다. 이를 입증하듯 그의 보고서를 살펴보면 학교와 기관에 지원하는 학생들의 수가 늘어났음을 파악할 수 있다. 이렇게 한국인들이 기독교 기관에 지원하고자 했던 이유는 민족의식을 신앙으로 깨우쳤던 모습 때문이었다. 이시기 존 무어는 독립 운동에 대해서 직접적인 언급을 피했지만, 1921년 그의 보고서를 보면 '독립 운동은 한국의 오랜 잠을 깨웠으며 열망하는 마음으로 평화와 번영을 기다린다.'라는 것을 통해 3.1 운동의 여파가 한국인에게 끼친 정신적인 영향력이 얼마나 큰지를 파악할 수 있다. 존 무어는 선교사로서의 소명도 일깨웠는데 선교지 회복과 함께 선교사가 갖추어야 자세를 말하고 있다. 그동안 존 무어는 선교사로서 삶에 대하여 직접 언급한 적은 없었다. 이는 "선교사의 보상"이라는 글을 통해 그의 선교사로서의 사명을 알 수 있는 대목이기도 하다. 주요 골자는 선교지 회복을 위해 가져야할 선교사의 사명은 '하나님의 뜻을 이루어가는 삶'이라는 것이다. 따라서 자신의 정체성의 유무가 하나님께 연결되어 있을 뿐만 아니라 그 선교의 실패 여부를 떠나 하나님의 뜻을 이루어가는 작은 결과를 되돌아보는 것 그리고 영원한 것을 추구하는 선교 사역 가운데 가장 가치 있는 사람들을 만나서 동역하는 것이 선교사가 갖추어야 할 소명이라고 말하고 있다.

선교사의 보상*

존 무어

몇 년 전, 제가 성경학교와 부흥회를 열었던 한 한국인 마을에서 열흘간의 집회가 끝날 무렵, 작은 전도지 한 장이 제 손에 떨어졌습니다. 그 전도지에는 "당신이 구한 '영혼' 한 명당 1,000달러를 받는다고 가정했을 때, 당신은 당신의 일을 더 열심히 할 수 있을까요?"라는 문구가 적혀 있었다는 것 외에는 아무것도 기억나지 않습니다. 제 대답은 "아니요, 저는 그리스도를 믿지 않는 그런 곳에서 살지 않을 것입니다."였습니다. "한 명의 '영혼'을 구할 때마다 1,000달러를 준다고 해도 그런 곳에서 살지 않겠습니다."라고 대답했습니다. 여전히 제 생각입니다. 선교사 월급은 말할 것도 없고, 어떤 돈이 기독교인이 아닌 땅에서 평생을 보내도록 유혹할 수 있을까요? 그러므로 '월급'은 선교사의 보상이 아닙니다. 선교지에서 첫 수표를 받기 전까지는 선교사 월급이 얼마인지 몰랐다는 사실을 기억하는 것은 선교사들에게 기쁨이 될 것입니다. 누군가는 '잘한 일에 대한 보상은 더 많은 일을 할 수 있도록 한다'고 말했습니다. 이것은 분명히 달란트 비유에 나오는

---

* John Z. Moore, "The Rewards of the Missionary," *Korea Mission Field* 1920. 5., 104-106.

주님의 가르침입니다. 비록 우리가 젊었을 때처럼 시를 읽지는 않지만, 테니슨의 "노동의 대가"에 관한 시를 다시 한 번 읽어보는 것은 우리 모두에게 좋은 일이 될 것입니다.

전사의 영광, 연설가의 영광, 노래의 영광,
끝없는 바다에서 길을 잃고 퍼져가는 목소리.
미덕의 영광, 싸움의 영광, 투쟁의 영광,
잘못된 것을 바로잡는 영광.
아니, 그러나 국가는 이러한 영광을 목표로하지 않고
사랑하지 않습니다.
국가가 계속되는 영광,
그리고 여전히 존재할 영광을 주십시오.
죄의 삯은 사망이요 미덕의 삯은 티끌이니라.
국가의 안녕을 위해 인내 할 마음이 있습니까?
국가는 가장 아름다운 안개 섬이나
의로운 자의 고요한 자리를 원치 않습니다.
황금빛 숲에서 쉬거나 여름 하늘을 즐기고 싶어합니다.
죽지 않고 계속 사는 보람을 주옵소서.

선교사는 자신이 있는 곳을 밝게 할 뿐만 아니라, 죽지 않고 계속되는 영원한 것들에 조금이나마 보탬이 되고 있다고 느낄 때 보람을 느낍니다.

그러나 경시해서는 안 되는 보람도 있습니다. 이러한 보상 중 하나는 자신의 사역의 결과를 조금이라도 보는 것입니다. 어두운 삶에 한 줄기 빛을, 절망적인 삶에 약간의 희망을, 불순한 삶에 순결의 의미를, 경건하지 않은 삶에서 하나님의 아들께 하루를 조금이라도 가지고 왔다는 것을 깨닫는 것은 분명 가치 있는 일입니다. 노래가 없던 곳에서 노래를 듣는 것, 행복한 아이들의 웃음소리가 들리지 않던 곳에서 행복한 아이들의 웃음소리를 듣는 것, 악한 영을 달래려는 노력만 있던 곳에서 아버지 하나님의 이름으로 기도하는 것을 듣는 것은 돈으로도 살 수 없는 돈으로 살 수 없는 보람입니다.

자신이 세상에서 가장 중요한 하나님의 기관과 연결되어 있다는 사실을 아는 것 자체가 보람입니다. 얼마 전 윌리엄 J. 브라이언은 뉴욕의 인터처치 사무실을 방문하여 "나는 국제연맹이 예수 그리스도와 교회의 힘이 뒷받침되지 않는다면 그 종이에 쓰여진 것이 가치가 없다고 확신한다."며 "그것이 바로 내가 인터처치 운동에 관심을 갖는 이유"라고 말했습니다. 로이드 조지를 필두로 한 수상들은 대영제국의 모든 국민에게 다음과 같은 신년 메시지를 보냈습니다. "세계 앞에 놓인 희망, 국제연맹에 의해 보호되고 발전하는 평화의 삶조차도 그 자체로 더 깊고 더 근본적인 것에 의존하고 있습니다. 인간 사이의 선의의 정신은 영적인 힘에 달려 있고, '인류의 형제애'에 대한 희망은 '하나님 아버지'라는 더 깊은 사실에 달려 있습니다.", "그리스도교 메시지의 핵심인 아버지의 진리를 세상을 향한 신성한 목적으로 인식할 때, 우리는 모든 인간을 위한 질서 있고 조화로운 삶의 재건을 위한 궁극적인 토대를 발견하게 될 것입니다." 선교사로서 우리가 먼저 그 나라를 구하는 것이 모든 것을 가치 있게 얻는 것임을 기억한다면, 우리는 확실한 보상 속에서 더 행복할 수 있지 않겠습니까? 지금 감옥에 있는 한국 목사님들이 어떤 유혹과 시련 속에서도 '먼저 하나님 나라'라는 생각만 꾸준히 간직했다면, 마침내 이 세상과 내세의 상급이 더 커지지 않았을까 하는 생각을 할 때가 있습니다. 우리의 나라는 영적인 것이지만, 앞으로 영속할 다른 모든 나라들의 기초가 되어야 합니다. 우리는 선교사와 목회자로서 이 보상을 붙잡고 만족해야 하며, 다른 인간적인 보상을 바라면 보통 일을 엉망으로 만든다는 것을 기억해야 합니다.

선교사가 되면 최고의 사역뿐만 아니라 가장 가치 있는 사람들을 만나게 됩니다. 이것은 선교사들이 세상에서 가장 훌륭한 사람들이라는 자랑이 아닙니다. 세상에서 가장 훌륭한 사람들이 그리스도와 그분의 왕국을 온 세상에 알리는 이 위대한 일에 깊은 관심을 갖고 있다는 단순한 사실입니다. 선교사 개인이 아무리 무가치한 사람일지라도 그가 하고 있는 일 자체가 그를 세계 최고의 사람들과 접촉하게 합니다. 모든 훌륭하고 정말 위대한 사람들은 이 땅에서 하나님 나라 건설을 위해 그 대열에 서 있는 선교사들입니다. 우리는 그러한 대열에 있는 명단을 가지고 있습니다. 우리가 선교사라는 사실은 우리가 개인적으로 합당하든 그렇지 않든 본국에서 가장 좋은 집에 들어갈 수 있는 자격을 부여합니다.

그 다음은 우리가 사역하는 사람들의 사랑입니다. 그리고 그들의 사랑보다 더 좋은 것은 그들이 삶의 모든 수준이 발전되고 있다는 것을 아는 것입니다. 선교사가 하고 있는 일은 자신이 하는 선교 사역에서 교회를 세우고, 그 땅의 현지인들이 그들 자신의 하나님 나라를 건설하는 동안 선교사는 점점 더 조력자, 심지어 구경꾼이 되어서 그것을 지켜 보는 것, 교회가 없는 곳에 교회를 세우고 기독교인이 없는 곳에 강한 기독교인이 자라나는 것을 지켜 보는 것, 지도자가 없는 땅에 믿음의 자녀들이 나가서 지도력을 발휘하는 것을 지켜보며 마음을 기쁘게 하는 것에서 보람된 일을 찾아야 합니다.

비록 그 리더십이 완벽하지 않고 교회가 완전히 세워지지 않았더라도, 진정한 선교사는 자신의 모습이 그런 땅에 던져진 것을 날마다 기뻐할 정도로 아무것도 없는 것보다는 훨씬 나을 것입니다. 그렌펠 박사가 한 말을 떠올리게 됩니다. "아무도 나를 불쌍히 여기지 말라. 저는 제 일로 돌아가고 싶습니다. 런던보다는 래브라도에서 연습하고 싶어요. 런던에서는 항상 다른 의사가 자신이 할 수 있는 일보다 더 잘할 수 있는지 의심하지만 래브라도에는 다른 의사가 없기 때문입니다." 다른 사람들이 수고하지 않은 곳에서 수고한 사람들에게는 특별한 보상이 주어집니다. 내 자리를 차지하기 위해 경쟁하는 사람이 백 명도 없는 좋은 기회의 자리에 떨어졌을 때, 그 보상은 온전히 선교사 자신을 위한 것입니다. 그리고 무엇보다도 그리스도를 높이고 그분이 한 번도 기회를 갖지 못한 곳에서 그분을 전파하는 데서 오는 보상이 있습니다. 우리의 부르심과 선택을 확실히 하기 위해 모든 지혜와 은혜가 필요한 곳 선교 현장입니다. 키플링이 말했듯이:

"너희의 모든 의지나 속삭임
너희가 떠나거나 행하는 모든 것에 의해,
침묵하는 침울한 사람들은
너희의 하나님과 너희를 저울질할 것이다."

그들이 우리 안에서 그리고 우리를 통해 그분을 발견한다면 우리는 최고의 보상을 얻은 것입니다. 저는 두 목사님에 대한 이야기를 들었습니다. 첫 번째는 훌륭한 목사로 한 교회를 몇 년 동안 섬기다가 그 뒤를 이어 두 번째 목사가 부임했습니다. 그는 훌륭한 사람이었지만 똑똑한 사람은 아니었습니다. 몇 달 후 첫 번째 목사가 자신의 옛 교구를 방문하기 위해 돌아왔습니다. 그는 함께 머물고 있던 친구에게 말했습니다. "새 목사는 어때요? 정말 저만큼 설교를 잘할 수 있을 것 같습니까?"라고 물었습니다. 겸손한 성격의 그 친구는 대답할 생각이 없었지만, 옛 목사가 질문을 이어가자 "글쎄요, 이런 식이죠. 목사님이 설교하실 때 우리 모두는 '우리 목사님은 참으로 위대하고 훌륭한 분입니다.'라고 말하며 예배를 마치고 돌아갔습니다. 그러나 이제 우리가 교회를 떠날 때 우리 모두는 '우리에게는 얼마나 위대하고 훌륭한 그리스도가 있는가'라고 말하거나 적어도 그렇게 생각하고 있습니다." 가장 큰 상은 우리가 위대해지거나 위대하다고 불리는 것이 아니라 우리의 그리스도가 모든 사람 자신에게 다가가게 하는 것이며 그분만 생각나게 하는 것입니다.

위의 글처럼 존 무어는 선교사의 소명뿐만 아니라 했던 선교사가 가져야 할 궁극적인 기쁨은 어떤 것을 기대하고 보상하는 것이 아니라 영적인 가치와 영원하신 하나님께 소망을 두는 것이라고 했다. 이러한 삶은 선교사의 말과 행동에서도 드러나야 하는데 한국인이 선교사의 말과 행동을 보고 하나님을 찾을 수 있다면 그것이 최고의 상급이라고 했다. 이 글이 기고된 때가 3.1 독립 운동 이후의 것이라 종교와 국가 관계에 대하여 한국인과 미국인의 입장 차이가 있는 내용도 있다. 지난 안식년 이후로 7년이라는 세월동안 한국은 말 그대로 풍파에 휩싸였었다. 평양의 감리사로 평양 지역 전체를 책임지며 교회, 학교, 병원을 꾸려나가는 사이 3.1 독립 운동도 있어 일제가 교회를 탄압하는 모습과 그 현장을 경험했다. 1903년부터 1921년 존 무어의 18년의 선교 동안 순탄한 모습과 순탄치 못한 모습은 늘 반복되었지만 그의 선교지는 늘 활기가 있었다. 그 이유는 그가 한국인의 신앙을 통해 생명을 바라보았고 이러한 생명의 힘이 선교지에서 버티게 하는 근본적인 버팀목이었기 때문이다. 이후 존 무어는 안식년 휴가를 가게 된다. 이때 존 무어가 안식년 휴가 중에서 했던 것은 평양 지역 교회, 학교, 병원등에 시설 확충을 위한 선교 후원금 마련이었다. 그가 안식년을 떠나가기 전에 마지막 보고서를 작성한다. 이 보고서는 미국의 100주년 운동의 일환으로 교회 건축의 후원을 마련하는 내용이었다. 하지만 세계가 경제적으로 힘들었던 시기였다. 미국 선교본부는 해외 선교지에 도움과 지원을 줄이거나 정리하는 수순도 밟았었다. 이와 함께 존 무어의 선교지에도 교회 건축의 후원이 줄어들었다는 소식에 실망했으나 존 무어는 한국 교인들 한 명 한명이 자발적으로 참여케하여 교회 헌당에 차질이 없도록 했다. 또한 한국인들의 적극적인 참여에 존 무어 자신도 선교지 이동수단이었던 낡은 포드 자동차를 팔아 교회 건축과 후원이 필요한 곳에 골고루 도와줄 수 있도록 헌금을 했다.

1921년 연회 보고서
평양 지방*
존 무어, 감리사.

6월 말 안식년를 떠나면서 이 보고서로 선교 구역에 대한 일반적인 내용을 보고합니다.

교회 건축.

작년의 교회 건축 캠페인이 올해에도 계속되고 있습니다. 이 캠페인은 미국의 100주년 운동에서 영감을 받아 시작했습니다. 일반 100주년 기금에서 교회 건축을 위한 예산이 책정되지 않았고, 교회 건축에 사용할 수 있는 특별 헌금이 거의 없었기 때문에, 이 캠페인은 한국인 스스로가 주도적으로 진행했습니다. 이러한 마을 교회 건축 사업은 대부분 미국에서 도움이 올 것이라는 생각으로 시작했습니다. 이 사업을 위한 예산이 지원되지 않는다는 소식이 전해졌을 때 우리 교인들은 실망감에 휩싸였습니다. 우리는 반쯤 지어진 교회, 썩어가는 목재, 낙담한 교인들의 모습을 상상했습니다. 그러나 우리의 두려움은 근거 없는 것이었습

---

*   John Z. Moore, "Pyeng Yang District," *Minutes of the Korea Annual Conference of the Methodist Episcopal Church*, 1921., 119-121.

니다. 미국에서 보내주는 자금이 부족해서 실패한 교회 건축 사업은 단 한 곳도 없었습니다. 모든 교회가 완공되었고, 제가 6월에 선교 현장을 떠났을 때 9개의 교회가 헌당을 기다리고 있었습니다. 불안정한 상황에도 불구하고 사람들은 전례 없이 헌금과 시간을 바쳤습니다. 어떤 사람은 밭을 팔았고, 어떤 사람은 소를 팔았으며, 여성들은 긴 머리띠와 결혼반지, 기타 은장신구를 팔았습니다. 온 가족이 한낮의 식사를 거르고 밭에서 일한 후 몇 시간 동안 교회 건축을 위해 돈과 노동력을 바치는 경우도 많았습니다. 미국 교회가 돕지 못한 것과 자신의 희생이 부족했던 것에 대해 부끄러움을 느낀 지방 감리사(존 무어)는 지방 전체에서 그토록 훌륭히 사역을 도와주었던 낡은 포드를 팔았고, 그 돈으로 가장 도움이 필요한 곳인 이곳에 100엔, 다른 곳에 200엔을 도왔습니다. 이 교회들 중 마지막 교회인 평양의 와성교회와 제5교회가 낙담하고 있을 때, 미국에 있는 신실한 친구 중 한 사람으로부터 이사회를 통해 지정한 헌금을 보내주었습니다. 따라서 100주년의 교회건축이 실패로 끝날 수도 있었던 일이 모두 성공하여 한 해 동안의 사역 중 가장 큰 결실을 맺었습니다.

전도.

전도대, 가정 방문 전도, 특별 성경 공부 및 전도 예배가 하루의 순서였습니다. 우리 선교지의 성경 공부 반에 보통 200명 정도만 참석했지만 연초에 400명이 넘는 남성이 참석했습니다. 이 성경 교실 중 75개 구역에서 각각 1주에서 2주 동안 열렸습니다. 총 5,450명이 성경 공부 반에 등록했고, 저녁 전도 집회에는 더 많은 사람들이 참석했습니다. 1월과 2월 동안 3,000명 이상의 새 신자가 이 예배에 등록했습니다. 거의 모든 교회에서 거의 매주 일요일마다 새 신자들이 계속 나오고 있습니다.

기관.

1. 평양 남자 고등학교. 지난 2년간의 혼란을 겪은 후, 고등학교의 꾸준한 성장과 훌륭한 사역을 도울 수 있어서 정말 기뻤습니다. 저는 총괄 감독을 맡았고 무어 부인은 일 년 내내 영어를 가르쳤습니다. 교장 선생님은 정부 관계자와 한국인 모두를 만족시키기 위해 힘든 일을 해왔지만, 가장 성공적인 한 해를 보냈습니다. 새해 초에는 130명의 신입생만 받을 수 있었는데 40명이 넘는 지원자가 몰렸습니다. 미국에서 100주년 기념으로 제공한 멋진 새 건물이 완공되면 곧 500명의 학생을 수용할 수 있을 것입니다.

2. 초등학교 주간 학교. 우리는 몇 년 동안보다 더 많은 새로운 학교를 시작했고 총 출석 학생 수도 더 많아졌습니다. 한국인들은 대중이 교육을 받아야만 진정한 발전이 있을 수 있다고 확신하고 있습니다. 취학 연령 아동의 약 10%만이 학교에 다니고

있는 상황에서 학교 수와 출석률을 모두 늘리려는 조선인 스스로의 결연한 노력이 있습니다. 현재 구에서는 초등학교 지원을 위해 매달 1,500엔을 지원하고 있습니다.

3. 유치원. 작년에 3개였던 유치원이 6개로 늘어났습니다. 이곳의 분야는 제한이 없습니다. 생명을 줄 수 있는 샘물처럼 이보다 더 좋은 기회는 없습니다. 건물과 장비, 그리고 한국인 교사들의 지원과 훈련을 위한 자금이 필요합니다.

4. 여자 아이들을 위한 고등학교. 이곳에는 현재 10명의 여학생이 있으며, 교육 수준을 몇 배로 높일 수 있는 선교사와 장비, 건물을 위한 자금만 기다리고 있습니다.

5. 병원. 홀 기념 병원은 이제 장로교 선교회와 연합한 병원이 되었으며, 이 연합 병원에 W. F. M. S.(해외 여성 감리교 선교회) 병원을 포함시키기 위한 계획을 세우고 있습니다. 앤더슨과 비거 박사가 책임자로 있는 이 병원은 26년간의 평양 병원 사역 중 최고의 한 해였습니다. 병상은 꽉 찼고 많은 사람들이 병실 부족으로 퇴원했습니다.

지난 1년은 한국에서 7년 동안의 임기 중 최고였습니다. 많은 변화가 있었습니다. 신자들 중 일부는 자신의 임무를 마치고 세상을 떠났습니다. 일부는 낙심했지만 전체적인 흐름은 상승세를 타고 있습니다. 정치적 측면을 떠나서 독립 운동은 국민들을 오랜 잠에서 깨웠습니다. 성벽이 무너지고, 성문이 열렸을 뿐만 아니라 경첩도 열렸으며, 깨어난 백성들은 열망하는 마음으로 평화와 번영의 새날이 오기를 기다립니다. 기독교인뿐만 아니라 많은 비기독교인들도 기독교와 기독교 정신이 깃든 학교를 더 나은 날의 유일한 희망으로 바라보고 있습니다. 한국이 일본의 심장을 겨누고 있는 단검이라면, 그 단검이 다른 사람의 손에 들어가거나 한국 자신의 손에 들어가서 어떤 일을 할지 몰라 위험하지만, 또 다른 위험은 일본이 그 단검으로 자살할지도 모른다는 것입니다. 그 단검이 주님의 검으로 바뀌면 그것은 17,000,000명의 한국인뿐만 아니라 일본을 구원하게 될 것입니다. 그리하여 동양의 열쇠인 한국이 극동의 모든 나라에 생명과 진정한 자유를 가져다 줄 것입니다.

존 무어가 안식년 휴가를 가기 전 올린 그의 보고는 7년 가운데 마지막 1년은 최고의 순간을 맞이했다고 한다. 위 보고서에도 언급했듯이 미국 감리교 선교회 조직 100주년 기념을 맞이하여 교회건축 후원금 지원이 약속되어 있었지만 경제 불황으로 인해 전체 후원금이 모금되지 않고 있다가 한국인들이 희생적인 후원, 존 무어 자신의 포드자동차를 팔면서 후원금이 모아지기 시작했고 존 무어의 미국 친구들이 후원금을 보내면서 절망이 역전이 되었던 일들을 보고하고 있다. 또한 3.1 독립 운동 이후 보다 각성된 수준 높은 의식을 보면서 존 무어는 한국 개신교인의 신앙과 삶의 놀라운 변화를 체험했다. 존 무어의 안식년 기간 동안 미국 본토에서 사람들을 만나면서 후원금을 한국 평양으로 보낸다. 평양 광성고등보통학교는 본관 건물을 완성하게 된다. 이후 김득수 교장은 광성고등보통학교의 인허가뿐만 아니라 미국 유학에서 미술을 전공한 실력을 살려 본관 건물의 건축공학적인 요소뿐만 아니라 실내의 인테리어 공간 구성 등을 감독하며 본관 건물을 완성해 갔다.

광성고등학교 본관 건물의 공사 과정과 완공 모습 ©GCAH

김득수는 교장으로서 학교 운영에 대한 전반적인 사항을 파악하였기에 광성고등보통학교 인허가 절차를 거치는 데 있어 문제가 없었고 건물의 완공도 성공적으로 수행했다. 김득수의 보고서를 보면 본관 완공이 지금(1921년)의 시급한 상황뿐만 아니라 전체적인 캠퍼스 구성에 있어 1934년 이후까지를 생각하며 조성해 나간 것이다. 존 무어도 김득수의 이러한 점 등을 높이 사서 학교뿐만 아니라 감리교 연회 본부 등 여러 행사에 평신도 지도자로서 활약 할 수 있도록 전적인 신뢰를 보내기도 했다. 구 건물은 격물학당과 3층 교사의 건물이었다. 따라서 매우 많은 학생 수에 비해 좁은 건물에서 수업을 하는 문제가 있었다. 전체 채플 등의 대형 강의 시간에는 남산현 교회 건물을 사용하기도 했다. 본관 교사가 완공되어 500여 명의 학생이 수용 가능했다. 그리고 구 건물인 격물학당에서는 소규모 채플이 교사들의 인도에 의해서 진행되었다.

1922년
광성고등보통학교 연회 보고서*
평양

김득수, 교장.
윌리엄 쇼, 교육 선교사.

1921년 연회 회의 직후, 평양의 새로운 고등보통학교 건물이 공식적으로 봉헌되었을 때, 우리는 매우 만족스럽게 새 보금자리

---

*　　Kim Tuk Soo, W. E. Shaw, "Report of Kwang Sung Higher Common School Pyeng Yang," *Minutes of the Korea Annual Conference of the Methodist Episcopal Church*, 1922., 201.

에 입주하기 시작했습니다. 1921년 11월에 구 건물에서 이사했을 시기, 그 구 건물은 337명의 남학생을 거의 다 수용할 수 없었습니다. 그 이후로 100명 이상의 신입생을 입학시켰습니다. 올해 4월에는 입학을 희망하는 500명 이상의 남학생을 돌려보낼 수밖에 없었습니다. 새 건물은 약 500명의 남학생을 편안하게 수용할 수 있고, 1922년 예산으로 인해 약 450명의 학생을 수용할 수 있습니다. 몇 주 전에 개강한 가을 학기의 첫 4일 동안 460명의 남학생이 등록했습니다.

우리는 내년에 500명의 남학생으로 구성된 학생회를 구성할 수 있을 만큼 충분한 교직원을 충원할 수 있기를 희망하고 있습니다. 우리 학교의 정책은 향후 10년 동안 이 정도 규모의 학교를 유지하고 1934년 이후에는 750명의 학생을 수용할 수 있는 증축을 계획하는 것입니다.

교직원과 학생들 사이에는 훌륭한 정신이 널리 퍼져 있습니다. 매일 오전 8시부터 8시 30분까지 옛 학교 건물에서 열리는 채플 예배는 보통 교장이나 교사 중 한 명이 인도합니다. 모든 교사들은 요청이 있을 때마다 채플을 인도합니다. 그들은 모두 기독교인이라고 공언하고 있으며 그들 중 다수는 평신도 설교자입니다. 학교의 모든 학생들은 정규 수업의 일환으로 일주일에 두 시간씩 성경을 공부합니다. 최근에는 50명의 광성 소년들이 평양의 남산교회에 학습세례자로 등록했습니다. 이 외에도 20명의 소년들이 추가로 세례를 받았습니다. 지금까지 거의 100% 기독교인으로 구성된 학교 졸업반을 배출할 수 있었으며, 이러한 기록을 유지하는 것이 우리의 목표입니다. 올해 3월에는 25명의 남학생이 졸업했으며, 그 중 19명이 목사, 의사, 교사 등 어떤 형태로든 남을 위한 봉사의 길로 들어설 예정입니다. 그 중 대부분은 이미 상급학교에 등록하여 평생 직업을 준비하고 있습니다. 그들 중 일부는 자금 부족으로 인해 일시적으로 학업을 미루고 있지만, 현재 교육을 마칠 수 있을 만큼의 돈을 벌기 위해 가르치거나 다른 일을 하고 있습니다.

한 해 동안 김득수 씨는 학교 업무의 교육과 종교적인 부분을 전적으로 담당했습니다. 윌리엄 쇼 씨는 학교 재정을 관리하고 영어를 조금씩 가르쳤습니다.

학교 재정은 현재 한국인 형제 4명과 선교사 3명으로 새로 조직된 운영위원회의 지도 아래 양호한 상태를 유지하고 있습니다. 한 명의 선교사 인건비를 제외한 학교 운영비의 약 절반은 학생 회비와 지역 기부금으로 충당하고 있습니다.

새로운 정부 규정에 따라 앞으로는 4년 과정이 아닌 5년 과정으로 운영될 예정입니다. 현재 4학년 남학생들은 이번 봄에 졸업하지 않고 내년 4월에 5학년을 구성하기 위해 이월될 예정입니다. 이 보고서의 일부로서 학생 구성에 대한 요약은 흥미롭습니다.

현재 460명의 학생 중 109명이 평양시 출신이고, 남학생 중 244명이 사립학교 출신, 216명이 공립학교 출신, 358명이 감리교 가정 출신, 170명이 장로교 가정 출신, 170명이 세례 받은 기독교인, 166명이 학습 세례자, 190명이 교회 출석자, 30명이 비 기독교인, 139명이 기독교인 아버지가 있고 390명이 기독교인 어머니가 있다고 보고하고 있습니다.

교육에 대한 요구.

등록된 주간 학교는 20개이며 학생 수는 2,692명입니다. 미등록 학교는 45개, 학생 수는 3,256명으로 총 5,948명의 학생이 있습니다. 이 65개 학교에는 학생 한 명당 한 달에 400엔 또는 한 달이 조금 넘는 금액을 선교부에서 지원하고 있습니다. 미국 교회가 한국의 소년 한 명을 교육하기 위해 1년에 30센트를 헌금하는 것은 그리 많은 액수가 아닙니다. 교육 사업을 위해 선교지에서 모금된 총액은 53,467엔입니다. 작년 같은 목적의 모금액은 12,180엔, 즉 41,287엔이 증가하여 400% 이상 증가했습니다. 이 수치에는 광성학교에 대한 현지 영수증이 포함되어 있습니다. 재정위원회에서 교육청에 지원한 교육경비보조금은 전체 65개 학교 중 21개 학교에만 지원했습니다.

이들 학생들이 교육을 배울 수 있도록 권리를 요구하고 있습니다. 선교사는 친척, 친구, 부모에게 도움을 구하는 소년들을 돕기 위해 기금을 요청하고 있습니다. 후자는 종종 소년 소녀들을 학교에 보내기 위해 선교사 스스로 아쉬운 소리를 합니다. 학교 건물이 너무 적어서 교육에 굶주린 수천 명의 아이들이 학교 문에 들어가지 못합니다. 일부 교회는 이 소년들에게 문을 열어주고 하루에 한 두 시간씩 수업을 진행합니다. 이 학생들은 대부분 노동자, 상점 직원, 농부 등 생업에 종사하며 매일 한 시간씩 시간을 낼 수 있는 사람들입니다. 황해도의 한 교육부 기관장은 우리 교회 목사에게 젊은이들을 위해 엡워스 연맹을 조직하고 그 에너지를 그들의 도덕적 향상과 교육에 사용해 달라고 요청했습니다.

우리 구역의 자랑은 광성학교입니다. 무어 박사가 훌륭하게 구상하고 시작한 이 사업은 겨울 학기에 맞춰 완공되었습니다. 한국 선교부의 교육 사업을 대표하는 가장 훌륭한 건물은 평양에 있으며, 이 땅의 어떤 선교부나 교회에서도 중등 교육을 위해 이보다 더 훌륭한 건물은 없습니다. 이 건물은 100주년 기금으로 지어졌습니다. 김득수와 쇼 형제는 학생 수를 50명으로 제한하는 현명한 결정을 내렸습니다. 모든 준수한 지원자가 입학 허가를 받으면 그 두 배의 인원이 입학할 수 있었습니다. 운동장은 도시에서 최고입니다. 현재 건설 중인 기숙사는 남학생 50명을 수용할 수 있습니다. 지구 기숙사 단위에 대한 독특한 계획에 대한 설명과 함께 이러한 세부 사항은 김득수 씨와 쇼 씨에게 맡기겠습니다. 앤더슨 박사는 병원 일로 바쁜 와중에도 많은 시간을 할애하여 광성학교 건물과 기숙사 건립을 위해 헌신하고 있습니다. 비기독교인 업자들과 건축업자들을 상대하는 경험을 겪으면서도 평안의 매는 줄로 믿음을 지켰다는 것은 훌륭한 모습입니다. 우리는 앤더슨 박사께 치하해야 합니다.

우리의 교육 사업의 확장은 미래 선교지 건축 사업을 위해 모든 재산에 대한 지형 조사를 하는 것이 현명하다고 느꼈을 정도이며, 특히 학교, 기숙사 및 유치원 정원 건축 등 큰 계획을 실행하기 위한 W.F.M.S.(해외 여성 감리교 선교회) 사업의 경우 매우 긴

광성학교의 기숙사 ©GCAH

급한 일입니다. 이 일을 위해 세 명의 위원회가 지정되었습니다. 우리는 한 뼘의 땅도 남는 것이 없고 교육이 필요한 부지에 보내고 있습니다.

진남포에 새 학교 건물을 짓는 것은 더 이상 우리 구성원의 필요를 충족시킬 수 없기 때문에 매우 시급한 일이 되었습니다. 교인들은 향후 유치원 사역을 위해 멋진 부지를 구입했습니다.

성경 기관.

2월에 평양에서 열린 성경 기관은 지방회 역사상 가장 큰 규모로 진행되었습니다. 351명의 정규 학생들이 이 기간 동안 공부했고, 등록을 위해 늦게 도착한 학생들도 많았습니다. 모든 사람들에게 말씀을 공부할 수 있는 기회를 제공하기 위해 80개 구역 전역에서 성경 공부반이 열렸습니다.

추가 통계.

총 입교인 수는 4,061명이며 그 외 모든 교인은 8,278명 총 12,339명입니다. 2,790명이 추가되어 통계상으로는 1,249명 증가에 그쳤지만, 주일학교 학생 수는 11,353명으로 작년의 9,203명에 비해 2,150명이 증가했습니다. 평균 출석률은 2,296명으로 여전히 더 나은 기록을 보이고 있습니다. 101개의 예배당 중 88개의 교회가 있지만 주일학교가 조직된 곳은 60개에 불과합니다.

나머지 28개 교회에서는 성경을 가르치기는 하지만 조직적인 방법으로 가르치지는 않습니다.

가장 눈부신 증가는 자립을 위한 모든 목적으로 111,773엔에 달하는 재정 분야입니다. 작년에는 57,595엔으로 54,178엔의 94%가 넘었습니다.

이 금액은 1919년에 한국 전체 교회가 헌금한 금액보다 더 큰 금액이며, 1920년 재정위원회에서 선교 본부가 한국 선교 사업을 위해 책정할 수 있는 최대 금액으로 명명한 금액보다 더 큰 금액이며, 1913년 한국을 방문한 루이스 감독, 노스 박사, 가우처 박사 이사회가 한국 선교부에 매년 책정할 수 있는 한도로 판단한 금액과 같은 금액이라는 점이 흥미롭습니다. 올해 먼저 지급된 재정의 대부분은 교육 목적, 즉 총 53,457엔이었고, 건물 건립과 개선에 지불된 총액은 17,476엔으로 작년보다 1,535엔이 증가했습니다. 저는 사역의 진전에 대한 감사 외에도 세 가지 이유를 들어 평양에서 보낸 한 해에 대해 깊은 감사를 표하고 싶습니다. 무어 박사가 남긴 훌륭한 업적, 지역 내 동료 선교사들과 따뜻한 교제, 그리고 한국인 형제들의 친절과 협력입니다.

광성학교는 본관 교사가 들어섰고 선교 구역 전체 교인수 증가, 재정 증가 등도 위 보고서에는 나타났다. 하지만 교인과 구성원, 학생 개개인의 삶은 많은 희생이 따르는 것이었다. 이러한 재정의 증가로 인해 선교지 인건비, 건축, 건물 유지비 등이 많이 지출된 한 해이기도 했다. 평양 지역 선교지가 힘들게 운영되고 있었음에도 불구하고 1910년 한국 감리교회는 스스로 선교사를 세워 중국, 만주, 시베리아 등지에 선교사를 파송하여 최초의 해외선교를 시작하려고 했다. 다음의 보고서에는 존 무어의 제자이며 최초의 선교사인 손정도를 파송한 내용이 나온다. 당시 한국 감리교 해외 선교는 간도와 중국을 중심으로 해외 독립 운동과 깊이 연결되어 있기 때문에 손정도는 해외 선교의 뜻을 이루지 못한 상태에서 1912년 하얼빈에서 붙잡혀 국내로 압송당해 모진 고문을 받게된다. 손정도 외에도 한국인 선교사가 큰 희생이 필요함에도 불구하고 꿋꿋하게 선교를 추진해가는 신앙 이야기가 눈에 띈다. 또한 이렇게 선교사를 파송할 수 있었던 힘은 한국 교회가 가진 것이 많아서가 아니라 가난하고 힘이 없음에도 불구하고 작은 소유를 나눌 수 있는 훈련이 되었기 때문이다. 이것은 교회의 성숙도를 확인할 수 있는 부분으로 교회 공동체를 위한 자립뿐만 아니라 중국인, 일본인의 선교를 돕는 모습을 스스로 했다는 점에서 자립의 단계를 넘어 성숙한 공동체가 되는 과정을 살펴 볼 수 있다.

한국 감리 교회의 선교 사업*

존 무어

1909년 감리교회 한국 연회 회의록에는 선교회 임원 명단과 정관이 처음으로 등장합니다. 이 당시에는 가정 선교회만 존재했습니다. 그러나 곧 국내 선교회와 외국인 선교회로 분리되어 현재까지 활발히 활동하고 있으며, 정식 조직 이전에도 한국 교회는 선교 사업을 하고 있었는데, 1910년 회의록에는 중국인 선교를 위해 한국인을 만주로 파송하는 내용이 나옵니다.

이 선교사는 한국에서 음모 재판(105인 사건의 손정도)이 벌어졌을 때 체포되어 한국으로 돌아왔습니다. 그의 후임은 아무도 임명되지 않았고 사역은 중단되었습니다. 그러나 이 형제의 아름다운 신앙 생활은 외국 선교사들과 한국인들에게 깊은 인상을 남겼고, 지금도 그 사역의 성과에 대한 메아리가 들리는 것을 보면, 이 형제의 희생은 헛된 일이 아니었을 뿐만 아니라 한국 교회의 가슴 속에 죽어도 죽지 않는 선교의 열정을 살아있게 합니다.

뚜렷한 대상 없이도 한국 교회 일부는 매년 선교 헌금을 드렸고, 몇 년 동안 그 헌금은 다양한 방식으로 사용되었습니다. 때

---

* John Z. Moore, "Mission Work of the Korea Church(Methodist Episcopal)," *Korea Mission Field* 1923. 4., 71-72.

때로 그 헌금은 가정 선교사들을 지원하는 데 사용되었습니다. 이 헌금은 국내 선교지에서 가장 어려운 곳에서 힘든 일을 해나갑니다. 그들이 수고했던 지역에는 현재 교회가 세워졌습니다. 도쿄와 일본 내 다른 지역에 있는 한국인들을 위한 연합 사업을 지원하기 위해 보조금이 지급되었습니다. 내가 착각하는 것이 아니라면, 한국에서 중국인 사역을 돕기 위해 적지 않은 금액이 책정되었습니다. 이러한 목적과 다른 목적을 위해 매년 선교 헌금을 거두었습니다.

그러나 한국 교회는 기독교인들의 선교 정신을 위해 적절한 출구를 찾지 못하다가 1917년에 만주와 시베리아에 있는 수천 명의 한국인들을 대상으로 선교 사업을 시작할 수 있는 시기를 파악하고 있었습니다. 1918년에 선교사 한 명이 임명되었습니다. 그해에 선교 지역은 궁핍하였지만 선교가 필요한 곳이었습니다. 한국 교회는 이 사역을 전폭적으로 지원했습니다. 뿐만 아니라 현지에 파견된 미국 선교사의 여비를 제외하고는 조사에 필요한 모든 경비를 지원했습니다.

이 일을 계기로 한국 교회는 선교 사업에 대한 새로운 관심을 갖게 되었습니다. 헌금은 교회 전체에 걸쳐 더욱 보편화되었을 뿐만 아니라, 그 액수도 기대 이상으로 증가했습니다. 그때부터 올해까지 한국 교회는 전체 사역을 감당해 왔습니다. 성경부인의 특별 선물과 기타 특별 물품을 포함해 지난해 총 수입은 4천 여만 엔에 불과했습니다.

우리 선교 지역은 만주 서북쪽, 남쪽의 묵단시에서 하얼빈을 거쳐 서쪽의 한라소, 그리고 한림에 이르는 곳입니다. 연회에는 13개의 신앙 공동체와 4개의 교회가 있는 것으로 추정됩니다. 총 입교인은 205명, 학습 세례자는 252명입니다. 약 250명의 학생을 가진 5개의 조직된 주일학교와 105명의 학생을 가진 4개의 주간학교가 있으며, 만주 교회는 모든 목적을 위해 200엔, 교회와 학교를 위해 2,407엔을 사목 지원금으로 주고 있습니다.

연회 이후 남감리교회는 길림을 중심으로 한 넓은 구역을 우리 교회에 넘겨주었습니다. 이로 인해 우리 구역은 거의 두 배로 늘어났고, 결과와 책임도 전체 두 배로 늘어났습니다. 이 늘어난 부담을 어떻게 감당할 것인가에 대해서는 한국의 교인 한 사람 한 사람이 1년에 40센트를 선교비로 헌금한다면 전체 부담을 감당할 수 있을 것입니다. 모두 20센트 이상을 헌금하기로 서약했고, 이미 40센트를 채운 곳도 있습니다. 이 모든 운동은 교회의 잠재력을 생각하기에 충분했습니다.

선교 헌금을 위한 안식일이 축복과 열정의 날이었던 적이 없었는데, 이제 교회에 선교회가 결성되고 있으며 내년에는 모든 주일학교에서 매달 한 주일을 선교사 주일로 정하여 이 일을 위한 헌금을 드릴 수 있기를 희망합니다.

예수님은 "누구든지 나를 따라오려거든 자기를 부인하고 자기 십자가를 지고 나를 따를 것이라."고 말씀하셨습니다. 이러한 모든 사역은 희생을 요구했습니다. 가장 두드러진 희생은 아마도 채학규 형제의 희생일 것입니다. 그는 조선기독대학 근처에 있는 우리 교회를 책임지고 있었는데, 우리가 선교를 할 선교사를 더 보낸다는 소식을 듣고 그 해에 가겠다고 지원했습니다. 1월에 그는 한국을 떠나 길림에서 동쪽으로 약 200리 떨어진 한 지점으로 갔고, 아내와 어린 두 자녀와 함께 중국 수레를 타고 긴 여정을 떠났습니다. 그들은 여행의 마지막 부분에서 조금도 고통을 겪지 않았고 한때는 중국 산적들로부터 숨어서 여정을 갔다고 생각했었습니다. 목적지에 도착한 2월의 첫날, 그날 밤 도적들이 마을에 올 것이라는 소식을 듣고 평소처럼 마을에 있던 수백 명의 중국 군인들은 도적들이 올 때쯤 마을을 떠났습니다. 그 곳에 있던 조선인들은 모두 한 집에 모였습니다. 도적들이 총을 쏘며 돈을 요구했습니다. 그래서 조선인들은 가진 것을 주었습니다. 그러자 그들은 채 형제에게 집 밖으로 나오라고 요구했고, 그를 때리고 돈을 요구했습니다. 더 이상 돈을 찾을 수 없자 그들은 총을 쏘아 버리고 떠났습니다. 채 형제는 집 안으로 들어가 아내가 바닥에 쓰러져 있는 것을 발견했습니다. 그는 아내가 놀라서 정신을 잃었다고 생각했습니다. 네 살짜리 어린 소녀가 그녀에게 다가왔고, 그녀는 소녀에게 나지막이 말하면서 죽어갔습니다. 부검 결과 총에 맞은 것으로 밝혀졌습니다. 다음날 그들은 그녀를 멀리 추운 북쪽 땅에 묻었고 아버지는 어린 소녀와 그녀의 4개월 된 여동생 을 데리고 길림으로 출발했습니다.

아기가 굶어 죽지 않도록 채 형제는 밥을 씹어 삼키지 않고 아기 입에 넣어주었습니다. 길림에서 그는 우유를 구해 평양으로 왔습니다. 그때는 우리 도시에서 성경 공부와 부흥회가 열리고 있을 때였습니다. 어느 추운 날 밤, 그는 엄마 없는 두 아기를 큰 보따리에 싸들고 도착했고, 이 사연은 우리 교회에 알려졌고 아기들은 곧 좋은 가정을 찾았습니다. 1년 동안 지원할 수 있는 많은 돈이 주어졌습니다. 우리는 채씨에게 미래에 대해 물었습니다. 그는 "나는 단지 내 아이들이 보살핌을 받을 수 있도록 여기 왔으며, 강도들이 나에게 총으로 쏘더라도 돌아갈 준비가 되어 있다."고 말했습니다. 저는 사랑하는 사람을 잃고 이토록 슬픔에 빠진 사람을 본 적이 없고, 이토록 확고하고 담대한 신앙을 가진 그리스도인을 본 적이 없습니다. 그는 그녀가 희생된 것은 그리스도와 하나님 나라를 위한 것이라고 말했습니다. 이러한 상황이 그를 위로했습니다.

보고서에는 평양 지역 한국인 교회가 파송한 선교사는 만주 서북쪽, 남쪽의 묵단시에서 하얼빈을 거쳐 서쪽의 한라소, 그리고 한림에 이르는 곳을 선교하기 위해 파송했으나 안전 위험에 노출되어 선교사 가족이 희생당했던 모습이 있다. 처음 선교지로 가는 길목에서 선교사

아내가 강도의 총을 맞아 죽게 되었고 선교사가 남겨진 아이들을 키우다 안전하게 맡길 수 있는 다른 이의 가정을 찾아 평양에 온 것이다. 이러한 슬픔도 잠시 선교사는 아이들을 맡기고 자신은 다시 만주 지역에 선교를 하러 나가겠다는 의지를 말한다. 파송교회는 표면적으로는 선교사 파송과 정착에 실패했지만 선교사는 자신의 선교에 파송교회가 좌절하지 않도록 다시 의연하게 선교지로 나가는 모습에서 당시 평양의 교인들이 가진 신앙의 깊이, 배려를 알 수 있다.

선교지의 자립

존 무어는 1922년 가을 안식년에 돌아와 평양 동쪽 지방, 서쪽 지방 감리사를 맡았고 1924년 영변 지방까지 포함하여 평양 동·서 지방, 영변 지방까지 치리했다. 특히 한국인 사역자들을 세워 각 지역을 조직화하여 효율적인 선교 활동을 했고 이들이 자립할 때까지 건물을 세워주는 등의 역할을 했다. 영변 지역에 있는 영변숭덕학교 유지를 위해 힘썼는데 아직 자립하지 못하고 특별충당금으로 유지하고 있었기 때문에 각별한 신경을 썼다. 또한 광성고보의 학생 자원을 확충하고 많은 이들에게 보통 교육을 실시하기 위해 평양에서 국립 초등학교 다음으로 큰 사립 초등학교를 세워 전국 체육대회에서 2년 동안 상을 타는 등 스포츠와 교육 분야에 두각을 나타내는 인재를 양성했다. 이와 함께 평양 지역 선교사들이 걱정 없이 선교를 할 수 있도록 선교사 자녀들을 교육시킬 수 있는 평양외국인학교(1899년 창립)의 본관을 새롭게 건축하는 계획도 가지고 있었다.

하지만 이 시기 세계 경제 불황이 찾아왔다. 평양 지역도 예외는 아니었다. 업친 데 덮친 격으로 홍수와 가뭄이 진행되는 등 여건은 점점 갈수록 악화되었다. 뿐만 아니라 일제강점기의 조선인 노동자를 중심으로 파업이 진행되는 등 선교지 노동시간 12시간 이상이라는 가혹한 근무환경 뿐만 아니라 일본인의 1/3, 절반도 못 미치는 임금 등 차별적인 지급이 주어지자 이에 대한 환경 개선 요구가 거셌다. 이는 학교도 예외가 아니었다. 전국 학교에서 파업이 진행되었다. 이러한 모든 위기를 이겨내기 위해 평양 지역 목회자 월급과 지원 금액이 절반에 못미치는 40%나 삭감하게 되고 이를 타개하기 위해서 인건비 삭감, 지원비 삭감 등을 감행한다. 이는 평양 지역의 목회자 뿐만 아니라 광성학교의 지원도 대폭 삭감되는 문제가 발생했다. 이를 위해 교회와 학교 기관은 살아남기 위한 대책을 마련했고 이러한 대책이 가혹했지만 자립 정신을 강화시키는 계기가 되었다.

1923년 연회 보고서
평양, 동구 및 서부 지방*

존 무어, 지방 감리사.

---

*　　John Z. Moore, "Pyengyang, East and West Districts," *Minutes of the Korea Annual Conference of the Methodist Episcopal Church*, 1923. 6., 272-274.

이 보고서가 다루는 지역은 평양 선교지의 감리교 구역 전체, 즉 한국 선교부 전체 구역의 20분의 1에 해당하는 지역입니다. 총 인구는 35만 명으로 한국 감리교 인구의 10분의 1입니다. 선교사와 현지인 모두 신실하고 헌신적인 일꾼들의 수고가 합쳐져 이룩한 결과이며, 그 자체로 감리교회의 모습을 보여주고 있습니다. 이 많은 동역자들에게 제가 감사를 표하는 것조차 적절치 않을 것입니다. 우리 모두는 이 놀라운 기회의 땅에서 함께 일할 수 있는 특권을 주신 하나님께 한마음으로 감사를 드립니다.

교회 내 자립.

현재 107개의 교회가 19개의 분기별 연회 구역으로 나뉘어져 있습니다. 내년에는 4개의 새로운 구역회가 추가될 예정입니다. 이 새로운 구역회들은 자체적으로 목회자들을 지원할 것이며, 이 23개 구역회에 고용될 30명의 목회자와 부교역자 중 20명은 지역 교회에서 전액 부담하게 될 것입니다. 나머지 10명 중 3분의 1 정도는 선교부에서 급여를 지급하고 나머지는 지역 교회가 부담합니다. 지난 연회 기간 동안 목회자와 여교역자 지원을 위해 지급된 금액 중 2,212엔은 선교비, 나머지 1만 4,663엔은 한국 교회가 부담한 금액입니다. 선교부가 15%, 한국 교회가 85%를 부담한 셈입니다. 물론 여기에는 다른 선교부에 속해 있는 만주 사역은 포함되지 않았습니다.

부흥회.

중앙성경학원은 올해 동부는 능은골에서, 서부는 강서에서 두 차례에 걸쳐 열렸습니다. 총 참석자는 약 40명이었습니다. 목회자들이 세운 계획에 따라 사경회가 끝난 후 거의 모든 교회에서 비슷한 사경회가 열렸습니다. 이런 식으로 총 88개의 사경회가 열렸고 5,372명이 사경회에 참석했습니다. 사경회는 영적 재충전의 시간이자 새 신자들이 모이는 시간이었습니다. 평양시에서는 445명의 새 신자가 등록했습니다. 남산현에서는 어느 날 밤 9명의 온 가족이 모여서 신자로 등록했습니다. 9명 중 4명은 다음 날 아침 성경 공부에 참석했습니다. 그러자 그 중 한 남자가 자신의 상투를 잘라 팔았고 그 돈으로 성경과 찬송가를 구했습니다. 2주 동안 이 교회의 임원들은 거의 예외 없이 특별반에서 공부했습니다. 그 주간은 능력과 축복이 교회에 임한 것처럼 영적 죽음에서부터 변화가 시작되었습니다. 그 이후로 새로운 생명의 징후가 나타났고 우리는 이제 이 교회가 모든 선한 일에서 이 지역의 선도적인 교회로서 다시 확고한 위치를 차지하고 있다고 믿습니다.

교회 건물.

연회 기간 동안 여섯 개의 새로운 교회 건물이 봉헌되었습니다. 각 새 교회는 봉헌식 날, 봉헌을 열망하는 사람들로 가득 찼고, 많은 교인들이 살아계신 하나님의 성전을 봉헌했습니다. 이 교회들 중 가장 작은 교회는 농동리에 있었고 건축비는 1,300엔이었습니다. 이 가난한 사람들은 돈이 어디서 나올 수 있는지 모르면서 시작했지만 미국에서 온 300엔을 제외하고는 모든 것을 스스로 해결했습니다. 이 교회들 중 가장 큰 교회는 평양의 신천골에 있습니다. 이곳의 모든 개보수 비용은 총 12,000엔 정도였습니다. 첫해에 8천 엔이 넘는 돈을 교회가 부담했고, 나머지는 미국에 있는 친구들이 이사회를 통해 보내주었습니다. 이는 평양 지역 교회가 교회 건물을 짓기 위해 모금한 금액 중 가장 많은 액수입니다. 지난 1년 동안 교회 모임 장소로 4채의 주택이 확보되었습니다. 또한 현재 9개의 교회가 건축 중이며, 앞으로 1년 안에 빚 없이 헌당할 수 있기를 희망합니다. 또한 현재 18곳에서 새로운 교회 건물을 원하고 있습니다. 이들 모두는 현재 건물에 수용 인원이 부족하기 때문에 필요하며, 세 곳을 제외하고는 마을에서 유일한 교회가 될 것이기 때문에 마을에서 가장 좋은 교회를 갖기 위해 건축하고 있습니다. 몇 주 전에 이 중 한 곳을 방문했는데, 실제 집계 결과 150명을 수용하기 위해 세워진 건물에 412명의 사람들이 꽉 들어차 있었습니다. 어른들이 교회에 들어와 설교를 들을 수 있도록 주일학교와 주간학교 어린이들에게 일어나서 추위에 서 있으라고 요청해야 했습니다. 제 설교가 끝나고 새 교회에 대한 요청이 이루어졌습니다. 약 1,000엔이 모금된 것으로 보였을 때, 꽉 찬 집안에 고요함이 찾아왔습니다. 종이에 적힌 편지 한 통이 목사님께 전달되었습니다. 한 젊은 여학생이 쓴 편지였습니다. 자신은 헌금할 돈이 없지만 다른 사람들처럼 헌금하고 싶다고 했습니다. 그 여학생은 다른 여학생들처럼 결혼반지도 없고 그 어떤 선물도 받지 못했지만 머리를 자르지 않아 머리카락을 잘라 기부하기로 결심했습니다. 머리카락을 잘라 기부하면 1엔 반을 벌 수 있기 때문이었습니다. 이 편지에 많은 사람들이 눈물을 흘렸고, 다시 작정 헌금이 시작되었으며, 한 사람은 소녀의 머리카락 대신 10엔을 기부해 소녀가 머리카락을 보관할 수 있도록 했습니다. 미국에 있는 친구의 선물과 함께 보내온 후원 작정으로 가까운 장래에 이곳에 학교와 교회가 세워질 수 있게 되었습니다. 이런 희생이 있어야만 교회 건축 사업이 성공으로 이어질 수 있습니다. 우리는 계속할 것입니다.

수년 전 이 일을 시작할 때 가장 신실한 목사님 중 한 분이 간인걸 목사님이었습니다. 그는 중년에 건강이 악화되어 궁청의 작은 교회 근처의 농장에서 은퇴했습니다. 그는 미래를 생각하며 언젠가 새 교회 건축을 위한 목재로 쓰일 수 있기를 바라며 나무를 심었습니다. 오늘날 그 교회는 건축 중이며, 필요한 큰 목재를 북쪽으로 멀리 보내는 대신 이 멀리 내다보는 하나님의 성인이 심은 나무에서 모두 확보할 수 있었습니다.

재정.

보고서의 모든 항목 중에서 수치에 가장 주의를 기울여야 합니다. 수치에 얼마나 많은 허구가 있는지는 모르겠지만 몇 가지 보완을 하겠습니다. 작년에 보고된 지구의 총 헌금은 111,734엔이었습니다. 그러나 우리보다 약한 구역 중 하나인 정화 구역의 교육 기부금은 24,860엔이 아니라 2,486엔으로 표시되어야 하는데, 분명히 실수가 있었습니다. 이렇게 하면 작년 총액은 89,360엔이 됩니다. 올해 8개월 동안 보고된 총액은 79,966입니다. 이 비율이 1년 12개월 동안 지속될 것이라고는 예상하지 못했지만, 그해의 엄청난 금융 불황을 고려할 때 한 해 동안의 총계는 가장 주목할 만합니다.

결론.

이 보고서를 작성하면서 더 나은 세상을 만들기 위해 일할 수 있는 특권을 주신 것에 대해 깊은 감사를 느끼며 마무리합니다. 그러나 보고서에 나타난 바와 같이 꾸준히 증가하는 현상에 직면하여, 우리는 영혼이 중생으로 직접 연결되지 않는 한 단순히 새로운 교인을 추가하는 것도, 더 많은 돈을 기부하는 것도, 새로운 건물을 짓는 것도, 어떤 외형적인 발전도 소용없다는 확고한 신념을 가지고 이 보고서를 마무리합니다. 새해에는 모든 곳에서 새롭게 태어나는 영혼들로 가득하길 바랍니다. 제 서재 벽에 액

자로 걸려 있는 좌우명 "우리가 너희 믿음을 주관하려는 것이 아니요 오직 너희 기쁨을 돕는 자가 되려 함이니 이는 너희가 믿음에 섰음이라(고후 1:24)"의 말씀으로 마무리합니다.

위의 보고서를 통해서 알 수 있는것은 신앙 공동체가 유지되고 세워져 나가는 모습이다. 작은 소녀 한 명이 헌금을 건축하기 위해 긴 머리를 자르려고 할 때 그 공동체는 서로가 도움을 주기 위해 앞장서게 되었고 교회 건축뿐만 아니라 학교를 세우는 모습도 살펴볼 수 있다. 한국 교회의 자립은 이러한 자발성뿐만 아니라 1명의 희생적인 모습이 공동체 전체에 끼치는 영향도 컸다. 이는 평소에 신앙 공동체가 서로가 서로를 위하는 모습으로 존재했기 때문이며 개신교 신앙이 헌금으로 이어지는 과정을 살펴볼 수 있다. 뿐만 아니라 궁청에서 목회했던 한국인 목사가 교회 건축을 미리 준비했던 모습도 인상적이다. 나무를 미리 심어 미래를 준비했는데 이를 건축자재로 사용한 모습 등 선교지의 교회와 학교가 살아남기 위해 한국인들이 세심하게 신경쓰고 희생한 모습들이 오늘 우리가 존재할 수 있었던 귀한 자산이 되기 때문이다.

광성고등보통학교의 상황도 재정적인 어려움에 직면했다. 학생들이 경제적인 어려움으로 수업을 계속하기 힘들어 50여 명이 그만두었다. 하지만 늘 대기자가 있어 188여 명이 넘는 지원자가 왔다. 이러한 상황에서 김득수 교장은 경제난을 타개하기 위해 입학생 수를 늘리는 방법을 선택한다. 당시에 국내·외의 경제적인 여건이 힘들어도 광성고보에 학생들이 계속 몰려오기 때문이었다. 유달리 강한 한국의 교육열과 양질의 교육이 만들어낸 결과였다. 김득수는 학교가 너무 빨리 성장하기 때문에 학교의 교직원과 시설 등이 늘 부족하였다고 한다. 이러한 상황에서 1923년부터 일제의 고등보통학교 교육 방침이 5년 과정으로 변화하면서 김득수가 이끄는 광성은 빠르게 적응하였다.

존 무어는 전체 선교지를 돌보면서 학교의 큰 운영금이 들어가는 곳에 신경을 쓰고 있었지만 학생을 세심히 챙기면서 학생들과 일일이 상담하는 모습도 눈에 띈다. 또한 오늘 교목 역할을 했던 종교부 국장인 윌리엄 쇼가 학생들의 신앙 성장을 위해 파송받아 봉사하는 것이 기독교 학교로서 정체성을 가지려는 노력 등 학교의 일반적인 교육 뿐만 아니라 함께 영적인 성장을 위해 노력한 광성학교의 정체성이었다.

1923년
광성고등보통학교 연회 보고서*

평양

김득수, 교장.

윌리엄 쇼, 종교부 국장

---

* Kim Tuk Su, William E. Shaw, "Kwang Sung Higher Common School Pyeng Yang," *Minutes of the Korea Annual Conference of the Methodist Episcopal Church*, 1923. 6., 295-297.

많은 조직과 기관의 큰 고민은 빠르게 성장하지 못하는 것에 있습니다. 광성의 어려움은 정반대입니다. 요즘 우리의 주된 고민은 너무 빠르게 성장하고 있다는 사실에서 찾을 수 있습니다. 새로 들어온 많은 신입생들을 잘 적응시키고, 우리 주변을 둘러싸고 있는 전체 학생들을 철저하게 크리스천 학생으로 만드는 것이 우리의 과제입니다. 어떤 조직이든 2년이라는 짧은 기간에 회원 수가 두 배로 늘어나면 어떤 대책이 필요한데, 기독교 미션스쿨에서 그런 일이 일어나면 대책뿐만 아니라 많은 기도가 필요합니다.

2년 전에는 337명의 남학생이 구 과학관 건물에 가득 차 있었는데, 20개월 전 새로운 100주년 기념관 건물로 이사하면서 학생 수가 440명으로 급증했고, 올해 4월에는 572명으로 늘어났습니다. 학생 수를 50명으로 제한할 계획이었지만 올봄에 수백 명의 학생이 몰려들면서 거의 불가능해졌습니다. 내년에는 기독교 미션 스쿨로서 상황에 합리적으로 대처할 수 있는 수준까지 학생 수를 줄이려면 단호한 결단이 필요할 것입니다.

이번 학기 초에 50여 명의 남학생이 재정적인 이유나 다른 이유로 학교를 그만두었지만, 그 자리를 채우기 위해 188명의 남학생이 입학했습니다. 신입생 중 33%인 63명의 남학생이 비기독교인이고, 31%인 58명이 출석교인입니다. 다시 말해, 전체 신입생 188명 중 3분의 1이 조금 넘는 67명만이 이미 기독교 교회의 울타리 안에 들어와 있다는 뜻입니다. 이렇게 신입생으로 들어온 기독교인이 전체 학생의 3분의 1을 차지한다는 것을 생각하면, 우리 앞에 놓인 문제는 기독교 교수진, 확실한 기독교 훈련, 그리고 많은 사람들의 기도뿐이라는 것이 명백해집니다.

다행히도 신입생들은 대부분 기독교인 남학생들로 구성되어 있습니다. 네 개의 상급반에 속한 384명의 남학생 중 절반(10명)은 이미 교회에 다니고 있고 또 다른 세 번째 반은 입학을 희망하고 있습니다. 즉, 현재 교회에 다니지 않거나 확실히 입학을 희망하는 남학생은 상급반 학생의 17%인 67명에 불과합니다. 이 소년들을 바르게 인도할 수 있는 은혜와 능력을 주셔서 "머리로 아는 지식" 이상의 것을 가지고 광성고등보통학교를 졸업할 수 있도록 모든 친구들의 기도를 부탁드립니다.

통계는 여기까지입니다. 신앙적 관점에서 이 상황을 타개하기 위해 한 해 동안 어떤 노력을 기울였겠습니까? 학생들을 위한 겨울 특별 집회가 열렸는데, 연합감리교신학교의 장낙도 교장이 3일간, 평양 지방 교육감 무어 J. Z. Moore 박사가 3일간 연속으로 학생들과 대화를 나눴습니다. 최근에는 틴링 양이 두 차례에 걸쳐 학생들에게 특히 절제와 청결한 생활을 강조하는 연설을 했습니다.

특별 활동 외에도 모든 학생은 매주 2시간씩 학교 공부의 일환으로 성경을 공부하고 채플에 참석합니다. 작년에는 학생 수가 적어서 과학관에서 매일 1시간 30분씩 채플을 진행했지만, 올해 4월 1일부터는 더 많은 학생들을 수용할 수 없게 되었습니다. 그래서 최근에는 남산현 교회를 빌려서 매주 세 번씩 장시간 채플을 드리고 있습니다.

학교에는 봉헌된 교사들이 학생들 사이에서 개인적인 일을 할 수 있는 좋은 기회가 있습니다. 여기에는 진지하고 역동적인 그리스도인이면서 동시에 자격을 갖춘 교사를 확보해야 하는 어려움이 있습니다. 학생 수 증가와 함께 교직원도 함께 증가했습니다. 현재 17명의 전임 교사와 5명의 파트타임 강사가 있습니다. 이 중 한국인 교사가 16명, 일본인 교사가 3명, 미국인(시간제) 교사가 3명입니다. 기독교인 교직원 확보에 얼마나 성공했는지는 아직 미지수입니다.

고등보통학교 과정을 5년으로 연장하는 새로운 정부 규정으로 인해 올해 졸업생이 없습니다. 5학년에는 28명의 남학생이 있으며, 이 학생들을 기독교 봉사의 길로 인도하기 위해 특별한 노력을 기울일 것입니다. 그들 중 일부는 이미 크리스천 인생으로 섬기는 삶을 선택했습니다.

오하이오 웨슬리안 대학교와 컬럼비아 대학교를 졸업한 김득수 교장이 올해부터 기독교 학교의 교육을 이끌고 있습니다. 교육적인 측면에서 볼 때 우리는 북부 최고의 학교 중 하나라고 생각합니다. 물론 우리 학생들은 앞으로 몇 년 안에 그 진술을 증명하거나 반증할 것입니다.

웰치 감독이 이 학교를 위해 지정한 선교사 윌리엄 쇼 씨는 일

년 중 대부분을 영어를 가르치는 데 보냈습니다. 그는 영어과에서 학생들을 가르치고 있으며, 최근에는 5학년 남학생들과 함께 6일간 묘향산(향기로운 아름다운 산)의 사찰을 방문하는 하이킹을 함께 했습니다. 9월에 쇼 선생님은 영어 부서를 맡게 되며 학교의 재무를 계속 맡게 될 것입니다.

한 해 동안 앤더슨 부인과 무어 부인은 영어과에서 영어를 처음 배우는 학생들을 위한 회화 방법을 가르치며 귀중한 봉사를 해왔습니다. 이 새로운 방법이 영어 과목을 쉽게 이해할 수 있기를 희망합니다.

학교 재정은 양호한 상태입니다. 1923년 예산은 3만 엔이 넘으며, 그 중 거의 절반이 현지에서 오는데, 대부분 수업료입니다. 그 해의 선교비 예산은 12,910엔이고 일본 정부 보조금은 1,000엔입니다.

올해 광성학교의 발전 중 하나는 지난 5월 1일 남학생 48명을 수용할 수 있는 100주년 기념 기숙사를 개관한 것입니다. 최근 미국에서 노스웨스턴대학교를 졸업하고 귀국한 치 Y. H. Chee 씨가 기숙사를 책임지고 있으며, 학교에서의 영어 교육과 더불어 그곳 소년들의 신앙 생활에도 특별한 관심을 기울일 것입니다.

광성학교의 "일꾼들"에 대한 언급을 빼놓고는 광성학교를 이야기할 수 없을 것입니다. 한국에서도 공부와 육체 노동이 잘 어울리지 않던 시절이 있었을 것입니다. 그 시기는 빠르게 지나가고 있습니다. 현재 우리 학교에는 약 30명의 소년들이 남는 시간에 농사일, 도로 건설, 교사나 선교사의 집안일을 도우며 학업을 병행하고 있습니다. 방학 기간 동안 물을 나르며 학비를 벌고 있는 한 소년이 우리의 관심을 끌었습니다. 한국의 물지게꾼의 사회적 지위는 학생의 그것과는 거리가 멀기 때문에 교육을 위해 자존심을 희생하는 것을 잘 보여주는 사례입니다.

대한민국은 교육을 원하고 있습니다! 한국 교회와 선교사의 문제는 바로 여기에 있습니다: 어떻게 하면 한국에 교육을 제시할 수 있는가, 어떻게 하면 그 교육을 기독교적으로 만들 수 있는가! 친구들의 기도와 전능하신 하나님의 도우심으로 광성에서 그 문제의 일부를 해결하려고 노력할 것입니다.

선교지인 평양시의 발전 과정과 모습을 다음에서 다루고 있다. 농업, 전통적인 상업도시에 공업화되고 근대 상업도시로 변화되는 모습에서 평양의 잠재력이 있음을 보여주고 있다. 하지만 이 글이 주는 의미는 존 무어가 처음 한국에 들어와 한국의 가능성을 바라보았던 "비전과 과제(86페이지)" 글의 내용들이 20여 년이 지난 지금 그대로 그 윤곽을 드러내고 있기 때문이다. 평양의 시장이 "평양은 동방의 예루살렘, 한국의 기독교 수도"라고 말 할 정도로 학교, 병원, 사업 등의 모든 부분에서 기독교가 앞장서고 있는데 평양의 외형적인 큰 변화에도 불구하고 존 무어는 평양의 영적인 변화를 파악하고 있다.

평양 (일본 헤이조)*

존 무어

평양시 성벽의 북쪽 경계 바로 바깥에 오래된 장소가 있습니다. 그곳에는 아름다운 소나무 숲이 있습니다. 이 숲의 한가운데에는 고대 무덤이 있습니다. 왕들의 계곡에 있는 투탕카멘 만큼 위대하지도 않고 그렇게 오래 되지는 않았지만, 사람들의 기억에서 거의 사라진 희미한 과거와 평양을 연결해 주는 이 돌은 한국 문명의 창시자 기자가 묻힌 곳으로 추정되며, 그는 기원전 1122년경 다윗 왕과 동시대인 중국에서 온 난민으로 "평온한 아침의 땅"이라는 이름을 처음 사용한 것으로 추정합니다.

그러나 평양의 고대 영광은 기자로부터 시작되지 않습니다. 기자보다 수 세기 전에 평양은 단군의 도읍지였으며, 단군은 지금도 영변 북쪽 산 중턱에 있는 동굴에서 나온 신비하게 잉태한 인물로, 다른 사람들은 이 고대의 날들에 대해 기록하고 있지만 우리의 관심은 오늘 살아서 성장하고 있는 도시와 앞으로 다가 올 도시에 있습니다.

황해로 약 35마일을 흐르는 대동강 유역에 위치한 평양은 자연이 주는 모든 것이 참으로 아름다운 곳으로, 저명한 여행자들

---

* John Z. Moore, "Pyeng-Yang," *Korea Mission Field* 1924 2., 41-42.

은 땅과 물, 평야와 산, 시골과 도시가 어우러진 '좋은 위치에서 바라보는 풍경은 극동에서 그 누구도 따라잡을 수 없다.'고 입을 모았습니다. 이 도시는 두 개의 강이 만나는 지점에 위치하고 있습니다. 강이 둘러싼 마을은 홍수 때 물로 범람합니다. 몇 세기 전에 사람들은 도시의 복지를 생각하면서 근처 계곡에 두 개의 큰 돌기둥을 세웠고 이것이 도시를 안전하게 묶는 닻 같은 기둥이며 홍수가 도시를 통과해서 바다로 흐르는 것을 방지합니다.

이 고대 도시가 오늘날 얼마나 현대적인지는 작은 이야기를 통해 알 수 있습니다. 약 3-4년 전 저는 도시에서 동쪽으로 33마일 떨어진 시골로 여행을 떠났습니다. 시골길을 따라 걷다가 익은 곡식을 실은 소를 이끄는 한 농부와 대화를 나누게 되었습니다. 이야기를 나누며 걷다가 평양에서 온 여행자를 만났습니다. 그는 하늘을 날아다니는 멋진 비행기에 대해 이야기하기 시작했습니다. 늙은 농부는 잠시 귀를 기울이다가 소를 몰고 가면서 "그런 건 없다."며 만족스러운 투덜거림을 보였습니다. 하지만 그럼에도 불구하고 세상은 날아다니는 것 말고도 발전하고 있고, 평양은 그 움직임의 한 복판에 있습니다. 20년 전 우리와 함께했던 문명을 모르는 기자 시대부터 현대의 지방 도시에 이르기까지 이보다 더 급격하게 변하는 도시는 없을 것입니다.

현대 도시.

7월 4일, 그것과 관련이 있는지는 모르겠지만 이른 아침 육군 항공대에서 나온 비행기 세 대가 우리 집 상공을 너무 낮게 선회해서 그 안에 있는 사람들이 보일 정도였습니다. 그리고 이것은 우리 도시의 성장과 번영을 보여주는 한 가지 지표일 뿐입니다. 사탕무와 설탕을 모두 만드는 대형 설탕 정제소, 현재 한국에서 판매되고있는 설탕, 현대식 발전소, 철 발견, 탄광은 광범위한 현대를 상징합니다. 양조장이 있던 곳에 곧 한국의 가장 큰 산업 중심지이자 극동의 위대한 산업 도시 중 하나가 될 현대 산업의 일부를 구성하고 있습니다. 석탄과 철, 금이 풍부한 한가운데에 위치한 우리의 위치는 의심할 여지 없이 도시의 급속한 성장에 큰 역할을 했습니다. 이러한 성장은 지난 몇 년 동안 어떤 도시보다 빠른 성장세를 보였으며, 1910년 공식 통계에 따르면 인구는 38,624명이었고 1921년 말에는 총 78,520명이었습니다. 현재 공식 추산에 따르면 현재 인구는 90,000명입니다. 따라서 우리나라에서 가장 큰 도시인 서울을 제외하고는 북한 지역에서 제일 크며 도시 위의 섬에 위치한 현대식 수도 시설이 6만 명의 갈증을 해소하기 위해 지어졌습니다.

  이 상수도는 이제 15,000명의 주민을 위해 60만 엔의 비용을 들여 증설될 예정입니다. 현재의 성장 속도라면 10년이 지나면 사람들은 상수도를 마시기에 부족할 것입니다.

  그러나 영광은 물질적인 성장과 발전에 있지 않습니다. 나는 평양 땅이 위대한 교육으로 하나가 되었다는 것이 좋습니다. 심지어 옛날부터 도시와 주변 국가는 중국 고전을 가르치는 학교로 가득 차 있었고, 이 "글방"은 모든 마을에서 발견되었습니다. 평양 사람들은 독립을 위해 그리고 선량한 사람으로 살았습니다. 미신 활동 초기부터 서당 학교가 설립되었습니다. 그 중 가장 큰 학교는 장로교 선교부의 숭실학교와 감리교 선교부의 광성학교입니다. 현재 숭실학원은 660명, 광성학원은 137명이 재학 중입니다. 광성고등보통학교는 572명이 재학 중이며, 평양의 모든 미션스쿨의 총 학생 수는 5천 명이 안됩니다. 일제 통감부의 등장은 고국의 교육에 새로운 분위기를 가지고 왔습니다. 통감부는 한국인과 일본인 모두를 위해 도시 전역에 중학교를 포함한 모든 학년의 잘 갖추어진 학교를 설립했으며, 이 학교들은 모두 열성적인 학생들로 가득 차 있습니다. 한국의 평양은 한국에서 가장 큰 기독교 중심지이자 동양에서 가장 주목받는 기독교 중심지 중 하나로도 유명합니다. 몇 년 전, 평양의 시장은 "평양은 한국의 기독교 수도"라고 말했고, 장로교와 감리교 선교부는 평양에 14개의 자립교회가 있으며, 총 교인 수는 약 8,000명으로 이는 평양의 전체 한국인 인구의 약 15%에 해당하며, 회중교회와 제칠일안식일예수재림교회도 존재합니다.

한국인을 위한 침례교 교회와 일본인을 위한 세 개의 기독교 단체가 있습니다. 최근 수요일 저녁, 미국 신학교의 한 교수가 한 교회를 지날 때 수백 명의 흰옷을 입은 한국인들이 달빛이 쏟아지는 거리로 쏟아져 나왔는데, 마침 주중 기도 시간이 끝날 무렵이었습니다. 이 교수는 자신이 동양을 여행하면서 본 것 중 가장 멋진 광경이었다고 말했습니다. 이 평양의 기독교인들은 여러 종류의 선한 일에 끊임없이 활동하고 있습니다. 그들은 지역 교회를 지원하고 외국에 복음을 전파하기 위해 많은 돈을 기부합니다. 현재까지 가장 큰 단일 기부금은 한 기독교 평신도가 도시 중심부에 유치원을 짓기 위한 토지 구입과 건축을 위해 기부한 70,000엔(35,000달러)입니다. 이 유치원은 다른 유치원과 함께 어린 아이들로 가득 차 있습니다. 미래의 자원인 이 유치원이 어떤 교파를 위해서가 아니라 그리스도를 위해 어린이들을 얻게 되기를, 그리하여 동양의 이 위대하고 성장하는 도시에서 그리스도를 영접하는 유치원이 되기를 바랍니다. 그리하여 이 도시와 그 경계 안에 있는 모든 사람들이 그분의 혜택을 받게 될 것입니다.

　　이 도시의 기독교 공동체가 도움이 필요한 이에게 도움의 손길을 내민 또 다른 곳은 유니온 크리스천 병원입니다. 이 병원은 구 홀 기념 병원, 여성을 위한 은혜 병원, 캐롤라인 래드 병원의 통합된 이름입니다. 이 병원은 현재 연간 약 15,000명의 환자를 진료하고 있습니다. 완전한 간호 조직이 운영된 지 6개월이 지났고, 여러 선교사들과 외국인 노동자, 한국인 등 모든 관계자들이 연합된 섬김으로 좋은 교제를 나누며 함께 일하고 있습니다. 하나님의 나라는 말과 권능으로 임하는 것이 아니라 행함으로 임하며, 공동의 섬김의 행위는 우리를 거룩한 교제 안에서 하나로 묶어줍니다. 정부는 매우 큰 자선 병원에서 매년 수천 명에게 가장 도움이 되는 봉사의 손길로 도움을 주고 있습니다.

우리 평양의 자랑거리 중 하나는 평양 외국인 학교입니다. 1899년에 설립된 이 학교는 현재 한국 전역에서 온 선교사 및 기타 외국인의 자녀인 50명의 소년 소녀들이 재학 중입니다. 이 학교에 가장 필요한 것은 늘어나는 학생들을 수용할 수 있는 새로운 교실 건물입니다.

우리는 이 학교를 관장해 온 정부 관리들에 대한 언급 없이 이 간략한 평양의 스케치를 마무리하고 싶지 않습니다. 그들은 선교사들과 기독교 사역의 모든 부분에 대해 가장 정중한 배려를 해 주었고, 우리는 그들을 우리의 관리로서뿐만 아니라 우리의 친구로서도 기쁘게 생각합니다.

결론적으로, 우리는 미래에 대한 풍성한 약속으로 가득 찬 우리 도시에 대해 지나치게 부풀어 기대하지 않을 것이지만, 우리의 선한 행위가 이렇게 좋은 곳을 향하게 하신 것에 감사하며, 평양과 모든 사람을 위해 마땅히 섬길 수 있도록 노력할 것입니다. 이 글은 의도적으로 도시 모습에 대해서만 다루었으며 평양시를 중심으로 한 광범위한 기독교 사업에 대해 말하려고 하지 않았습니다.

선교지 상황의 위기와 극복

　존 무어의 선교는 현장에서 값진 신앙적인 경험을 했음에도 불구하고 3.1 운동 같은 일제의 탄압도 경험했고 경제공항의 전초가 되는 불황의 오랜 늪으로 선교지 지원 등도 타격을 계속 입게 되었다. 뿐만 아니라 자연재해에 취약했던 오래된 도시 평양의 자연재해로 인한 피해들도 경험한다. 당시 평양 지역을 휩쓴 홍수로 인해 교회와 가옥이 쓸려가고 선교지의 많은 건물들이 쓸려갔던 일이 닥친다. 이 경험으로 인해 평양 지역의 전체 교인 중 1,000명 정도는 다른 지역으로 이주한다. 이로 인해 교회 신앙 공동체, 학교들이 의욕을 상실했으며 실재로 몇 공동체는 다시 일어설 힘조차도 없는 궁지로 몰려갔다. 이러한 때에 외부의 도움도 이어졌는데 한국 내의 타 교회, 선교비의 후원, 한국인의 희생적인 헌금을 중심으로 자체적인 해결, 미국에 있는 친구들의 후원이 큰 힘이 되어 홍수와 경제 불황을 조금씩 헤쳐 나가는 모습이 다음의 보고서에서 나타난다. 결국 위기 극복의 핵심은 같은 신앙을 가진 사람들의 도움과 기도에 있었다.

1924년 연회 보고서
평양 동부와 서부 지방*

존 무어, 감리사.

장마철이 왔습니다. 한국의 장마철을 경험해 본 사람만이 그 의미를 알 수 있습니다. 얼마 전 우리 아이들은 평양에 비가 오면 소래해수욕장에는 비가 내리는지, 미국에는 비가 내리는지에 대해 토론을 하고 있었습니다. 아직 다섯 살도 안 된 어린아이가 이렇게 말하며 논쟁을 마무리했습니다. "평양에 비가 오면 당연히 온통 비가 오죠, 왜냐하면 이 세상은 모두 하나로 묶여 있기 때문이에요." "이 세상이 하나로 묶여 있기 때문에" 우리는 감리교회뿐만 아니라 이 먼 한국 땅에서 하나님 나라의 발전에 대해 보고해야 할 일이 있습니다.

---

* John Z. Moore, "Pyengyang East and West Districts," *Minutes of the Korea Annual Conference of the Methodist Episcopal Church*, 1924. 9. 17-22, 48-51.

한국에서 우리는 장로교회와 영토를 나누고 있으며, 평양과 그 주변 영토의 훨씬 더 큰 부분을 우리 자매 교회가 잘하고 있습니다. 우리는 한국 교회 시설의 20분의 1, 전체 교인수 10분의 1, 또는 약 30만 명의 영혼을 가진 교구를 가지고 있습니다. 평양시에서 100마일도 떨어지지 않은 곳입니다. 도로 개선과 충실한 포드 덕분에 이 구역의 접근성이 해마다 향상되고 있습니다. 5월과 6월에 저는 여러 곳에서 하루 종일 36번의 집회를 열었고, 5일 동안은 지방회를 위해 집회를 열었습니다. 포드의 계기판은 이 두 달 동안 2,500마일을 더 달렸다고 표시했습니다.

중앙 기관이 위치한 평양시는 인구 10만 명의 번성하고 성장하는 도시입니다. 이 중 약 7만 명이 한국인이고 나머지는 일본인입니다. 10년 만에 인구가 세 배로 늘어났지만 아직 그 끝은 보이지 않습니다. 한 동료 선교사는 "2주만 도시를 벗어나면 신축 건물로 인해 달라진 거리의 모습 때문에 집으로 돌아가는 길을 찾기가 힘들다."며 "이 곳에서는 기독교가 도움을 줄 수 있는 일이라면 무엇이든 할 수 있는 사람들의 마음이 열려 있기 때문에 우리는 일어나서 일해야 한다."고 말했습니다. 현재 지구에는 100개의 교회가 있습니다. 등록한 출석교인을 포함한 총 신도 수는 11,696명이며, 이는 작년에 비해 약간 감소한 수치로, 홍수 피해 지역에서 다른 지역으로 이주한 신도 수가 약 1,000명에 달하기 때문입니다. 총 입교인 수는 3,727명입니다. 작년에 우리는 435명에게 세례를 베풀었습니다. 한국인 목사님들은 세례를 베푸는 일에 있어서 매우 보수적입니다. 현재 1,350명이 세례를 준비하기 위해 수업을 하고 있습니다. 연회는 23개의 지방회로 나뉘며, 각 지방회에는 1개에서 10개 교회가 있습니다. 30명의 목회자와 임원이 교회를 돌보고 있으며, 그 중 19명이 지방회 남성입니다. 주일학교는 155개이며 10,894명의 장학생이 있습니다. 연회 내에는 5,224명의 학생이 재학 중인 65개의 초등학교, 724명의 학생이 재학 중인 2개의 고등학교, 700명의 어린이가 재학 중인 10개의 유치원이 있습니다. 여성 성경학교에는 90명의 여성이 있으며, 유니온 기독교 병원과 연계된 간호사 양성학교에는 30명의 한국 소녀들이 있습니다.

12개월 동안 30명의 목회자를 위해 21,798엔이 지원되었습니다. 이 중 2,170엔은 선교비였고 나머지는 현지 교회에서 보내온 헌금이었습니다. 다시 말해 '목회자 지원'에 관한 한 이 지방회는 10%의 선교비와 90%의 자비량으로 운영되고 있습니다. 모든 현지 비용은 교회에서 부담합니다. 자선헌금은 2,737엔이었고 현장 헌금은 총 101,831엔이었습니다. 약 85만 엔입니다. 가장 큰 항목은 건축비 34,578엔입니다.

1923년 4월 1일, 구민들의 기억 속에 남아 있는 최악의 홍수로 인해 구의 중심부가 마비되었다는 사실을 기억한다면 이러한 결과는 더욱 놀랍습니다. 이 대재앙의 여파로 엄청난 인명 손실과 고통, 죽음이 발생했습니다. 수천 명이 집을 잃었고, 수백 명이 집과 농작물을 잃었으며, 심지어 밭이 물에 잠기는 일도 발생했습니다. 8월 13일에는 황해와 접해 있는 일부 지역이 그 어느 때보다 높은 5피트 높이의 해일이 덮쳤습니다. 이곳에서도 논밭과 집, 인명 손실이 컸습니다. 우리 기독교인들도 다른 사람들과 함께 고통을 겪었고 20개의 교회가 파손되거나 파괴되었습니다. 우리는 즉시 난민들을 위해 교회와 학교를 개방하여 구호 활동을 시작했고, 선교사들의 도움의 손길을 통해 한국인들은 기금을 보내기 시작했으며, 한국 전역의 교회에서 헌금이 모아졌습니다. 우리 위원회는 수백 엔 상당의 식량과 의복을 분배하고 현금 3,990.81엔을 모아서 사용했습니다. 교회 수리 및 건축 상황은 해외선교위원회로부터 4,000달러의 특별 보조금을 받아 크게 완화되었습니다. 이는 패배를 승리로 바꿀 수 있는 수단이었기에 가장 감사한 일입니다. 우리는 총 24,200엔의 비용으로 폐허가 된 지역에 16개의 교회를 수리하거나 건축했으며, 그 중 9,300엔은 선교사 본부의 기금과 기타 선교 헌금으로, 14,900엔은 한국 기독교인들이 보내주신 헌금으로 충당했습니다. 하와이 한인교회에서 약 500엔을 후원해 주셔서 감사하게 생각합니다.

이 외에도 다른 교회와 학교를 건축했습니다. 올해 신축한 건물은 총 12개 교회, 9개 학교, 1개 사택, 1개 관리인 사택입니다. 새로 지은 교회 중 가장 큰 교회는 평양시 진남포 배성리와 신양리 교회입니다. 이 교회들은 각각 약 400명의 교인이 모이고 있습니다.

사리원에서는 교회와 유치원을 위한 건물과 땅을 확보했습니다. 이곳은 평양에서 남쪽으로 40마일 떨어진 철로변에 있는 약 2만 명의 인구가 사는 새로운 도시입니다. 우리는 약 1년 전에 일을 시작했습니다. 처음에 우리는 선교부에 자금을 요청했습니다. 거절당하자 우리는 한국 가정 및 외국인 선교회에 호소했습니다. 그들도 자금 부족을 이유로 도움을 거절했습니다. 그래서 우리는 스스로에게로 눈을 돌렸습니다. 지방 감리사와 목사들이 모인 회의에서 1,000엔을 약정했고, 지방 감리사는 미국에 있는 친구로부터 또 다른 1,000엔을 확보했으며, 사리원의 새 그룹이 500엔을 기부했습니다. 이 2,500엔으로 400명의 신도와 70명의 어린이가 다니는 유치원을 수용할 수 있는 좋은 위치에 건물을 구입했고, 현재 150명의 신도가 있으며 목회자 월급으로 매달 25엔을 지급하고 있습니다. 우리는 앉아서 선교부가 대신 해주기를 기다리는 대신 스스로 할 수 있는 힘이 있다는 것을 배웠습니다.

세계를 위한 연례 성경학교와 부흥회는 약 400명이 참석한 가운데 두 번에 걸쳐 열렸습니다. 이 부흥회가 끝난 후 거의 모든 교회가 일주일 이상 성경 공부와 전도 활동을 진행했습니다. 59개 교회에서 성경 공부에 총 3,628명, 저녁 집회에 평균 8,602명이 참석하여 총 952명이 새 신자가 되었다고 보고했습니다. 많은 교회가 집회 보고를 하지 않았습니다. 매우 큰 축복과 영적 고양의 계절은 특별 기도와 성경 읽기를 하는 주간이었습니다. 지방 감리사는 성절기를 지키기 위한 일정을 발송했고, 이를 지키는 곳마다 풍성한 축복이 임했습니다. 이 글을 쓰고 있는 지금이 7월의 무더운 날이지만 진남포의 큰 교회에서 은혜로운 부흥의 소식이 들려오고 있습니다. 8월에 열리는 여름 기도회와 성경 공부를 위해 목사님들이 산속 성전에 함께 모였습니다.

평양시에 있는 우리 고등학교들은 신앙적으로 좋은 한 해를 보냈습니다. 많은 학교들이 파업과 다른 문제들을 보고했지만, 우리는 이러한 문제들로부터 보호받으며 학교 역사상 최고의 한 해를 보냈습니다. 남자 고등학교는 560명, 여자 고등학교는 164명의 학생이 있습니다. 이 두 학교는 한국 최고의 사립학교 중 하나입니다. 김득수 남학교 교장 선생님이 총회에 대표로 참석했습니다. 한 해 동안 평양 시내 감리교 학교의 학생 사진을 찍어보니 고등학교, 초등학교, 유치원, 성경학교에 2,266명의 소년 소녀들이 있었으며, 올 봄에는 정부가 일본 고등사범학교 입학시험을 실시했습니다. 한국인과 일본인 남학생 300여 명이 시험에 응시했습니다. 한국인 두 명만 합격했습니다. 한 명은 올해 졸업생 중 한 명으로 감리교 목사님의 아들이었습니다. 평양에 소학교 건물과 유치원을 새로 짓고, 진남포에 유치원 건물 두 개를 신축하여 학교 시설의 효율성을 크게 높였습니다.

올해는 세 병원을 하나의 연합기독병원으로 통합하는 오랜 숙원 사업이 완성된 해입니다. 통합 병원은 세 개의 개별 병원이 했던 것보다 더 크고 더 좋은 일을 하고 있습니다. 이곳에서 그리스도의 손길이 다른 어느 곳보다 더 많이 뻗어 있으며, "고통의 하얀 침대에서 하나님의 목적을 기다려야 하는" 많은 이들이 처음으로 주님을 개인적인 구세주로 영접했습니다.

여러모로 힘든 한 해였습니다. 홍수와 경제 불황이 그들의 부담을 가중시켰습니다. 그러나 우리는 전반적으로 최고의 한 해를 보냈고, 한국 기독교인들의 총 기여도도 그 어느 때보다 높았습니다. 모든 목회자들이 1년 전에 임명된 대로 연말에 임기를 마쳤습니다. 그분들과 함께 일하는 것은 끊임없는 기쁨이었고, 어려운 상황 속에서도 그분들의 충실함은 칭찬을 넘어선 것이었습니다. 1923년 6월부터 1924년 6월까지 한 해 동안 눈부신 성과를 거둘 수 있었던 것은 그들과 성서부인, 수많은 주일학교 일꾼들, 주일학교 교사들, 그리고 신실한 봉사로 자신을 바친 수천 명의 한국 기독교인들 덕분입니다. 그 일을 하시고 우리가 섬기는 그분께, 복된 기쁨의 교제 속에서 모든 영광과 찬양을 드립니다.

존 무어는 평양의 광성학교, 평양 남부 지역의 사리원, 진남포의 교회와 유치원 등의 토지 등 교육 기관의 유지와 확장을 위해 힘쓰는 모습을 살펴볼 수 있다. 특히 일제의 한국인 노동자에 대한 부당한 대우로 노동 현장, 학교 현장의 파업 등이 있던 상황에서 광성고등보통학교는 이러한 파업을 피해갔고 학생들의 학업 성취도 또한 높아졌다. 일제 총독부의 일본고등사범학교 입학시험에 한국, 일본 학생이 300여 명이 응시한 가운데 한국인 2명이 합격했다. 그 중 1명이 광성 출신이었다. 다른 학교들은 운영난, 파업으로 어려움을 겪는 가운데 광성고등보통학교는 학업 성취도가 전국적으로 상위 수준에 이르고 있는 것을 살펴볼 수 있는 대목이다. 존 무어는 사우어 부부가 맡았던 영변 지역에 부재한 가운데 감리사로서 평양 북부 지역에 있는 영변 지구까지 담당했다. 영변 지역에 순회목회자로서 여러 차례 방문을 했고 자신 보다는 한국인 목회자가 이미 자립을 하면서 자리를 잡아나가기 때문에 목회를 안정되게 하는 모습을 보고한다.

영변 지방*

존 무어, 감리사.

이 보고서는 1923년 6월부터 1924년 6월까지의 기간을 보고합니다. 영변 지방은 산악지대로 교회들이 대부분 멀리 떨어져

---

*　　John Z. Moore, "Yeng Byen District," *Minutes of the Korea Annual Conference of the Methodist Episcopal Church*, 1924. 9. 17-22, 58-59.

있으며 흩어져 있습니다. 지난 한 해 동안 영변에 거주하는 전도선교사나 지방 감리사의 부재로 인해 사역에 어려움을 겪었습니다. 필자는 평양에서 최선을 다해 이 지방을 두 차례 방문하며 사역을 지시했지만 신경쓰지 못해서 만족스럽지 못한 사역 방식이었습니다. 영변시 사역은 사우어 부부의 신실하고 희생적인 섬김이 있었습니다. 이 발전된 선교 구역에서 새 선교사들은 혼자서 거의 불가능한 일을 하고 있습니다. 이 신임 선교사들은 지난 한 해 동안 영변에서 큰 공로를 세웠습니다.

이제 이 지방회에는 11개의 속회가 있습니다. 한 명의 예외를 제외하고는 모든 목회자들이 지난 연회에서 임명된 대로 일하고 있습니다. 북진에서는 목회자가 사임했지만 최고의 신학교 학생 중 한 명의 보살핌으로 사역이 번창하고 있으며, 이 지방회는 총 922명의 입교인과 총 3,349명의 출석 교인을 보유하고 있습니다. 지난 한 해 동안 130건의 세례가 있었습니다. 총 42개의 교회가 있으며, 59개의 주일학교에 2,793명의 교인이 등록되어 있습니다.

목회 지원에 사용된 총 금액은 5,935엔이며, 이 중 2,941엔이 선교부에서 나왔습니다. 즉, 이 지역은 절반 정도는 자립하고 있으며, 총 자비량 헌금은 21,000엔이 넘고, 그 중 14,000엔 이상이 영변 시내에 고등학교 건물을 신축하는 데 사용되었습니다. 완공이 임박한 이 새 건물은 지금까지의 작업 중 최고의 한국식 건축물로 손꼽히는 학교 건물이 될 것입니다. 이 건물은 길이가

200피트, 폭이 30피트에 달하며 5개의 교실과 사무실을 갖추고 있어 총 200명 이상의 학생을 수용할 수 있습니다.

고등학교에는 약 75명의 학생이 재학 중입니다. 영변의 초등학교는 학생 수 부족으로 폐교되었고, 학군 내 남학교는 단 한 곳만 남았습니다. 여학생을 위한 4개의 초등학교에는 약 350명의 학생이 재학 중입니다.

태춘에서 열린 연례회는 많은 회원들이 참석했으며, 지금까지 참석했던 연례회 중 가장 훌륭한 연례회였습니다. 한 해 동안의 발전은 한국 목사님들과 다른 일꾼들의 충실한 사역 덕분입니다. 특히 영변시 목사님은 11년 동안 한 자리에서 시무하는 최장 시무 기록을 갖고 계십니다.

올해의 가장 큰 성과는 미스 에스더의 귀환입니다. 그 어떤 선교사도 에스더 선교사의 사역 기간이나 효율성에 근접한 적이 없으며, 건강 악화로 인해 그녀는 다시 떠날 수밖에 없었고, 그녀의 떠남에 깊은 슬픔이 있었고 끊임없이 그녀를 위해서 기도했습니다.

이 간략한 보고서를 감사의 말과 함께 보고드립니다. 힘들지만 생산적인 현장이 방금 지나간 한 해보다 내년에는 더 나은 결실들이 있어 보고할 수 있기를 기도합니다.

위 보고서에서도 알 수 있듯이 한국인 목회자들이 목회에 전념했지만 영변 지역은 학생 수 부족으로 초등학교가 폐교되고 고등학교는 유지되어 학교 건물을 완공했다는 보고를 살펴볼 수 있다. 이 지역 여성들의 선교를 담당하는 에스더 선교사의 귀환도 있었다. 영변 지역을 평양과는 상대적으로 선교사, 교사 등의 수가 적어 학교 같은 경우에는 관리가 안되는 경우도 있었다.

광성고등보통학교는 여름방학을 맞이해 Y.M.C.A를 중심으로 농촌과 외지에 복음을 전파하고 필요한 곳에 봉사를 실시했다. 학생 Y.M.C.A는 존 무어가 대학생 시절 신앙의 체험을 했던 기관으로서 해외선교사를 지원하는 결정적인 계기가 되었다. 광성고등보통학교에서 학생 Y.M.C.A활동이 있는 것도 존 무어의 신앙경험과 무관하지 않다. 따라서 Y.M.C.A 조직은 광성학교에 봉사·신앙의 정신을 키워주는 중요한 역할을 했다.

1924년
광성고등보통학교 연회 보고서*

김득수, 교장.

윌리엄 쇼, 종교국장.

---

* T. S. Kim, W. E. Shaw, "Kwang Sung Higher Common School," *Minutes of the Korea Annual Conference of the Methodist Episcopal Church*, 1924. 9., 69-71.

지난번 연회에 제출한 보고서에서 우리는 학생 수가 1922년 357명에서 1923년 582명으로 갑자기 증가한 것에 대해 다소 우려했는데, 특히 신입생이 대부분 비기독교인이었기 때문입니다. 우리는 등록을 560명의 남학생으로 제한하고 이들에 대한 전도 문제에 전념했으며, 다음 수치는 지난 한 해 동안의 진전 사항을 보여줍니다:

내용/연도	1923	1924
기독교인	257 / 45%	350 / 54%
문의자	185 / 32%	57 / 10%
비독교인	130 / 23%	147 / 26%

기독교인의 비율은 증가세를 보이고 있지만, 학생의 4분의 1이 아직 기독교 프로그램을 확실히 접하지 못했다는 사실은 아직 해야 할 일이 많이 남아있다는 것을 보여줍니다.

지난 한 해 동안의 기독교 활동은 주목할 만한 가치가 있습니다. 6주밖에 되지 않는 여름방학 동안 32명의 학생들이 시골 마을로 가서 새로 조직된 매일 방학 성경학교에서 각각 90시간씩 가르쳤습니다. 방학이 짧고 무더운 날씨와 많은 소년들이 매우 가난하다는 사실을 고려할 때, 이는 이 학생들의 진정한 희생을 의미합니다.

다른 10명의 소년들은 복음 팀을 구성하여 수백 명의 비 기독교인들에게 노래와 설교로 기독교 메시지를 전하기 위해 현지로 들어갔습니다. 한 팀은 한 장소에서 천 명이 넘는 사람들에게 복음을 전했다고 보고했습니다. 학생들 중 다른 학생들은 그들의 집으로 가서 그들의 사람들을 그리스도께로 인도하기 위해 최선을 다했습니다. 한 절름발이 소년은 기독교인이 두 명밖에 없고 사람들이 지역 무당의 지배를 받고 있는 자신의 고향 마을에 갔다고 보고했습니다. 그는 여름 내내 그들에게 복음을 전했고, 그 결과 40명이 넘는 새로운 기독교인 그룹이 생겨났습니다.

봉사 열기의 일부는 5개월 전에 조직된 학생 Y.M.C.A. 덕분입니다. 처음에는 전체 학생을 이 단체에 가입시키려는 시도를 하지 않았고, 좀 더 진지한 크리스천들을 선발하는 과정을 거쳐 현재 약 50명의 학생들이 모였습니다. 우리의 가장 큰 바람은 사회 단체라기보다는 일꾼들의 모임입니다. 몇 년 안에 우리는 학생의 더 많은 비율이 등록하기를 희망하며, 우리 학생 중 6명과 2명의 교사가 송도(개성)에서 열린 학생들을 위한 Y.M.C.A. 여름 집회에 참석하여 모두 집회에 진심으로 참석하였습니다.

학업적인 측면에서 볼 때 광성학교는 아마도 이보다 더 좋은 상태는 없을 것입니다. 3월에 우리는 총 27명의 5년제 학생들로 구성된 첫 번째 학급을 졸업했습니다. 현재 이들 중 4명은 세브란스에서 의학을 공부하고 있고, 2명은 조선기독대학교(연희전문 전신)에, 1명은 신학교에, 4명은 교직에, 3명은 사업에, 6명은 농사를 짓고 있으며, 7명은 행정대학에서 공부하고 있습니다. 일본인과 조선인이 모두 참여한 경쟁시험의 결과 평양의 모든 중학교에서 합격한 유일한 학생이 광성의 1924년 졸업생이었다는 사실에 자부심을 느낍니다.

1918년 광성학교가 정부로부터 인가를 받은 이후 지금까지 62명의 졸업생을 배출했으며, 이미 동창회가 결성되어 활동 중이어서 앞으로 좋은 일이 기대됩니다.

학교 재정은 양호한 편입니다. 연간 예산은 약 3만 엔으로, 그중 절반은 주로 수업료로 충당하고 있습니다. 일본 정부에서 매년 1천 엔의 보조금을 받고 있고, 선교 예산은 1만 2천 엔입니다. 가을 학기에는 학비를 내지 못해 학생 수가 급격히 감소할 것으로 보입니다. 한 해 동안의 홍수 재해에 이어 가뭄이 전국을 강타했습니다. 일자리를 신청한 55명의 소년 중 26명이 선발되었는데, 주로 장학금을 기준으로 선발되었습니다. 우리는 소년들이 학교나 기숙사, 선교부 건물 주변에서 시간당 미화 5페니의 임금을 받고 일하는 것 외에는 돈을 주지 않습니다. 학교에서 자신의 자리를 지키기 위해 힘든 육체 노동도 마다하지 않는 학생들을 보면, 일을 경멸하는 학자의 시대는 지나가고 새로운 날이 밝아오고 있음을 깨닫게 됩니다.

전국의 학교에서 파업과 파업 소문이 끊이지 않았던 한 해였지만, 광성고는 모든 것이 조용히 그리고 꾸준히 앞으로 나아갔다는 점에서 특별히 축복받은 한 해였습니다. 교장 선생님은 봄학기 내내 매사추세츠 주 스프링필드에서 열린 총회에 대의원으로 참석하느라 미국에서 시간을 보냈고, 그 과정에서 지금의 광성을 만드는 데 도움을 준 많은 분들과 우정을 새롭게 다졌습니다. 그가 부재하는 동안 쇼 W. E. Shaw 선생이 교장직을 수행하면서 한국인 및 일본인 교사들과 한국의 교육 방법을 더 가까이 접할 수 있는 좋은 기회를 누렸습니다.

영어과에서 앤더슨 부인, 무어 부인, 쇼 부인의 충실하고 귀중한 봉사는 매우 감사한 일이었습니다. 그들은 영어 교육의 다른 단계는 한국인 교사들에게 맡기고 회화와 발음을 강조하여 가르쳤습니다.

우리는 좋은 한 해를 보냈습니다. 광성고가 한국의 크리스천 삶에 감동을 주는 학교가 되기를 소망하며 새로운 용기를 가지고 연회에 임합니다.

광성고등보통학교. W. E. 쇼, 종교국장

광성고등보통학교의 보고 내용 가운데 눈여겨 볼 부분은 전국에서 상위권에 해당하는 학업성취도를 계속 보여주고 있다는 점이다. 5년제 학생 가운데 27명 중 4명이 세브란스 의대에, 2명이 조선기독대학교

(연희전문 전신), 1명은 신학교, 4명 교직, 3명 사업, 6명 농사, 7명 행정대학에 진학했고 광성중학교 졸업생이 평양의 중학교에서 유일하게 사범학교에 진학했음을 선전하고 있다. 이러한 학교의 위상이 있기까지 존 무어와 김득수의 희생이 있었다. 광성고등보통학교의 시설 확충은 계속되고 있었고 고등학교의 본관 건물에 이어 채플과 강당, 초등학교의 본관 건물 등의 필요가 있었기에 존 무어는 이를 추진할 재정을 마련하고 있었다. 안타깝게도 계속 이어지는 경제 공황과 홍수, 연이은 가뭄으로 제정이 어려워진 한국사회에서 평양 동부, 서부, 영변 지구의 목회자 월급을 40% 줄여 어려움을 타개하려고 했다. 다행히 36명의 목회자 가운데서 1명만 그만두었기에 선교지가 유지 되었지만 평양의 주간학교들이 존폐의 위기까지 몰리기도 했다. 목회자 인건비를 40%나 삭감하는 등 주간학교의 운영비를 아껴 모두 문을 닫지 않고 유지 것을 볼 때 선교지를 유지한다는 것 자체가 매우 힘든일이었음을 깨닫게 된다. 또한 광성학교의 초등학교는 새 건물이 거의 완공을 앞두고 있는 상황이라 파업이 잦아서 휴교하는 타학교와 다른 모습을 보여주었다.

1924 연례회 보고서
평양 동부와 서부 및 영변 지방*

존 무어, 감리사.

---

*　John Z. Moore, "Pyengyang East and West, and Yeng Byen Districts," *Minutes of the Korea Annual Conference of the Methodist Episcopal Church*, 1925. 7., 125-127.

이 보고서는 1925년 6월에 마감된 한 해 동안 위에 열거된 구역을 다룬 세 개의 보고서입니다. 세 구역을 한 감리사 밑에 두는 것은 효율성을 위한 것이 아니라 이 일을 감당할 선교사가 부족하기 때문입니다. 이 세 구역은 감리사가 살고 있는 평양시에서 남쪽으로 100마일, 북쪽으로 130마일, 동쪽으로 50마일, 서쪽으로 35마일에 걸쳐 있는 북한 지역입니다.

이 구역에는 약 50만 명의 주민이 거주하며 일반 농업, 비단 재배, 석탄 및 금광, 소금 생산, 일반 상거래에 종사하고 있습니다. 평양시는 한국의 다른 어떤 도시보다 빠르게 발전하고 있으며 현재 인구는 105,000명이 넘습니다. 이 도시는 제조업의 중심지로 급부상하고 있으며, 우리 한국 기독교인들은 과거 짚신을 대신해 고무신을 만드는 데 앞장서고 있습니다.

이 지역에는 140개의 감리교회가 있으며 총 15,000명의 신도가 있습니다. 자세한 내용은 연회 보고서의 통계표를 참고하시기 바랍니다. 지역이 너무 나누어져 있어 장로교 선교부와 유일하게 공통된 지역은 평양시뿐입니다: 이 선교회는 우리 지역 곳곳에서 강력한 활동을 하고 있으며, 영국 교회, 회중 교회, 제칠일안식일예수재림교회가 지역 곳곳에 흩어져 있습니다.

경제 불황, 홍수의 여파, 그리고 모든 곳에서 언급되고 있는 실제적인 삭감으로 인해 어려운 한 해였습니다. 누군가는 비관론자와 낙관론자의 차이점을 이렇게 말합니다. 비관론자는 기회에서 어려움을 찾고 낙관론자는 어려움에서 기회를 찾는다고 말했습니다. 적어도 "하나님이 큰 약속을 하시면 이를 믿음으로 일을 해낸다."는 말은 사실입니다. 패배의 한 해가 아니라 우리가 어떤 존재인지 시험해 볼 수 있는 기회가 많았던 한 해였음을 하나님께 감사드립니다. 올 한 해, 아니 지난 몇 년 동안 한국에서 가장 고무적인 일은 한국 기독교인들이 미국으로부터 선교 기금을 받아내는 놀라운 일이었습니다.

목회자 월급은 전체 사역의 40%가 삭감되었습니다. 그 결과 36명의 목회자 중 단 한 명만이 사역을 중단했습니다. 삭감이 없었더라면 사역에 투입되지 못했을 새로운 사역자들도 있지만, 한국 교회가 용기있는 방식으로 부족한 부분을 메워준 것에 대해 말로 다할 수 없이 감사합니다.

우리의 훌륭하고 가장 중요한 주간학교들, 대부분 평양 지구에 있는 주간학교들이 존폐의 위기에 처해 있었습니다. 감리사는 즉시 믿음으로 큰 책임을 맡았고, 현재까지 이 학교들 중 어느 곳도 문을 닫지 않았다는 것을 보고 드리게 되어 기쁩니다. 일부는 효율성이 떨어졌지만 폐쇄된 학교는 없었습니다. 이것은 미국에 있는 친구들의 훌륭한 후원과 어둠에서 빛으로 나아가려는 한국 기독교인들의 새로운 결단 덕분입니다.

평양고등학교는 총 예산 약 3만 엔에서 삭감된 3천 엔을 등록금 인상으로 별다른 어려움 없이 흡수했습니다. 그러나 이러한 방법은 학교를 부유한 기관으로 만드는 경향이 있는데, 이것은 우리가 원하지 않는 방식입니다. 우리가 부유함을 반대하는 것은 아니지만, 교회로서 우리는 여전히 가난한 사람들과 함께하고 있고, 모든 시대, 나라에서와 마찬가지로 부유한 젊은이들은 여전히 이러한 공동체에 참여하지 않는 경향이 있는 것은 사실입니다. 삭감의 슬픈 점은 그것이 우리의 사역을 없애지는 않지만 때때로 우리가 원하는 것보다 덜 그리스도인이 되기를 강요한다는 것입니다.

영변 고등학교. 대부분 특별 기금에 의해 유지되고 있습니다. 현지에 강력한 기독교인 후원자가 없고 아직 학생 수가 많지 않기 때문에 미래가 불확실합니다. 특별 기금으로 도움을 주신 모든 분들이 이 기금을 지속하고 늘려주실 것을 부탁드립니다.

홀 기념 병원, 여성 병원, 장로 병원이 연합한 평양연합병원은 역대 최고의 한 해를 보냈습니다. 세 병원을 합친 것보다 훨씬 더 많은 일을 했고, 훨씬 더 좋은 성과를 거두었습니다. 우리는 앤더슨 박사가 휴직에서 돌아오기를 기다렸고 이제 그를 환영합니다. 그가 가져온 훌륭한 엑스레이 장비는 이 부서를 극동 지역에 있는 어떤 부서와 견주어도 손색이 없을 정도로 훌륭하게 만들었습니다.

성경 기관과 성경 교실은 그 어느 때보다 더 잘 참석하고 더 좋은 결과를 가져왔습니다. 20년 전에는 지방 감리사가 나가서 성경 기관을 열면 한 번만 열렸습니다. 올해 평양 지방에서만 85개의 성서 공부와 부흥회가 열렸고, 지방 감리사는 그 중 두 번만 참석했습니다. 나머지는 목회자와 평신도들이 신앙 생활의 가장 중요한 부분을 위해 기꺼이 봉사하는 방식으로 진행했습니다.

예산이 삭감되었음에도 불구하고 건축을 시작한 지 1년이 채 되지 않았지만, 우리는 7개의 교회와 2개의 학교를 새롭게 봉헌했습니다. 이뿐만 아니라 우리 역사상 가장 큰 규모의 현지 건축 사업이 현재 진행 중입니다. 평양 소년 소학교는 옛 부지와 건물을 15,000엔에 팔았고, 여기에 총 20,000엔의 헌금이 더해져 35,000엔(약 16,000달러)의 훌륭한 현대식 건물을 세우고 있는데, 이것은 원래 건물 매각에 투입된 약 3,000엔을 제외하고는 선교비를 전혀 사용하지 않고 있습니다. 이 새 건물은 현재 이 학교에 재학 중인 800명의 소년들을 충분히 수용할 수 있을 것입니다.

한 해 동안의 축복과 어려움에 대해 우리는 감사하고 용기를 얻습니다. 모든 선교사님들과 모든 한국인 목사님들, 선생님들, 의사들, 그리고 다른 일꾼들의 훌륭한 협력에 감사드리며, 과거를 잊고 더 나은 것을 향해 나아갈 것입니다.

김득수는 위 보고서에 작성된 광성학교의 상황을 보다 자세히 설명하고 있다. 특히 우수한 졸업생 배출과 진학은 평양 지역에서 명문사

학으로 발돋음하는 모습을 보여준다. 뿐만 아니라 광성고등보통학교에 좋은 인재를 영입하기 위한 광성 초등학교에 대한보고를 하고있다. 기존의 선교부가 제공한 초등학교 시설을 매각하고 들어온 수입과 학교 재정을 더해 외부 후원 없이 800명을 수용할 수 있는 초등학교 본관 건물을 완공한 것이다. 미국 감리교 선교회 본부에서 지원금이 30%나 삭감되는 상황에서 학교를 유지하는 것을 넘어서 발전시키고 있는 모습에 광성학교와 교육 선교의 잠재력을 살펴볼 수 있다.

1925년
광성 고등 보통학교 연회 보고서*

김득수, 교장.
윌리엄 쇼, 종교국장.

이번 연회에서 선교사 지원금이 거의 30%나 삭감되었음에도 불구하고 안정적으로 한 해를 잘 마무리했음을 보고드리게 되어 기쁩니다.

3월에 우리는 학교 역사상 최대 규모인 83명의 학생들을 졸업

---

* T. S. Kim, W. E. Shaw, "Kwang Sung Higher Common School," *Minutes of the Korea Annual Conference of the Methodist Episcopal Church*, 1925. 7., 144-146.

시켰습니다. 1918년 이후 지난 몇 년 동안 총 60명의 졸업생이 배출되었기 때문에 우리는 성장하고 있으며, 졸업생의 질이 양적 성장에 발맞추기 위해 모든 노력을 기울이고 있습니다. 올해 졸업한 소년들 중 57명은 세례교인이었고, 15명은 세례 학습자였으며, 11명은 출석교인으로 등록되었습니다. 만약 우리에게 필요한 한국 종교가 있더라도 이렇게 명단에 이름을 올리지는 않았을 것이고 졸업생 전원이 기독교인이 되는 것을 기대하는 것이 오히려 합리적인 생각입니다. 졸업생의 3분의 1 이상, 정확히 26명이 상급학교에 진학하여 학업을 마쳤으며, 그 중 5명은 조선기독대학(연희전문의 전신)에, 2명은 우리 신학대학에, 2명은 세브란스 의과대학에, 1명은 치과대학에, 1명은 사범학교에, 1명은 기술학교에, 14명은 일본에 있는 대학에 진학했습니다. 올해 졸업생 중 18명은 현재 교직에 종사하고 있으며, 나머지 39명은 다른 직종으로 진출했습니다. 이들 중 일부는 경제적으로 여유가 되는 대로 다시 교육을 받겠다고 합니다.

우리는 현재 하급반에 있는 소년들에 관한 몇 가지 통계에 주목하고 있습니다. 올해 4월에 시작된 첫 학기 등록자는 524명입니다. 이 중 354명이 감리교인으로, 114명이 장로교인으로 등록했습니다. 3명은 동양 선교회가 육성하는 성결교단에 속해 있고, 학생 중 한 명은 가톨릭 신자입니다. 이 학교에는 "불신자(비기독교인)"로 등록한 남학생이 52명 있습니다. 우리는 일정 수의 비기독교인을 입학시키는 정책을 유지해 왔으며, 현재 비기독교인의 비율은 1924년 26%, 1923년 23%에 비해 상당히 적은 비율로, 학생 중 238명이 세례를 받았거나 관찰 중이며, 234명이 채플에 단순히 출석 등록되어 있습니다. 이 모든 것은 종교 부서의 활동으로 충분히 관리되리라 생각합니다.

올해 평양의 제일교회 목사 오기선 씨와 우리 지역 일본 감리교회 목사 오카아스 씨의 합류로 성서부의 역량이 눈에 띄게 강화되었습니다. 모든 학생들은 일주일에 두 시간씩 성경을 공부합니다.

매일 채플은 항상 잘 참석합니다. 우리의 채플 출석 시스템은 반강제적이라고 할 수 있습니다. 즉, 남학생들이 줄을 서서 예배당으로 행진하지는 않지만 불성실한 학생들을 가려내기 위해 매일 명부를 확인합니다.

작년에 학생들 사이에서 조직된 Y.M.C.A.는 성장하고 있으며, 학교의 종교 프로그램을 지원하기 위해 학기 초에 다른 비용과 함께 징수되는 1인당 회비로 자금을 조달하는 시스템과 회원들이 참여하는 캠페인에 대한 계획을 세우고 있습니다. 이미 여름방학 동안 종교 활동을 위한 계획이 진행 중입니다. 남학생들은 전도팀을 조직하여 복음을 들고 각 지역에 들어갈 준비를 하고 있고, 작년에 매우 성공적이었던 방학 동안의 성경학교를 위해 학생 교사들을 모집하고 있으며, 8월에 공주에서 열리는 Y.M.C.A.

여름 대회에 우리 학생들 중 두 명 이상을 파견할 준비를 하고 있습니다.

교육적인 관점에서 볼 때 학교는 양호한 상태입니다. 교직원의 변동은 거의 없으며 교직원과 학생들 모두 훌륭한 정신을 가지고 있습니다. 무어 부인과 쇼 부인은 학교의 영어 부서를 구축하는 데 큰 도움을 주었습니다. 일시적인 다른 업무로 인해 그들이 참여하지 못했지만 가까운 장래에 다시 함께 할 수 있기를 바랍니다.

우리는 지난 몇 년 동안 적자 없이 장학회의 업무를 수행해 왔으며, 12월 31일까지 마감되는 회계연도를 비슷한 기록으로 마무리하기를 매우 간절히 바라고 있습니다. 우리의 의지에 반하여 우리는 30% 삭감의 일부를 충당하기 위해 올해 수업료를 10% 인상해야 했습니다. 나머지는 가능한 모든 부분에서 예산을 삭감해야 했습니다. 장비, 가구, 배관 등 실제로 제공해야 하는 항목이 있습니다. 하지만 현재 가장 필요한 것은 쇼 선생님과 협력하여 학교를 위해 미래지향적인 종교교육 프로그램을 개발할 수 있는 한국인 종교부 책임자가 필요하다는 것입니다. 광성에 파송된 유일한 선교사가 선교회의 재무를 맡고 있어 업무의 절반 이상이 이 일에 할애되고 있기 때문에 이 일은 더욱 절실해졌습니다. 선교 수입이 눈에 띄게 증가하지 않는 한 내년도 한국인 사역자를 어떻게 충당할 수 있을지 현재로서는 장담하기 어렵습니다. 올해 예산의 3분의 2는 현지 후원금, 학비 및 기타 비용, 현지 교회 헌금으로 충당하고 있습니다.

광성학교 초등학교 새 건물이 거의 완공되어 한국 사람들에 의한, 한국 사람들을 위한 한국어 교육에 또 다른 진전을 이루었습니다. 35,000엔이 소요된 이 건물에는 새로운 선교 자금이 들어가지 않았으며, 지난 몇 년 동안 말 그대로 서로에게 치여 살아온 800명의 소년들을 수용하게 될 것입니다. 이 중 15,000엔은 원래 선교부가 제공했던 옛 학교 건물을 매각하여 확보한 것이며, 나머지는 모두 한국인들이 모금한 것입니다. 우리는 이 멋진 새 벽돌 건물이 나중에 초등학생들에게 최고의 고등 교육을 제공하게 될 모교와 함께 성장하는 것을 큰 관심을 가지고 지켜보고 있습니다.

광성학교 초등학교는 보통학교의 일부이다. 비로소 초, 중, 고가 제대로 공부할 수 있는 본관 건물이 신축되었다. 경제공황이 드리웠던 1925년 30%의 선교 지원비가 삭감되는 상황에서 수업료를 10% 올리고 나머지 예산을 삭감하는 힘든 상황이었다. 하지만, 1925년에 800여 명이 수업할 수 있는 건물을 지어 평양의 사립광성학원으로 발돋음하게 된다.

선교지의 발전

존 무어는 장로교와 감리교단의 선교지분할 정책에 대해 말하면서 평양 선교지를 한국 선교지의 핵심으로 생각했다. 선교지 분할 정책은 선교지가 겹쳐서 불필요한 선교 활동을 줄이고자 1892년부터 미국 북감리교와 미국 북 장로교 간의 분할 정책을 시작으로 각 교단이 선교 활동 지역을 정하는 정책이다. 특히 평양 지역 감리교의 선교지는 작지만 좋은 구역으로서 자립하고 있으며 평양 감리교 선교부지가 한국 감리교 전체의 25-40% 정도 비중을 차지할 정도로 중요한 지역임을 강조했다. 특히 교세는 전체 한국 미국 북감리교 선교지의 1/4을 차지했고 재정은 그보다 더한 1/3을 차지하여 작아보였지만 강한 교세를 지닌 지역이었다. 그의 보고서를 참고하여 지도 면적으로 보면 작아보이는 규모이다. 하지만 평양 선교 지역은 그렇지 않음을 살펴볼 수 있다. 정량적인 관점으로 교인수, 재정 등의 수치뿐만 아니라 한국 기독교인이 각 지역 교회를 희생적으로 섬기는 모습을 살펴볼 수 있다.

평양 지방*
1926년 연회 보고서
존 무어, 감리사.

필자가 부재하던 수년 전 한국 장로교회와 감리교회 사이에 선교지 분할이 이루어졌을 때 이곳 평양을 중심으로 한 감리교회의 영토는 남해의 섬들처럼 흩어져 있었습니다. 이곳의 넓고 푸른 바다는 장로교 영역이고, 몇 개의 작은 섬들은 감리교 영역입니다. 왜 이렇게 선교지가 분할되었는지 아무도 모르는 것 같습니다. 그러나 이 작은 영토에서 우리 교회가 한국 전체에서 거둔 사역 결과의 1/4을 차지하고 있습니다. 평양서지방은 지역 유지와 목회자 급여에 관한 한 전적으로 자립하고 있으며, 우리 교회에 관한 한 한국에서 유일하게 그런 종류의 지방회입니다. 평양은 전체 교인의 1/4을 차지하고 있습니다. 평양은 전체 연회 헌

---

* John Z. Moore, "Pyengyang District," *Minutes of the Korea Annual Conference of the Methodist Episcopal Church*, 1926. 6., 220-223.

금의 1/3을 헌금했고, 현장에서 모금한 금액도 1/3이 넘습니다. 다시 말해 한국 감리교회의 사업에서 이 정도의 영역을 잘라낸다면 25-40%의 성과가 줄줄이 잘려나갈 것입니다. 현재 진행 중인 사역에 비하면 한국에서의 선교사 비율은 가장 적은 편에 속합니다. 이는 이미 한국인 스스로가 일을 하고 있다는 뜻입니다. 선교사들은 전선에서 할 수 있는 모든 도움을 주고 있습니다. 아직 기독교인이 아닌 약 98%의 사람들을 생각하면 이것은 아직 시작에 불과합니다.

선교지는 22개 구역으로 나뉘며 각 구역에는 1개에서 8개 교회가 있습니다. 25명의 목사와 부교역자가 있습니다. 3명을 제외하고는 모두 일 년 내내 부임했습니다.

목사는 핵심 인물입니다. 교회가 그를 지원하지 않으면 강하고 성장하는 교회가 될 수 없습니다. 평양 동부와 서부의 22개 구역 중 5개 구역을 제외한 나머지 구역은 전적으로 자급자족하고 있습니다. 황해 지구의 산악지대에 있는 이 5개 구역은 전체 예산의 1/2에서 2/3를 부담합니다. 전적으로 자급자족하는 선교지로서 올해 최고의 기록을 세웠습니다. 한 해 동안 목사들의 급여 총액은 16,328엔이었습니다. 이 중 1,100엔이 선교비였습니다. 이는 두 지구의 선교비 85%와 자비량 92%에 해당하는 금액입니다. 몇몇 구역은 헌금 모금에 어려움을 겪기도 했지만, 전례 없이 전액 완납되어 매월 정기적으로 지급되고 있습니다.

한인 가정 및 해외 선교회의 총 헌금은 1,354.28엔이었습니다. 이는 작년에 비해 크게 증가한 수치입니다. 배분 했던 금액보다 132엔이 적었습니다. 연회 전체 모금액은 2,206.44엔이었습니다. 새로운 교회, 학교, 사택 건축을 위해 14,800엔이 지출되었습니다. 이는 정기 월별 예산이 삭감되어 그 해에 4,000달러를 책정했기 때문에 건축을 전혀 도울 수 없었음에도 불구하고 이루어진 것입니다. 학비 이외의 모든 목적으로 모금된 총액은 84,606엔이었습니다. 이는 작년보다 12,282엔이 증가한 수치입니다.

재정 계획에 대한 연구가 진행되어 현재 적지 않은 교회가 주간 헌금과 함께 예산 시스템을 사용하고 있습니다. 추수감사절에는 선교를 비롯한 여러 가지를 위해 많은 헌금을 합니다. 이 헌금에는 돈뿐만 아니라 곡식과 물품도 포함됩니다. 지난 추수감사절 주일 아침, 저는 선교지 소재지가 있는 강서에 있는 큰 교회로 차를 몰고 갔습니다. 마을에 다다를 때 곡식 자루를 등에 지고 지나가는 사람들이 너무 많아서 장날이라고 당연하게 생각했습니다. 도착하자마자 시장의 흔적이 전혀 보이지 않아서 놀랐고, 교회에 들어가자 강단 주변에 300엔 상당의 쌀과 기타 곡물이 쌓여 있는 것을 보았습니다. 그때 저는 이 사람들이 시장에 가는 것이 아니라 추수감사절 헌금을 들고 교회에 가는 것이라는 사실을 깨달았습니다. 신앙은 이전과는 전혀 다릅니다. 개인마다 다른 헌금으로 표시하고 있습니다. 황해 바닷가 새주리에서 우리는 3,000엔짜리 돌로 만든 교회를 짓고 있습니다. 가장 큰 단일 헌금은 15년 전 그곳의 작은 초가집 교회에서 하늘나라로 가신 성스러운 어머니를 기리며 평양의 한 상인이 기부한 700엔입니다. 실제로 과부인 한 노부인이 신양리 교회 경내에 깔끔한 작은 오두막집을 지었습니다. 그 집은 교회에 증여되었고, 할머니는 남은 여생을 이곳에서 보내게 되었습니다. 모교회인 평양제일교회 남산에는 한 형제가 천엔을 헌금하여 낡은 한국식 선교사 사택을 옮겨 다시 세우고, 교구에서 가장 좋은 교구 사택으로 개조했습니다. 이곳은 주일에는 어린이 교회로 사용되며 주중에는 사교 및 종교 모임을 위해 꾸준히 사용되고 있습니다. 칠산에서 한 자매가 고급 성찬 세트를 헌금했는데, 지난 분기 연회에서 이 세트를 사용하면서 자매의 얼굴이 환해졌습니다. 온군기의 훌륭한 평신도인 호 형제는 한국 선교회를 위해 120엔의 헌금을 했습니다. 이것은 지금까지 한국 선교회를 위한 개인 선물 중 가장 큰 금액이며, 개인이 40-150엔짜리 종을 여러 건 기부했습니다. 신천골의 한 학급 반장은 학급에서 받은 선물을 모아 고급 징수판 세트를 마련했습니다.

남학생 고등학교와 여학생 고등학교는 가장 성공적인 한 해를 보냈습니다. 전국적으로 학교 파업이 흔한 상황에서 우리는 심각한 문제 없이 또 한 해를 보냈습니다. 사실 이 두 학교 모두 파업을 한 적이 없습니다. 한국의 고등학교 중 모든 학교가 파업을하고 있습니다. 여고 학생 수는 190명에서 252명으로 증가해 건물

수용 인원을 넘어섰습니다. 학기 초에는 60여 명의 여학생이 교실이 없어 등교를 거부당하기도 했습니다. 남학교의 정원은 500명이지만 현재 572명의 학생이 있으며, 입학시험 당시 수백 명의 학생들이 입학하지 못했습니다. 146명의 남학생으로 구성된 새 학급에는 기독교인이 아닌 학생이 25명이었습니다. 이는 몇 년 동안 가장 적은 비율이며, 우리 고등학교가 점점 더 기독교 초등학교로 채워지고 있음을 나타냅니다. 김득수 교수(컬럼비아 대학교)는 소년 고등학교의 교장으로서, 그리고 모든 교육 문제에 대한 전반적인 조력자이자 조언자로서 든든한 버팀목이 되어주고 있습니다.

4,179명의 학생이 재학 중인 41개 초등학교는 정규 예산이 계속 삭감되는 상황에서도 번영을 누리고 있습니다. 지역 주민들의 노력과 미국 친구들이 125달러씩 보내준 특별 선물이 더해져 현재 평양시 학교에는 835명의 남학생과 14,000엔의 연간 예산이 책정되어 있습니다. 이 학교는 전액 자비로 운영됩니다. 교장 선생님에 따르면 모든 남학생이 일요일에 주일학교에 다닌다고 합니다. 이 초등학교 아래에는 현재 17개 유치원에 867명의 어린이가 있습니다. 이들은 미래의 희망입니다.

모든 교회에는 주일학교가 있고, 많은 교회에는 남자, 여자, 어린이를 위한 주일학교가 두 개 또는 세 개씩 따로 있습니다. 146개의 주일학교에 총 9,442명이 등록되어 있습니다. 한 해 동안 두 개의 주일학교 기관이 훌륭한 결과를 보여줍니다.

지방회에는 25개의 엡워스 단체가 있으며 938명의 회원이 있습니다. 여기에는 발전을 위해 시간과 재능을 바칠 선교사나 한국인이 필요합니다.

영적 발전과 교회의 내적 힘은 연례 성경 교실, 새벽 기도회, 부활절에 육신으로 계셨던 그리스도를 따르는 사순절 주간을 통해 크게 증가했습니다. 새해에 지구 전체에서 약 400명의 남성이 모여 며칠 동안 기도와 성경 공부를 하는 지역 사경회를 시작으로 성경 사경회가 90개 교회에서 거의 모든 교회에 열렸습니다. 이 사경회에는 6,245명이 참석했습니다. 여러모로 이 기간은 일년 중 가장 중요한 일주일-열흘입니다. 한국 교회가 발전시킨 새벽기도회는 전 세계 기독교에 큰 기여를 하고 있습니다. 많은 사람들이 참석하고 깊은 영적 기도의 시간을 갖는 이 새벽기도회는 많은 그리스도인 개인과 낙담한 많은 교회가 새롭게 태어나는 시간이었습니다. 거의 모든 교회가 1주에서 2주 동안 한 번 이상 기도회를 열었습니다. 어떤 교회는 한 달 동안, 어떤 교회는 6개월 동안 쉬지 않고 기도회를 열었습니다. 부활절에는 많은 교회에서 고난주간 특별예배를 드렸고, 그 결과는 매우 훌륭했습니다. 그 희생의 신학을 논하기보다 온 세상의 죄를 위한 주님의 희생을 확신하는 것만으로도 충분합니다.

통계 보고서가 현재 우리가 처한 상황의 모든 것을 말해줄 것입니다. 여기서는 4,402명의 성인 입교인과 총 11,000명이 조금 넘는 교인이 있다는 것만으로도 충분합니다. 우리의 기도는 그들이 축복을 받을 뿐만 아니라 아직 기독교인이 아닌 98%의 사람들에게 누룩이 될 수 있기를 기도하는 것입니다.

하나님의 자비로 풍성한 한 해였습니다. 동료 일꾼들과의 교제, 그리고 우리가 함께한 영적인 내용이 풍부한 현지인과 교제는 기쁨이었고, 분명히 우리의 모험은 즐겁고 기쁨이 있는 곳에 갈 것입니다. 우리의 기도는 자급자족이 늘어나고 물질적 장비가 늘어남에 따라 더욱 풍성한 영적 능력과 축복을 누리게 되기를 기도하는 것입니다.

존 무어는 한국 교회를 발전시킨 성경교실, 새벽기도, 절기행사, 헌금, 교육 기관 등이 선교지의 중요한 요소임을 주장했다. 존 무어는 한국 교회의 새벽기도가 교회를 영적으로 변화시킬 수 있는 핵심임을 보여주고 있는데 평양 지역 새벽기도가 처음에는 절기를 중심으로 드리다가 점차 매일 쉬지 않고 드리는 기도회로 발전하고 있음을 주장했다.

광성고등보통학교는 종교부 사역자를 김태율(관서학원) 씨를 구하여 종교 교육을 제대로 교육시키기 위해 늘어난 많은 학생에게 기독교 교육을 진행할 준비를 했다. 또한 광성학교와 선교지 여러 곳이 선교비 지원이 줄어들고 있었다. 하지만 이를 유지할 수 있는 이유는 존 무어의 미국 친구들이 개인적인 후원을 지속했기 때문이었다. 그의 선교서신은 개인의 후원을 받기 위해 노력한 존 무어의 노력 때문에 많은 부분이

후원에 관련된 내용이었다. 또한 재정적인 어려움을 타개하기 위해 등록금을 인상했는데, 이것이 어려운 학생들의 교육 기회를 박탈하는 것이 아니냐 등 우려의 목소리가 있었다. 앞서 언급했듯이 세계경제공황으로 인해 1925년은 선교비에서 지원하는 예산이 30%나 삭감되어 마이너스 재정에서 출발했고 26년에는 추가 삭감이 있었기 때문에 어려운 상황은 점차 가속된다. 하지만 광성학교로서 자구책을 마련해야 했다. 전체적인 예산 삭감뿐만 아니라 등록금 인상 등의 자구책이다. 또한 일제 교육의 전형인 유치, 초, 중, 고가 함께 있는 광성학교의 학원의 모습이 이시기에 나타나고 있었는데 유치원생이 초, 중, 고에 진학하여 기독교 학교인 광성의 정체성을 유지해 나가는 주요 기축이 된 것이다. 이뿐만이 아니라 지역 명문 사립학교로서 비기독교인 학생들도 계속 유입되고 있는 상황이라 이들을 위한 종교 교육 인원, 프로그램 등을 마련하고 있어 기독교 학교로 정체성을 유지하는 기틀은 변함이 없었다.

1926년
광성 고등 보통학교 연회 보고서*

김득수, 교장,

윌리엄 쇼, 종교국장.

---

* Tuk Su Kim, W. E. Shaw, "Kwang Sung Higher Common School," *Minutes of the Korea Annual Conference of the Methodist Episcopal Church*, 1926. 6., 252-253.

1년 전 학교에 대한 보고서를 되돌아보면서 한 가지 큰 기쁨은 1925년 보고서에서 자주 언급되었고 우리가 기도하고 소망했던 한국인 종교부 사역자를 찾았다는 것입니다. 그뿐만 아니라 외부에서 그를 지원하기 위한 수단이 생겼습니다. 그 사람과 사역비에 대한 우리의 기도는 은혜롭게 응답되었고, 그가 학교에서 "잘 되기를" 바라는 마음으로 우리가 추가로 기도드리고 있다는 것은 분명한 증거입니다. 일본 오사카 신학교(관서학원)에서 훈련 받은 청년 김태율 씨는 성경을 가르치고 학교의 종교 활동을 지도할 준비가 되어 1월에 우리에게 왔습니다. 그는 진정한 기독교 경험을 가진 깊은 신앙심을 가진 사람으로, 우리는 그가 학생들에게 그 정신을 심어줄 것을 기대하고 있습니다. 통계를 살펴보면, 전체 재학생의 23%인 577명이 비기독교인이라는 사실을 알 수 있는데, 이는 특별 종교 사역자뿐만 아니라 모든 교직원이 협력하여 이 소년들을 모두 크리스천으로 인도할 수 있도록 친구들의 기도가 필요하다는 것을 의미합니다. 또한 학생의 25%가 장로교 교인이므로 감리교 교인뿐만 아니라 이들 모두도 지역사회를 섬기고 있는 것으로 보입니다.

1학년에 입학한 146명의 남학생 중 기독교인이 아닌 남학생은 25명에 불과했습니다. 이는 예년에 비해 적은 비율이며, 146명의 남학생 중 1/4이 넘는 39명이 장로교인이라는 점에서 우리 교회학교뿐만 아니라 장로교회의 초등학교에서 고등학생들을 점점 더 많이 받아들이고 있음을 알 수 있습니다. 현재 초등학교 남학생들 중 적지 않은 수가 우리 유치원 출신입니다. 이렇게 어린 시절부터 훈련받은 소년들은 통합 교육의 희망입니다.

연중 종교적인 특별한 노력으로는 매일 채플, 모든 학생들을 위한 주 2회 성경 교육, 방학 기간 동안 많은 학생들을 복음 팀과 매일 방학 성경학교 교사로 파송하여 유용한 봉사에 기여하고 성장하는 학생 Y.M.C.A.가 있습니다.

1월에는 서울에 있는 감리교 연합신학교의 편승옥 목사님을 모셔서 학생들을 위한 3일간의 특별 집회를 인도할 수 있었습니다. 그는 우리와 함께 머무는 짧은 시간 동안 학생들에게 그리스도와 성경에 대한 깊은 인상을 주었고, 우리는 내년에도 그가 다시 오기를 고대합니다. 어느 나라에서나 젊은이들에게 그리스도를 전하기가 쉽지 않은 이 시대에, 우리는 이 소년들이 모든 설교 예배에 참석했다고 말하게 되어 기쁩니다.

교육적으로도 학교는 해마다 발전하고 있습니다. 지역 당국은 이 학교를 '매우 높은 수준을 유지하는' 학교로 계속 호의적으로 바라보고 있습니다. 정부는 3만 엔의 예산에 매년 1만 엔을 지원했습니다.

1926년 3월, 우리는 80명의 남학생을 졸업시켰는데, 그 중 13명은 현재 지역 내 초등학교에서 교사로 일하고 있고, 10명은 한국의 대학에, 15명은 일본과 중국의 대학에 재학 중입니다.

재정적으로 매우 어려운 한 해였습니다. 1925년 선교 예산이 30% 삭감되어 900엔의 적자로 한 해를 시작했고, 올해는 추가 삭감으로 점점 더 힘든 시기를 보내고 있습니다. 학교가 특권층만을 위한 학교가 아니라 민중을 위한 학교로 유지되려면 등록금을 인상하는 것이 한계에 이르렀다고 생각합니다. 우리는 내년에 관심 있는 친구들의 특별한 헌금의 형태로 구호가 올 것이라고 믿고 있습니다.

지금 우리에게 시급히 필요한 것 중 하나는 매일 예배를 드릴 수 있는 예배당이며, 학교 건물 옆에 적절한 건물을 세울 수 있는 방법이 마련되기를 기도하고 있습니다. 그러나 우리는 낙심하지 않고 있습니다. 로버트 서비스가 <적십자의 시>에서 말한 것처럼:

"만약 우리가 낙담하고 그들이 우리를 공격한다면,
우리는 그들의 얼굴에 '노'라고 외칠 것입니다."

존 무어가 안식년 휴가를 가기 전 보고의 내용이다. 이 시기 한국에서는 미국 북감리교와 남감리교의 합동 준비가 진행되고 있었다. 이 두 교단은 미국의 남북전쟁으로 인해 나누어져 국내 선교를 진행했었다. 한국에서는 교단 연합을 위한 시도가 1905년부터 "한국복음주의선교연합공의회"를 필두로 계속 진행되고 있었다. 1916년 9월 종교교회에서 남북감리교회의 통합에 대한 논의가 "제20차 남감리회 조선선교연회"에서 있었다. 이후 1926년에는 본격적인 합동에 대한 준비를 해나갔다. 합동의 구체적으로 주요 5가지를 합의해 나갔다. "조선에 있는 남북감리교회 합동, 합동 후에 새로운 명칭, 교회의 예문, 장정 등 교리 통일, 조선감리교회의 감독이 남북 감리교 선교지를 구분없이 파송, 미국 남북감리교회 사업은 조선감리교회가 사업을 흡수하고 운영을 한다." 등이다. 이러한 합동이 결실을 맺게 된 것은 존 무어의 1928년 안식년 휴가를 통해서였다. 존 무어가 미국 본토로 귀국하여 1928년 5월, 미감리회에 감리교단 통합 서류를 제출하였고 1930년에는 미국남감리교 연회가 승인하여 한국에서 최초로 남북감리교회가 연합이 되었다. 1930년 12월 2일에 미국 감리교가 아닌 한국 감리교로서 "기독교조선감리회"가 탄생한다. 이러한 합동의 현장에 있던 존 무어는 누구보다 큰 기쁨을 가졌다. 그가 평소에 쓴 기고글과 보고서는 '서양 선교사가 한국인들의 신앙이 자라서 이들이 세우는 교회는 바라보는 것이 유일한 보람'이라는 주장이 늘 있었기 때문이며 남·북감리교회의 합동의 현장에는 늘 존 무어가 앞장서 있었기 때문이다. 1930년을 기점으로 존 무어는 한국인 목회자의 관리에 스스로 속해있으면서 이들의 목회를 도울수 있는 한국인 지도자 양육에 초점을 둔다. 특히 선교 보고서 후반부에는 성경공부의 활성화를 통해 한국인 지도자 양육이 활성화 되고 있는 모습을 살펴볼 수 있다.

1926-1927
평양과 영변 지구에 대한 연회 보고서*

위치.

이 두 지방은 작은 해주 지방을 제외하고는 한국 감리교회의 모든 사역을 포함하고 있습니다. 서울 북쪽에 위치하고 있습니다. 남쪽으로 120마일, 북쪽으로 140마일, 평양시에서 서쪽으로 70마일, 평양시에서 서쪽으로 40마일에 이르는 영토를 관할합니다. 우리의 사역이 이 모든 지역을 커버하는 것은 아니고, 그 중 일부는 장로교회가 차지하고 있지만, 지역이 너무 나뉘어서 두 교회가 같은 구역에서 사역하지 않습니다. 감리교 지구에는 약 70만 명의 인구가 있습니다.

지금까지의 결과.

우리는 일반적인 의미의 선교 사역뿐만 아니라 자립, 자전하는 교회를 세워 전체 구역의 복음화를 위해 활발히 활동하고 있습니다. 현재 평양 구역에는 23개 구역이 있으며, 각 구역에는 1개에서 7개 교회가 있습니다. 25명의 유급 목회자가 두 개를 책임지고 있으며 조력자를 두고

---

*   John Z. Moore, "Report of the Pyeng Yang and Yeng Byen Districts 1926 -1927," *Minutes of the Korea Annual Conference of the Methodist Episcopal Church*, 1927. 6., 322-327.

있습니다. 영변 지구에는 올해 9명의 목회자와 한 명의 목회자가 두 개의 구역을 담당하고 있는 10개의 구역이 있습니다. 각 속회에는 성서부인이 고용되어 있습니다. 주일에는 많은 설교가 무보수 현지인 설교자들과 다른 일꾼들에 의해 설교되고 예배가 진행됩니다. 한 교회는 6명의 지도자를 파송하여 매주 수요일 저녁마다 여러 마을에서 기도회를 인도합니다. 질병이 걸린 한 명을 제외한 모든 목회자들은 연회 시간에 임명된 대로 일 년 내내 일하고 있습니다.

회원 수.

평양 지방의 성인 회원 수는 4,324명이며, 총 등록 신도는 10,765명입니다. 영변 지구 1,377명, 총 3,223명. 흥미로운 점은 전액 자비량으로 지원하는 감리회 중 84%는 회원 수가 증가했고, 전액 자비량으로 지원하지 않는 감리회 중 84,810명은 회원 수가 감소했다는 점입니다. 즉, 자비량으로 목회자를 지원하는 사역은 발전하고 있는 반면 선교 지원을 받는 기존 교회는 정체되거나 후퇴하고 있다는 것을 알 수 있습니다.

목회자 지원.

한 해 동안 평양 지방 목회자들에게 지급된 총 금액은 20,168달러입니다. 이 중 93%는 한국 기독교인들이 지불했고 7%는 미국에서 지불했습니다. 영변 지방의 경우 총 5,347엔으로 이 중 75%는 자비량으로, 25%는 미국에서 지원되었습니다. 목회자 급여는 월 35-100엔이며, 월

70엔 이상을 받는 목회자는 2명뿐이고 평균은 월 47엔 정도입니다. 두 지역의 총 모금액은 작년에 비해 감소한 것으로 나타났지만, 목회자 지원금은 평양과 영변 모두 증가했습니다. 극소수의 예외를 제외하고는 목회자 급여는 34개의 청구서 각각에 대해 전액 지급되었습니다.

교회 건물.

목회자 월급도 대부분 한국 교회가 부담하기 때문에 교회 건축을 위해서는 여전히 미국의 도움이 절실합니다. 사실 교회 건축에 미국 돈을 사용할 수 있는 곳은 자급자족하는 교인들이 건물을 채울 수 있는 곳입니다. 많은 삭감과 미국의 자금 부족으로 인해 교회 건축에 도움을 줄 수 있는 돈이 거의 없었습니다. 몇 가지 특별한 헌금이 큰 도움이 되었으며, 한국 기독교인들의 희생적인 헌금으로 몇 배로 배가되었습니다. 한 해 동안 우리는 평양 지역에 교회 건물 8채와 학교 건물 1채를 봉헌했습니다. 총 지출액은 12,708엔으로 이 중 76%가 현지인 헌금으로 충당되었습니다. 이 건물들 중 가장 주목할 만한 건물은 노하리에 있는 고급 석조 교회로 총 3,500엔이 소요되었으며, 미국에 있는 신실한 친구가 500달러를 기부하여 가능했습니다. 송천에서 교회를 봉헌할 때, 교회 건축을 극렬히 반대했던 마을의 지도자 강서가 예배 중에 일어나 대변인을 통해 한 마디 해달라고 요청했습니다. 그는 자신들이 지은 죄, 특히 교회 건축을 반대했던 죄를 회개하고 싶고, 지방 감리사와 목사님이 이러한 무가치한 사람들을 받아준다면 자신들도 모두 교회에 들어가고 싶다고 말했습니다. 이 대변인은 그 마을의 사람이었습니다. 그들은 아직 세례를 받고 정회원으로 받아들여지지는 않았지만 계속 신앙 생활을 해왔고, 이 교회는 자립형 조직 중 가장 모범적인 교회로 성장하고 있습니다. 사창에서 봉헌예배를 드리는 동안 이 고을의 공식적인 세관원인 명창이 세관장 자리로 갔습니다. 평소에도 아낌없이 도와주던 것을 넘어 50냥을 특별 헌금하면서 세관장직을 사임하고 교회 일에 무보수로 헌신하겠다고 말했습니다. 그는 평신도 회의 대의원으로 선출되었고 지금은 온 가족과 함께 다양한 선한 일에 적극적으로 참여하고 있습니다.

총 헌금.

평양 지구의 총 헌금 액수는 76,946엔으로 작년보다 약간 감소했습니다. 영변 지방의 총액은 11,594엔으로 작년보다 500엔이 증가했습니다. 두 지방 모두 선교사 부담금과 모든 연회 분담금 전액 납부했습니다. 위에서 언급했듯이 목회자 급여에 대한 금액이 소폭 인상되었습니다. 많은 사람들이 작은 농장을 소유하고 있습니다. 개선된 사과 과수원의 중심지인 진남포에서는 적지 않은 사람들이 좋은 과수원을 가지고 있습니다. 평양시에서는 주일에 시내 중심가에 있는 상가들의 닫힌 문과 창문이 눈에 띕니다. 이들 중 상당수가 우리 감리교 평신도들의 소유입니다. 한국의 새로운 산업은 고무신을 만드는 것인데, 거의 보편적으로 사용되고 있습니다. 평양시에서 이 일은 대부분 기독교인들의 손에 달려 있습니다. 우리 감리교 평신도들은 이 공장에서 매우 활발하게 일하고 있습니다. 가장 잘 알려진 현지인 설교자 중 한 명은 275명의 노동자를 고용하고 있는 공장의 총책임자입니다. 좋은 임금이 주어지고, 안식일이 엄격하게 지켜지며, 공장에서 기독교 예배가 열리고, 크리스마스 때면 공장이 교회나 주일학교라고 생각할 정도입니다. 전반적으로 우리 국민은 가난하지만 가난을 딛고 일어나 희생적인 봉사를 통해 하나님께 가장 훌륭하고 생명을 주는 제물을 바치고 있습니다. 미국의 도움은 더 이상 아래쪽과 외부쪽에 대한 지원이 아니라 약함 속에서도 강하고, 하나님 나라 건설을 위해 엄청난 역경에 맞서 최선을 다하는 사람을 돕는 것입니다. 이 사람을 돕는 것이 지난날의 선교사보다 더 큰 기쁨이고 훨씬 더 가치 있는 일입니다. 기회의 날을 놓치지 맙시다.

초등학교 주간 학교.

평양 지역에는 4,892명의 학생이 다니는 40개의 주간 학교와 800명의 어린이가 다니는 14개의 유치원이 있습니다. 영변에는 535명의 학생이 다니는 7개의 초등학교와 144명의 어린이가 다니는 4개의 유치원이 있습니다. 총 65개 학교, 6,421명의 학생이 있습니다. 이 학교들은 연결된 지역 교회가 관리하고 감독합니다. 이 학교들에는 여학생과 남학생이 모두 다니고 있으며, 대부분 미국 친구들의 특별 선물과 W.F.M.S.(해외 여성 감리교 선교사회)의 정기적인 보조금으로 운영되고 있습니다. 가장 큰 학교는 평양 소년학교입니다. 이 학교는 850명의 학생이 연간 14,000엔의 예산으로 전액 자립하는 학교입니다. 이곳은 한국에서 시험적으로 알려진 초등학교 중 하나입니다.

고등학교.

평양의 남자 고등학교는 570명, 여자 고등학교는 300명의 여학생이 재학 중입니다. 영변 고등학교는 140명이 재학 중이며 이 중 110명이 남학생, 300명이 여학생입니다. 평양 학교는 한국에서 몇 안되는 시설을 갖춘 정식 학교입니다. 교육적인 측면에서도 높은 수준을 자랑하며, 모든 교사와 성경 교육, 인성 및 전반적인 분위기가 기독교적입니다.

선교부의 지원이 줄어들어 거의 폐교 위기에 처한 영변학교는 여전히 살기 위해 용감한 투쟁을 벌이고 있으며, 이 학교를 살리기 위해 도움을 준 미국의 친구들에게 우리는 어떠한 감사의 표현을 하더라도 부족합니다. 한국인들은 이 학교를 전체 교육구에서 가장 중요한 부분으로 만들기 위해 많은 희생을 치렀습니다. 만약 이 학교가 자금 문제로 문을 닫게 된다면 이 훌륭한 지구의 모든 사업에 돌이킬 수 없는 손상을 입게 될 것입니다.

병원.

병원 및 간호사 훈련 학교는 우리 평양 스테이션 역사상 가장 훌륭하고 가장 큰 한 해를 보냈습니다. 수천 명의 환자를 돌보았고 육체뿐만 아니라 영혼도 치유되었습니다. 총 60,000엔의 지출 중 약 8,000엔만 선교부에서 지원했습니다. 약 20,000엔의 무료 진료가 이루어졌습니다. 선교부의 더 많은 지원이 있으면 가난한 사람들을 위해 더 많은 무료 사역을 할 수 있을 것입니다.

주일학교.

주일학교는 활발하고 지속적으로 세계 공과로 성경 공부를 해왔습니다. 우리는 특별한 대회는 열지 않았지만 모든 성경 기관에서 정상적인 교육을 실시했습니다. 국제 간사 중 한 명인 브록웨이 선교사는 평양시 제일교회에서 일주일 동안 청중들이 가득 찬 가운데 가장 유익한 강의를 했습니다. 평양 지역에는 146개의 주일학교에 총 9,288명이 등록되어 있고, 영변에는 51개의 학교에 2,353명의 학생이 있습니다. 규모가 큰 학교는 모두 학년제로 운영됩니다. 어떤 곳에서는 주일학교가 세 시간씩 따로 모이기 때문에 교회가 하루 종일 분주한 곳도 있습니다.

특별한 방법과 노력.

10월과 11월에는 특별 전도대가 전체 사역을 담당합니다. 세 명 이상의 전도대원들로 구성된 팀이 각 장소에서 일주일 이상 시간을 보냅니다. 그들은 기독교인들을 조직하고 가능한 한 우리 선교구의 모든 집에 복음을 전합니다. 저는 이 캠페인 비용의 절반 정도를 특별 헌금으로 지원하려고 노력합니다.

성탄절 직후에는 선교 지역의 연수나 성경 교실이 열립니다. 남성반과 여성반이 있습니다. 선교 구역 전역에서 임원들과 회원들이 모입니다. 2주 동안 매일 새벽기도, 성경 공부, 주일학교 연수, 교회 회의, 특강과 설교 등의 프로그램이 진행됩니다. 평양성회 기간 동안 우리는 4명의 목회자로 구성된 지역 강습회 및 부흥위원회를 임명했습니다. 그들은 80개 교회에서 목회자와 평신도들이 두 명씩 짝을 지어 같은 모임을 갖자는 계획을 가져왔습니다. 그 결과 75번의 모임에 3,500명이 성경 공부에 참석했습니다. 야간전도 집회에는 평균 7,200명이 참석했고 530명의 새 신자가 등록했습니다. 이 사역은 인건비와 현지 교회에서 지불하는 현지 비용만 충당했습니다. 이것은 우리 교회 생활의 고정된 부분이 되었으며 교회 연도 중 가장 중요한 기간입니다.

종려주일을 시작으로 우리는 주님의 공생애를 사신 마지막 한 주를 자세히 살펴보며 주님을 따릅니다. 이 기간은 그리스도인들에게는 조용한 시간이 되고, 한 해 동안 모인 새 신자들에게는 훈련의 시간이 됩니다. 부활절에는 어린아이들뿐만 아니라 많은 성인들이 세례를 받고 주님의 고난과 영광의 교제에 참여합니다.

그러나 한국 교회 교인이 모이는 가장 큰 이유는 이런 특별한 때가 아니기 때문입니다. 저는 새신자 초청이 없는 집회에 거의 참석하지 않은 적이 없습니다. 많은 교회에서 새신자 전도를 하지 않고 주일이 지나가는 경우는 거의 없기 때문입니다. 한 해 동안 우리 교회 중 한 곳은 주일마다 평균 3명의 새 신자를 개인 사역자가 데려왔습니다.

거의 모든 순회에서 매일 방학 성경학교가 열립니다. 고등학교, 신학교, 대학교의 방학 홈스쿨 학생들이 이를 돕습니다. 올해 가장 많은 인원이 참석한 곳은 진남포로, 한 달 동안 350명의 어린이들이 모였습니다. 이들 중 다수는 공립학교 학생들이 봉사를 했습니다.

낮에 일해야 하는 사람들을 위해 야간 학교를 운영하는 교회도 적지 않습니다. 이 중 일부는 여성들이 글을 배우고, 일부는 고등학교 진학을 준비합니다.

가난한 사람들도 우리와 함께하며, 일부 교회는 도움이 필요한 사람들을 위해 한 달에 한 번 특별 헌금을 받기도 합니다.

특별 헌금.

한 사람이 교회가 빚 없이 건축될 수 있도록 자신의 소를 헌금했습니다. 한 남성은 교회 건축을 돕기 위해 어머니를 기리며 700루피아를 헌금했습니다. 진남포에서는 한 할머니가 죽기 전에 금 결혼반지를 지역 전도사에게 주면서 강단 의자 다섯 개를 구해달라고 부탁했는데, 59링깃짜리 이 고급 의자는 현재 강단 뒤에 서 있습니다. 도개동에서는 한 여성이 새 벨을 사달라고 150엔을 기부했습니다. 작은 벨은 같은 회중의 작은 교회 중 한 곳에서 가져갔고, 30엔은 다른 선출된 여성이 제공했습니다. 응능리에서는 한 지역 목사가 넓은 밭을 교회에 기증하고 사과나무를 심었습니다.

학교를 계속 운영하기 위해 정규 수업료뿐만 아니라 많은 특별한 노력들이 이루어지고 있습니다. 일부 지역에서는 성도들이 일주일에 한 끼에 필요한 쌀이나 돈을 가져오는 금식 모임이 일반화되었습니다. 닭을 키우는 모임은 회원 한 명당 1년에 닭 한 마리를 가져오고 돼지를 헌납하는 것과 같습니다. 진남포에서는 약 359명의 학생들이 일주일에 한 센씩을 내서 약 200 루피를 이자로 내고 있습니다. 탄부에서는 기독교인이든 비기독교인이든 마을의 모든 집(약 200가구)이 1년에 쌀 1말 정도를 학교를 돕기 위해 헌금하고 있습니다. 평양의 고등학교는 기도할 수 있을 만큼 넓은 공간이 없어 학생들이 1.20루피아를 기부하거나 확보하여 임시 건물을 짓는 데 도움을 주었습니다. 이처럼 우리는 영적으로나 현세적으로나 용기를 주고, 주 안에서 우리의 수고가 헛되지 않다는 확신을 주는 수많은 것들을 발견합니다.

여자 성경 학교.

이 학교는 매우 실제적인 방법으로 선교지의 필요에 부합하는 일을 하고 있습니다. 이 학교는 선교지의 많은 젊은 여성들에게 성경에 기초한 교육을 가능하게 할 뿐만 아니라, 선교지와 한국의 다른 지역을 위한 성경 여성들을 훈련시키고 있습니다. 훈련받은 여성들은 유능한 일꾼이 될 뿐만 아니라, 가장 어려운 지역으로 가서 교회가 지원해 줄 수 있는 것을 기꺼이 실천하는 진정한 봉사 정신을 지니고 있습니다.

결론.

승리도 많았고 어려움도 많았던 한 해였습니다. 한인 목회자들은 믿음과 용기로 어려운 고비를 넘겼습니다. 한인 유급 및 무급 노동자들은 스스로의 가치를 증명했습니다. 저는 이 땅의 백성들이 하나님과 함께하며, 이 땅에 하나님 나라를 세우는 일과 관련하여 어떤 상황도 만나고 채울 수 있다는 것을 그 어느 때보다 확신합니다. 이 높은 직분에서 그들과 함께 동역하는 것은 기쁨입니다.

1927년 7월

존 무어

이후 존 무어는 1928년 3월부터 안식년을 보내는데 그가 쉬려고 안식년을 보냈던 것은 아니다. 앞서 언급했듯이 한국과 미국 감리교단에 아주 중요한 일이 있었다. 그것은 캔자스시티에 개최된 미감리회 총회에서 한국 교회 대표로 참석해 한국의 미국 북감리교, 남감리교 합동안을 제출해 기독교조선감리회 창립에 인증을 받는 일이었기 때문이다. 뿐만 아니라 개인적으로는 평양 지역 선교지원 요청과 자녀 해리엣의 대학 진학과 제임스의 고등학교 진학 문제 등을 위해서 방문한 것이다. 바쁘게 미국 일정을 마치고 돌아온 문요한은 1929년에 귀국하여 1930년 12월 2일 서울 정동교회에서 자치교회 '기독교조선감리회' 총회에 참석하였고 양주삼 목사가 초대 총리사(감독)으로 선출되는 과정을 지켜보았다. 그리고 문요한 선교사 25주년 기념 축하식에 참석했다. 처음 평양에는 교회 6개, 학교 2개, 한인 목사 1명 교인 600명이었는데 지금은 교회 89개, 학교 35개, 한인 목사 30명, 교인 1만 2천명이 되었다고 회고했으며 이러한 결과에 대하여 끝까지 겸손한 모습을 보였다고 한다.

6장 평양 지역 한국인 기독교 지도자의 양육 1930-1942

THE TEN WEEK SCHOOL FOR MEN

한국인 지도자 양육

한국에 감리교회가 창설되었기 때문에 이후 존 무어는 평양 지방 선교사로 한국인 오기선 목사가 지방 감리사로 권한이 이행되었다. 한국인의 자립과 자치는 존 무어가 원하는 바였다. 존 무어는 "선교사의 보상"이라는 글에서 한국인에게 이양되어 한국의 교회, 학교가 세워지는 것을 원했다.* 따라서 오기선 목사가 지방 감리사로 있는 동안 존 무어는 평신도 교육과 신학 교육에 집중했다.

존 무어는 한국인 오기선 감리사와 동역을 하면서 한국인 지도자를 양육시키기 위해 한국인 지도자 훈련을 위한 양육 프로그램을 체계적으로 운영했다. 특히 성경 공부와 사경회에 집중하는 모습들이 보고서에

---

*　　　John Z. Moore, "The Rewards of the Missionary," *Korea Mission Field* 1920. 5., 104-106.

자주 나타나는데 실제로 이러한 모습 때문에 존 무어의 선교 마지막시기에는 "요한신학교"라는 학교가 세워지기도 했다. 즉 존 무어가 평양에서 마지막 사업으로 진행하는 신학교 설립은 그의 선교에 있어 최종 결실이었다. 그의 교육 선교는 선교 초기에는 교회-보통학교, 선교 중기에는 남여 고등학교-평신도 교육, 선교 말기에는 성경학교, 사경회-신학교의 형태로 나타난다. 따라서 1930년대 이후에는 주로 성경학교, 사경회 등을 통해서 평신도 지도자와 사명자를 키워내는 모습이 주로 나타난다.

존 무어와 김득수는 평양 광성학교의 윤곽을 거의 완성해 나갔다. 광성학교의 체육관과 채플실이 280평 규모로 완공되어 본관, 체육관, 채플실, 기숙사가 갖추어진 명문사학의 외형 공간이 완성되었다. 그 옆으로 정의여학교 건물도 완성된다. 정의여학교는 고등보통학교로서 W.F.M.S.(해외 여성 감리교 선교사회)의 후원과 한국인의 헌신으로 본관, 예배당, 체육관, 기숙사 등 총 690여 평의 4층 건물이 광성학교 교장 김득수의 지휘로 완공되었다.

1930년
기독교 조선감리회 연회 보고서*

오기선, 지방 감리사.
존 무어, 지방 선교사.

---

* Oh Kui Syen, John Z. Moore, "Pyeng Yang District," Minutes of the Korea Annual Conference of the Methodist Episcopal Church, 1930. 9., 247-249.

1. 작년부터 두 개의 새로운 지방회가 추가되어 총 25개의 지방회가 되었습니다. 지난 9월에 존 무어 박사가 휴직에서 복귀하여 함께 일하면서 큰 축복을 받았습니다.

강 박사는 귀, 코, 인후과 전문의이며 그의 클리닉은 항상 붐비고 있기 때문에 다시 함께 일하게 되어 매우 기쁩니다. 앤더슨 박사의 노력으로 동양에서 가장 훌륭한 3대의 엑스레이 중 하나가 우리 병원의 또 다른 자랑거리입니다. 우리는 오랫동안 여성 의사의 필요성을 느껴왔고 지난 3월부터 리드비터 박사가 여성 클리닉에서 일을 시작했습니다. 그 작업은 매우 유익했고 그녀는 환영을 받았습니다.

커틀러 박사의 순회 진료소 사역은 병원이나 의사가 없는 시골 지역에까지 미치고 있습니다.

건물. 지난 연회 이후 세 곳의 교회 건물이 새로 봉헌되었고, 다른 두 곳에서는 건물이 완공되었지만 아직 봉헌되지 않았습니다.

학교 건물. 존 무어 박사와 김득수 교장의 건축 솜씨로 280평이 넘는 광성고등보통학교 체육관 및 예배당이 완공되었습니다(1평은 6x6 피트).

2. 본관, 예배당, 체육관, 기숙사 등 총 690여 평의 4층 건물로 구성된 여학생을 위한 정의고등보통학교가 사실상 완공되었습니다. 이 건물들은 김득수 씨가 계획하고 감독했습니다.

3. 시각 장애인학교 기숙사가 청진 초등학교 인근의 여학생 기숙사 부지로 이전 및 재건축되었습니다. 이 프로젝트는 로빈스 양의 노력으로 계속 진행되었습니다.

올해 열린 집회: (a) 325명의 남자들이 성경 교실에서 공부했습니다: (b) 525명의 여자들이 두 곳에서 열린 성경 교실에서 공부했습니다: (c) 73개의 소그룹에서 6,826명이 공부했습니다; (d) 16개 교회에서 복음 팀 모임이 열렸습니다. 낮에는 팀원들이 가정을 방문하고 저녁에는 복음을 전했습니다. 총 복음을 접한자 수는 56,200명이었습니다.

개인 사역.

700명이 넘는 사람들이 한 해에 적어도 한 명의 아들을 그리스도께로 인도하겠다고 서약했습니다. 특별 기도회는 때때로 다른 선교지 순회에서 열렸지만, 이번 해에는 7월 1일부터 9월 25일까지 각 가정에서 매일 아침 동틀 무렵에 일어나 교회에 힘이 더해지도록 기도하기로 결정했습니다.

새로운 작업.

25개 구역 중 4개가 8개 구역으로 재분할되어 이제 4명의 순회 설교자가 더 필요합니다. 새로운 구역 중 두 곳은 이미 자립했지만 나머지 두 곳은 약간의 도움이 필요합니다. 하지만 3년 후에는 이들도 자립할 수 있을 것입니다.

선교 지역 분할. 평양 지구는 29개 구역으로 확대됩니다. 지방회는 한 교회를 담당하는 목사가 지방 감리사를 겸임하기에는 너무 큰 지방이므로 세 개의 지방으로 분할하여 각각 지방 감리사를 두도록 청원했고, 반면에 평신도 연회는 그대로 유지하되, 교회를 담당하지 않는 지구 감리사를 임명할 것을 청원했습니다. 이 두 가지 요구에 대안이 있습니다.

그리스도인 일꾼 훈련. 현재 서울에 있는 유니온 신학교(협성신학교로서 감리교신학대학교의 전신)에 학생들이 있습니다. 신학교에 재학 중이며, 이들 대부분이 우리 광성고등보통학교 졸업생이라는 사실에 자부심을 느낍니다. 이는 김득수 교장 선생님의 영향이 컸다고 생각합니다. 평양장로교신학교에는 감리교 학생이 5명 있습니다. 평양여자성경훈련학교에서는 교장 로빈스 선교사의 부단한 노력으로 46명의 학생들이 기독교 사역을 위한 훈련을 받고 있습니다.

1931년 11월 평양선교부 안에서 남자성경학원의 초대 교장이 되어 평양 지역 감리교 신학의 문을 열고 전체 3년 과정으로 1년에 1학기, 3개월 수업으로 시작했습니다.

연회 회원으로서 양주삼 총리사가 주관하는 1934년 6월 19일, 20일 양일에 걸친 조선 감리교회 50주년 기념 세미나에서 존 무어는 생명력 있는 감리교 Vital Methodism 라는 제목으로 강연을 했다. 기독교조선감리회에서 감리교의 기원과 감리교의 핵심 운동 등을 말하여 조선감리교가 나아가야 할 방향을 연설했다. 당시의 원고가 있어 이를 살펴보면 다음과 같다.

생명력 있는 감리교*
(다음은 존 무어 박사의 연설문 중 핵심적인 부분입니다)

19세기의 가장 영예로운 신학자인 데일 W. R DALE 박사는 감리교에 대해 두 가지 중요한 말을 했습니다. 그는 "이 완전한 사랑의 교리가 감리교의 특별한 유산"이라고 말했고, 또한 감리교에 대해 가장 포괄적인 비판으로 "메소디스트들은 그들의 교리 함의를 완전히 파악하지 못했다."고 말했습니다.

이것이 바로 제2의 50년을 맞이하는 우리 앞에 놓인 영광스러운 전망이 아닐까요? 우리의 실패로 인해 흔들리지 말고 우리의 전망에 영감을 얻으라고, 누가복음 8장 14절의 놀라운 번역에서 "가시떨기 사이에 떨어진 씨, 즉 듣기는 하지만 가서 걱정과 돈과 삶의 쾌락에 질식하여 결코 싹트지 못하는 사람들을 의미한다."고 현 세계 상황을 설명합니다. 이것이 바로 우리를 온전함에

---

*   John Z. Moore, "Vital Methodism," *Korea Mission Field*, 1934. 9., 190-192.

서 멀어지게 하는 것들입니다. 웨슬리는 이 모든 것을 정복했습니다. 우리가 하는 일에 대한 걱정, 최고의 직책을 맡을 수 있을지 없을지에 대한 걱정, 교회 정치와 파벌에 빠져서 다른 사람들에게 가져다주는 걱정, 우리가 선택한 직책에 특정인을 강요하려는 걱정, 이런 걱정들이 우리를 무너뜨리고 철학적 창조 활동을 방해하는 것입니다. 웨슬리는 가장 왕성하게 활동하던 시절, 오늘날 우리 모두가 합친 것만큼이나 많은 일을 하고 있던 시절에 "이 모든 교회, 이 모든 학교, 이 모든 굳은 것이 내 머리털보다 무겁지 않다."고 말했습니다. 그는 풍성하고 건설적이며 놀라운 수고 속에서 완전한 평안의 길을 발견한 것입니다.

악의 두 번째 뿌리인 돈이나 돈의 부족을 절대로 버리지 않았고, 돈이 있는 사람뿐만 아니라 돈이 없는 사람들도 "하나님을 사랑하기보다 돈을 사랑"하는 경우가 많은데, 웨슬리의 설교는 여기서도 이렇게 말합니다. -할 수 있는 대로 벌고, 할 수 있는 대로 저축하고, 이 땅에 하나님의 나라가 임하는 것을 위해 최선을 다하라-는 그의 설교보다 돈에 대한 좋은 설교는 결코 없었습니다. 선물과 책으로 벌어들인 수입으로 수만 파운드를 소유하고, 의지할 사람 하나 없이 웨지우드 찻주전자, 은수저 몇 개, 외투 한 벌, 책과 마무리 지갑만 남기고 이 땅에서의 삶을 마감한 이 삶보다 돈과 관련해 더 올곧은 삶을 살았던 사람은 없을 것입니다. 그리고 수 세기 동안 기독교가 본 가장 중요한 운동, 그의 손에 들어온 막대한 금액은 모두 교회와 학교와 진료소를 짓고, 가난한 사람들을 돕고, 사람들이 살기에 더 적합한 사회를 건설하는 데 사용되었습니다. 그것이 기독교가 공산주의를 떨어뜨리고 완전해질 수 있는 유일한 방법이었으며 지금도 그러합니다. 웨슬리는 재산의 축적과 분배에 대해 할 말이 많았고, 자신과 다른 많은 사람들을 위해 그 문제를 해결했습니다.

그리고 우리가 온전함으로 익어가는 것을 방해하는 세 번째가 있습니다-삶의 즐거움, 세상 쾌락에 빠져 있는 것입니다. 얼마 전 뉴욕 설교자 모임에서 린 해럴드가 연설을 했는데, 그는 40-50세의 남녀가 제2의 개화기에 이르면 섹스와 파멸로 가든지, 아니면 더 높은 완전의 경지로 향하든지 둘 중 하나를 택한다고 역설했습니다. 웨슬리가 200여 년 전 영국을 구한 것은 바로 여기서, 그는 자신의 삶에서 영국을 구했습니다. 그가 여성과의 삶을 완벽하게 추구하지는 못했지만 순수했습니다. 그의 일기 <소피 홉키와의 관계에 대한 자세한 기록, 그와 함께 육체는 영을 섬겼습니다>보다 더 놀라운 사랑 이야기는 없습니다. 그는 현대 교회의 각 부서에 이상적인 감독이 되지는 않았지만 진정한 즐거움과 거룩한 기쁨으로 그를 아는 수만 명에게 존경을 받았습니다. 또한 이러한 것에 타락하지 않고 주안에 기쁨을 누렸습니다. 한 선교사가 80세 가까이 된 인도의 한 여인을 부르고 있었습니다. 그는 "당신은 얼마나 아름답습니까?" 그녀는 "나는 아름다워야 해요,

나는 일흔 여섯 살입니다."라고 반복했습니다.

우리도 쉰 살이 되면 더 높고 거룩한 곳으로 눈을 돌려 이전과는 다른 거룩의 아름다움을 추구해야 하지 않을까요? 안타까운 것은 영적 만족을 추구하는 많은 이들이 감리교회를 떠났고, 어떤 이들은 이기적인 흥분과 만족을 추구하는 변두리에 속해 그리로 갔습니다. 우리는 이런 감리교회의 성결에 대해 관심도 없고 원하지도 않습니다. 다시 한 번 감리교가 하나님의 재발견에서 찾을 수 있는 궁극적인 영적인 만족과 기독교 완전 교리의 함의가 무신론적 공산주의를 무용지물로 만드는 사회봉사가 실천될 날을 간절히 소망합니다.

마지막으로, 중요한 감리교도인 웨슬리는 실천적인 신비주의자였습니다. 어리석게도 베드로는 산 정상에 머물기를 원했지만, 그리스도는 그를 실천적인 신비주의자로 만들어 로마에서 십자가에 못 박히게 하셨습니다. 그리스도께서는 밤새도록 기도 하시고 온 땅을 바꾸기 위해 나간 열두 명의 '평범함'를 선택하셨습니다. 그들은 산 꼭대기의 환상을 가지고 있었지만 변화되어 십자가를 지고 자기를 잊고 살았습니다. 조롱과 수렁에 빠진 세상을 하나님의 나라로 바꾸어 놓았습니다. 웨슬리는 "내가 신앙의 난파선을 흔들리는 반석에 두게 한 것이 바로 신비주의자들의 글이었다고 생각한다."고 말했습니다. "자기 자신에게서 하나님을 찾으려는 근본적인 신비주의적 개념은 웨슬리를 위험하게 만들었습니다." 그는 모든 것을 성경에 근거했고, 성경의 첫 장에 "이것은 하나님이 말씀이다."라고 적었습니다. 그에게 있어서 체험은 자신의 삶에서 하나님의 일하심과 이 땅에서의 재탄생이었습니다.

웨슬리는 '사랑은 항상 받는 것이 아니라 주는 것이며 사회적 교감'이라고 생각했습니다. 그의 회심은 하나님을 위해 무언가를 하려는 것에서 하나님이 그와 함께 무엇인가 하시도록 하는 것으로, 하나님을 위해 사는 것에서 하나님과 함께 사는 것으로, 자신의 영혼이 구원받은 것을 다른 사람들을 구원하는 도구가 될 수 있다는 것으로 바꾸었습니다. 따라서 그는 박수갈채, 감상주의, 어리석은 달콤함, 광신주의, 만병통치약, 흥분을 일으키거나 모든 사람을 같은 패턴에 억지로 끼워 맞추려는 시도, 사회봉사들은 하나님만이 하실 수 있는 일인 삶을 변화시키는 것을 결코 할 수 없다고 했습니다. 따라서 그는 자신의 삶에서든 다른 사람들의 삶에서든 모든 영적 축복(하나님 만이 하시는 일)을 사회봉사로 변화시키는 기회를 놓치지 않았고 후에 웨슬리안 교회라는 놀라운 조직의 일원으로서 그 기회를 잡았습니다.

지금은 전 세계에 감리교회로 불립니다. 신학이나 의견 또는 별도의 조직에 관한 한 감리교회의 존재에 대한 변명의 여지가 없습니다. 감리교회의 유일한 존재 이유와 명분은 교회가 아름답고 순결하며 온전함의 능력으로 나아가는 생명력 있고 거듭난 변화된 삶의 생산자이며, 이러한 변화된 삶이 교회가 위치한 지역사회의 영적, 지적, 사회적 필요를 충족시키는 희생적인 사회봉사로 이어져야 한다는 것입니다.

요약하자면, 생동감 있는 감리교회는 삶을 변화시키는 하나님의 선물이 있음을 믿고 가르치는 것을 말합니다. 이렇게 변화된 삶은 자신과 다른 사람들을 위해 그리스도인의 완전함에 도달하는 것만으로도 만족합니다. 완전함을 위해 노력하는 이 변화된 삶은 세상을 바로 세우고자 하는 사회적 열정을 가지고 있으며, 오직 한 가지가 이를 가능하게 합니다;

"사랑이여
너는 나를 위해 죽었네
내 마음속에서 주님의 속삭임이 들리네
아침이 밝아오고 그림자가 사라지네
그대는 순수한 우주 같은 사랑
나에게, 모두에게, 당신의 자비로운 사랑
당신의 본성과 당신의 이름을 사랑으로"

결론적으로 우리는 이 생명력을 상징하는 그리스도의 몸을 찢고(성만찬), 그분을 먹는 것이 그리스도인이라는 사실입니다. "내가 온 것은 생명을 얻게 하고 더 풍성히 얻게 하려는 것이라."

웨슬리의 일기는 매우 불완전하지만 새로 해석된 일기를 통해 살펴본 그의 삶과 실천은 새로운 영감을 많이 던져줍니다. 그는 '성만찬'에 대한 설교뿐만 아니라 자신이 설교한 것을 실천했습니다. 비록 나중에는 전통적인 교회의 성만찬에서 멀어졌지만 그는 끝까지 성만찬에 충실했으며, 어떤 이는 기록을 면밀히 검토한 결과 그가 활동 기간 동안 평균 4일에 한 번씩 성만찬에 참여했다는 사실을 입증했습니다. 교회는 세상적인 조직이 아니라 그리스도의 몸이며 그분의 생명만이 교회에 생명력을 불어넣을 수 있습니다.*

---

*   위의 보고서.

평신도 교육과 훈련

존 무어는 1930년대 그의 사역에 있어 핵심이라고 할 수 있는 내용을 책자로 만들어놓은 것이 있다. 여러 부를 인쇄하였기에 선교보고용으로 제작했을 뿐만 아니라 미국에서 공부하고 있는 자녀들에게 이 책자에 실린 사진과 설명을 손으로 써서 줄 정도로 자신의 사역에 대해서 잘 정리하고 있다. 그 책자의 제목은 "훈련 그리고 감화받은 평신도 사역자"로서 존 무어가 한국에서 선교를 했던 방법, 소그룹 운동 등이 있고 이 소그룹 운동은 단계를 나누어 실행되었다.

훈련 그리고 감화받은 평신도 사역자**

PYENG YANG

KOREA

평신도 사역자 훈련과 영감

** John. Z. Moore. "Training and Inspiring Lay-Workers Pyeng Yang Korea," (Methodist Church, 1934. 3.).

한국이나 어느 땅에서든 그리스도의 왕국을 건설하려면 세 가지가 필요합니다.

첫째, 각 도시와 마을에 구습을 버리고 그리스도 안에 있는 그대로 빛을 추구하는 그리스도인이며 이들로 구성된 적절한 그룹이 있어야 합니다. 우리는 수백 개의 마을과 도시에 이 그룹을 가지고 있습니다. 이 그룹은 매일 추가되고 있으며 훈련된 일꾼들이 더 많아지면 빠르게 늘어날 것입니다.

둘째, 평신도 일꾼은 훈련과 영감을 받아 자신이 받은 것을 나누고 교회의 직분을 감당하기 위해 나아가는 사람들입니다. 이 중간 그룹은 오늘날 한국 감리교회의 사역에서 가장 소외되고 도움이 필요한 부분입니다.

셋째, 한국의 풍요로운 들판과 목초지로 양떼를 이끌 목회자, 한 지방 감리사는 저에게 "훈련되고 신실한 목회자가 있는 곳에서는 사역이 성장하고 있으며, 그의 지원에 대해서는 의심의 여지가 없다."고 말했습니다. 선교사의 사역과 선교비 사용은 잘 일군 밭에서 일꾼을 훈련하고 격려하고 헌신할 때 가장 좋은 결실을 맺을 수 있습니다. 너무 익은 곡식은 수확하지 않으면 곧 썩습니다. 안수받은 목회자부터 반장, 주일학교 교사까지 이런 일꾼들이 필요합니다.

이곳 평양에서 선교사로서 우리가 하는 일은 평신도 일꾼들을 훈련시키고, 그들이 나가서 받은 것을 나누도록 격려하는 것입니다. 아직 100명 중 1명 정도만 기독교인이고, 한 가족 중 한 명만 기독교인인 경우가 많은 자립적인 모습의 신앙 생활을 하더라도 이 훈련 사역은 선교사와 선교비의 도움을 받아야 합니다.

누가(루크)가 우리에게 초대 교회 사진을 전해줄 수 있는 코닥을 가지고 있었다면 얼마나 좋았을까. 그러나 그는 달리는 사람이 읽을 수 있을 정도로 선명한 그림으로 우리에게 모델을 주었습니다. 다음은 그 그림의 일부 내용입니다: "그리고 믿는 무리가 한 마음과 한 뜻이 되어 자기 소유의 것(또는 축복)을 조금도 자기 것이라 하지 아니하고......... 큰 권능으로 주 예수의 부활을 증거하고.......... 그들 중에 부족한 것이 하나도 없더라."

교회는 종종 이 사회 문제를 해결하려고 노력하는 데 에너지를 소비해 왔습니다. 그러나 이 현대 사회에서 기독교인이 공산주의자를 이길 수 있는 유일한 방법은 이 말씀뿐입니다.

드류의 옛 교수였던 업햄 박사는 우리가 졸업할 때 "여러분이 나가면 교회 사람들은 항상 새로운 것을 원한다는 것을 알게 될 것이다."라고 말했는데, 오늘날의 '뉴딜'과 같은 말입니다. 그러면서 업햄 박사는 "사람들에게 복음을 전하세요. 대부분의 사람들에게 가장 새로운 것이 바로 복음입니다."라고 말하곤 했습니다.

이것이 우리가 평양에서 하고 있는 이 모든 성경 훈련 사역의 한 가지 목적입니다. 우리가 평신도 사역자 훈련을 계속한다면, 각 마을은 직접 전도하는 일부터 필요한 모든 교육과 지역 사회 봉사 활동에 이르기까지 교회와 하나님 나라 사업을 스스로 돌보게 될 것입니다.

우리는 누가처럼 그림을 그릴 수는 없지만 누가에게 없었던 코닥(사진기)을 가지고 있으니 이제부터는 사진이 스스로 증명할 것입니다.

평신도 사역자들을 위한 이 모든 훈련과 영감의 사역은 기숙사가 꽉 차서 참석을 원하는 사람들 중 일부만 수용할 수 있는 매우 부족한 시설 가운데서 남녀 성경 훈련 학교를 중심으로 이루어집니다. 1주 학교, 2주 학교, 10주 학교, 8개월 학교가 있는데, 어떤 학교는 일 년에 두세 번 모이고, 어떤 학교는 한 달에 한 번도 모이지 않고 한 번 이상 모이는 곳도 있습니다. 매년 수백 명의 열성적인 직장인을 만나고 있습니다.

남성을 위한 2주 학교

남성을 위한 2주 학교.

이것은 보통, 우리 구역의 성서 연구소입니다. 올해는 12월 27일에 개강하여 2주 동안 301명의 참석자들은 아침 6시 기도회부터 저녁 9시 저녁 예배가 끝날 때까지 하루 종일 바빴습니다. 남자들은 7개 구역으로 나뉘어 각 구역에서 매일 4시간씩 성경 공부를 하고, 1시간씩 기독교 교육을 받고, 30분씩 교회음악을 들었습니다. 하루 종일이지만 1년에 한두 번, 2주밖에 없는 시간이지만 한 순간도 허비할 수 없었습니다. 31개 구역과 거의 100개에 교회에서 온 사람들입니다.

2주 학교의 졸업생들.

매년 10명에서 20명으로 구성된 그룹이 2주간 학교를 졸업합니다.

이들은 대부분 교회 직분자들이며, 수년 동안 이 두 주간 학교에서 배운 것을 전수하고 있습니다. 이뿐만이 아닙니다. 2주 학교가 끝날 무렵, 우리는 목회자와 평신도 두 명씩 짝을 지어 이곳 평양시를 중심으로 하는 모든 사역지에서 각각 1주일씩 집회를 열도록 계획을 세우고 임명했습니다. 2주간 학교가 끝난 후 두 달 동안 119명의 남성들이 82개의 교회에서 82번의 모임을 가졌습니다. 새벽기도회에는 매일 2,977명이 참석했고, 성경 교실에는 4,518명이 참석했으며, 저녁 전도 집회에는 954명의 새 신자가 추가되었습니다. 말할 수 없는 축복으로 성령이 임하여 그리스도인들을 사역지로 나가게 했습니다.

여성을 위한 2주 학교.

반대쪽 페이지에는 여성을 위해 2주 학교를 다니는 훌륭한 그룹 중 하나가 있습니다. 여성을 위해 구역에서 성경 교실이라고 불리는 이 학교는 평양 선교사업 내 4곳에서 매년 최소 두 번씩 모입니다. 6년 또는 12학기에 걸친 정규 교육 과정과 세심한 지도와 감독, 시험을 통해 수백 명의 여성들은 성경과 기독교 교육, 간단한 가정 과학과 위생에 대한 지식을 습득하게 됩니다. 이 여성들 중 다수는 교회 직분자이며, 적지 않은 수가 무보수(돈)로 성경 여성으로 활동하고 있습니다. 모두 성서 연구소에서 배운 성경 지식과 깊어진 영적 삶으로 인해 가정과 마을, 교회 생활이 더욱 풍요로워졌습니다.

여성을 위한 2주 학교

2주 성경학교 졸업생들.

여기에는 여성 2주간 성경학교의 자원 교사 그룹이 있습니다. 이들은 선교사, 현지 목회자, 학교 교사들로 이 훈련 사역을 위해 기꺼이 자신의 시간을 기꺼이 내어주고 있습니다. 그리고 앞에 있는 네 명의 여성은 그 세션에서 졸업한 사람들입니다. 평소처럼 많은 수는 아니지만, 네 명의 훌륭한 여성들이 각각 월급 한 푼 받지 않고 진정한 성경 여성 사역을 하고 있으며, 그들 중 일부는 주님의 일을 위해 거의 풀타임으로 헌신할 수 있는 위치에 있습니다. 이 훌륭한 한국의 크리스천 여성들을 훈련시키고 격려하는 것보다 선교사들의 시간과 돈을 더 잘 투자할 수 있는 일은 없을 것입니다.

1주 학교.

이 1주일 학교는 여건상 짧게 진행되었지만 가장 유익한 학교 중 하나였습니다. 여기 75명의 초등학교 교사들이 모였는데, 모두 우리 교회 초등학교 교사들입니다. 대부분 평양에 있는 우리 교회 남자 고등학교나 여자 고등학교를 졸업한 사람들입니다. 많은 분들이 자신의 마을이나 다른 마을로 돌아가 우리 교회 초등학교를 위해 적은 월급을 받으며 희생적인 봉사를 하고 있습니다 크리스마스 시즌의 일주일 방학은 이 학교에서 보냅니다. 성경, 기독교 교육, 기독교 생활, 아동 심리, 위생, 음악 등을 가르치며 일주일을 꽉 채웁니다. 사진 속 교사들은 거의 매일 4천여 명의 어린이들 앞에 서는데, 이들 중 다수는 주일학교 교사이

기도 하고, 주중 6일은 주간학교 교사로 일하고 있기 때문입니다. 선교사라면 이보다 더 좋은 기회는 없을 것이며, 선교에 뜻을 둔 미국 교회라면 이보다 더 좋은 기회는 없을 것입니다. 만약 여름방학 동안 2, 3주 동안 이 주간 학교를 열 수 있는 기금이 있다면 얼마나 좋을까요?

1주 학교

10주 학교

2주 학교는 수년 동안 계속되어 왔지만, 남성을 위한 10주 학교는 새로운 시도입니다.

사진에는 일부만 나와 있습니다. 크리스마스 휴가 전 5주 동안과 휴가 후 5주 동안, 18세에서 35세 사이의 34명의 남성이 이 새로운 평신도 선지자 학교에서 공부했습니다. 모두 교회 정회원이며, 거의 대부분이 주일학교에서 활발히 활동하고 있고, 많은 사람이 교회에서 직분을 맡고 있습니다. 제가 수행한 일 중 가장 생산적인 일이었습니다. 네 가지 주요 주제가 있습니다. 성경, 종교 교육, 농장 생활, 교회음악입니다. 우리는 강의실과 기숙사, 조명 등을 제공하고, 교사들은 대부분 무료로 봉사하며, 학생들은 여비와 숙식을 스스로 부담합니다. 3년 과정으로 6학기 동안 진행되며, 지역 설교자부터 반장, 주일학교 교사까지 지역 교회에서 직분을 감당할 수 있도록 마음과 정신을 훈련시킵니다. 이 학교가 영향을 미치는 구역에는 150개 이상의 교회가 있으며, 각 교회에서 적어도 한 명의 학생이 지속적으로 출석하는 것이 우리의 희망이자 계획입니다. 이 학교는 3년째 운영되고 있으며, 매년 학생들의 인성, 능력, 자신이 받은 것을 다른 사람에게 전하려는 열의가 눈에 띄게 증가하고 있습니다.

10주 학교

8개월 학교.

여성 성경 훈련 학교가 있습니다. 이 학교는 모든 훈련 학교 중에서 가장 잘 갖추어져 있고, 가장 잘 지원되며, 여러 면에서 가장 생산적인 학교입니다. 현대 노동 운동의 한 지도자는 영국의 초기 감리교인들에 대해 이렇게 찬사를 보냅니다. "감리교는 "아무도 것도 아닌 사람"을 데려다가 가장 겸손하고 낮은 "어떤 사람"을 만듭니다. 이보다 더 훌륭한 찬사가 있을까요? 저는 이 찬사를 평양의 여성 성경 훈련학교에 바치고 싶습니다. 불쌍한 젊은 과부들, 일찍 교육을 받지 못한 소녀들, 우리 대부분이 생각하는 '아무 것도 아닌 사람'들이 이 학교를 통해 하나님의 은혜와 그리스도의 사랑으로 인격과 능력을 갖춘 "어떤 사람"으로 세워져 마을과 도시 교회에서 해야 할 일이 있으면 가서 희생적으로 봉사할 수 있는 사람으로 성장했습니다. 이 학교의 6년 과정 동안 97명의 졸업생이 배출되었습니다. 이 중 60명은 유급(돈)을 받는 성서부인이며, 이들 중 다수는 교회의 가난하고 비전 없는 상황을 벗어날 수 있는 모든 방법을 배우고 갑니다. 다른 졸업생들은 유치원이나 다른 직종으로 진출하여 각자의 가정에서 봉사하고 있습니다. 이 학교의 교육과정에는 성경에 대한 지식뿐만 아니라 위생, 교회 음악, 가정 경제 및 기타 공부가 포함됩니다. 졸업한 학생들과 전 과정을 이수하지 못한 많은 학생들이 무보수로 평신도 사역자로서 지역 교회에서 훌륭한 봉사를 하고 있습니다.

결론.

　이 모든 훈련 사역은 기독교 조선감리회 기독교 교육부의 도움을 받았습니다. 그들의 도움이 없었다면 이 사역이 이렇게 성공적으로 이루어질 수 없었을 것이기 때문에 그들에게 감사를 표합니다. 노스웨스턴대학교를 졸업하고 한국의 기독교 지도자 중 가장 훌륭한 분 중 한 분인 이 학과 총무 류형기 목사님으로부터 받은 편지의 몇 마디로 마무리하고 싶습니다.

> "방금 사진을 받았습니다. 평양에 훌륭한 사람들이 모였군요.
> 평신도 훈련 사업을 정말 성공적으로 이끌고 계셔서 기쁩니다.
> 그것이 바로 한국에 필요한 것입니다. 우리가 이런 성공적인 계획
> 과 일을 하고 있다고 생각하니 정말 행복합니다."

1934년 3월
존 무어 선교사
감리교회
평양, 한국

　1935년 1월 8일은 평양의 남산현 감리교회에서 "문요한 감리사 회갑 축하"하는 축하식이 있었다. 평양의 광성고보, 정의여고보, 영변

숭덕고보를 비롯해 각지에서 천여명의 사람들이 몰려와 24개의 초등학교 법인 설립을 이룩한 교육자로서 업적을 축하받았다. 당시의 『조선, 중앙일보』는 이렇게 기사를 적었다.

"나라 미국을 버리고 멀리 가난한 조선에 와서 32년 동안 이 나라 선교와 교육 사업에 몸을 바친 감리교선교사 문요한 씨의 회갑축하회는 조선감리교서부연회 주최로 지난 8일 오후 3시 평양부내남산현예배당안에서 열니었다. 감리사 오긔선씨의 사회하에 1천여명의 달하는 남녀 교우와 각계 인사의 참석으로 문선교사의 공적을 축하하여 마지 안는 일방 긔념 메달까지 진정하였다는데 문선교사는 평양의 광성고등보통학교와 정의여자고등보통학교와 영변의 숭덕고등보통학교 등 세 중등학교 설립 하였고 평양과 강서 진남포 사리원 기타 등지에 24개소의 초등학교를 설립하여 매년 5-6천명에 달하는 조선의 아들과 딸을 양성하고 있다하며 씨는 아즉도 쉬지않코 조선 청년의 교육 사업을 위하여 분투와 노력을 마지안는 중이며 남은 일생을 마저 조선땅에 바칠 작정이라고 한다"*

이후 존 무어는 1935년에는 사리원 교회에 개인적으로 4,000원을 기부하여 벽돌 예배당 건축을 돕기도 했다.

---

*   "24개의 초등교와 고보3개를 창립, 32년동안 기독교를 전도 회갑된 문요한씨 공적," 「조선중앙일보」 1935. 01. 10.

존 무어 회갑 기념예배 모습 ©GCAH

1936년 6월 그의 인생에 있어 마지막 안식년 휴가를 보낸다. 미국 오하이오주 101 West Grant Street, Ohio 앨러언스에서 기거하면서 선교 지원비를 마련하기 위해 선교본부 관계자, 목회자와 만남을 계속 가졌다. 안식년 휴가 중에 총독부의 관리들과 일제의 교육칙령으로 인한 방해와 간섭, 신사참배 문제로 인한 서신을 보고 받아 선교지의 교회와 학교 상황에 관한 것을 서신으로 주고 받았다. 또한 미국에서 영변 지역의 교육 선교의 유지와 지원에 대한 서신들도 다수 포함하고 있어 평양뿐만 아니라 영변의 숭덕학교, 초등학교 운영과 설립 등 후원에 관한 것을 매칭시켰다. 평양, 영변 지역의 선교지원을 위해 미국 선교본부 관계자, 목회자를 만나고 후원해준 교회를 방문하고 감사의 마음을 전하며 안식년을 보냈다.

존 무어는 소명에 대해서도 서신에 적으면서 "나는 왜 다시 한국으로 돌아가서 선교를 하려는가?" 라는 질문에 "작은 빛은 어두움에서 매우 큰 가치를 가지고 있습니다."고 말하며 "한국은 상황이 매우 안 좋아 어두움에 처해있지만 이러한 시기에 2가지 큰 확신으로 빛을 비추려고 했다.

"첫째는 내 자신의 빛이 아닌 그리스도의 빛이 있다는 것입니다. 둘째는 그리스도 없이 한국의 어두움과 죽음과 같은 상황을 이겨낼 수 없다는 확신입니다."라는 글이다. 그의 선교 말기에 그가 생각했던 선교지 한국과 선교 사상을 살펴볼 수 있는 부분이다. 무어부부는 1937년 11월에 평양으로 다시 돌아와서 선교를 진행했다.

무사히 안식년을 마치고 돌아온 무어부부는 평양 지역에 선교를 하면서 일제 총독부의 간섭을 받고 있었지만 어떻게 충돌하지 않고 선교를 펼쳐나갈지에 대한 질문과 보고를 하면서 사태의 심각성을 인식하고 한국에 다시 내한하게 된다.

1938년 3월에는 그의 선교의 결실이라고 할 수 있는 신학교 건립을 계획했다. 남자성경학교를 요한학교(約翰學校, (문)약한학교, John Z, Moore Memorial Bible School)로 바꾼 후 일본 유학을 다녀온 이환신, 홍현설, 한세홍 등을 교수진으로 구성하여 성경 교육, 종교 교육, 농촌 사업 교육, 음악 교육을 가르치고 본과 3년, 연구과 3년 과정의 준 신학교로 하여 조선 총독부로 각종(各種) 학교로 설립인가를 받는다. 이때 신학교 명칭을 사용하지 않았던 이유는 서울에 협성신학교(감리교신학대학교 전신)가 있었기 때문에 따로 신학교를 만들 수 없어 요한학교로 명칭하였지만 실은 신학교의 커리와 규모를 가지고 있는 학교였다.

존 무어는 보리스 선교사에게 요한 신학교 건축을 맡기게 된다. 요한 신학교의 설계도를 보면 처음부터 공간을 확장하기 위해 설계를 진행했다고 한다.

또한 요한 신학교의 기원은 존 무어가 그의 아들에게 보낸 책자 형식의 보고서에 어떻게 형성되었고 만들어졌는지 친필로 남긴 것에서 확인할 수 있는데 위의 "평신도 훈련과 교육"의 2주 학교, 10주 학교, 8개월 성경 공부에서 비롯된 것이었다.

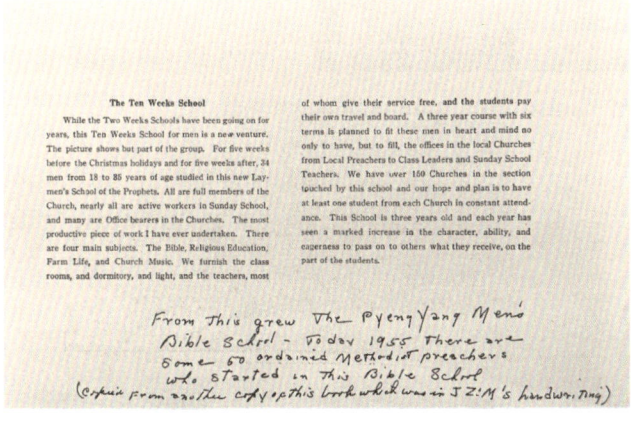

친필로 아들에게 보낸 사진과 보고서
(기독교 대한감리회 역사정보자료실 제공)

1940년 10월 조선 총독부에서 '시정 30주년' 기념으로 표창을 존 무어에게 전달했다. 함께 받았던 이는 언더우드(H. H. Underwood 원한경), 대구 계성학교 플레쳐 A. G. Fletcher, 순천 애양원 윌슨 R. M. Wilson, 서울 기독교청년회 Y.M.C.A.의 반하트 B. W. Barnhart 로서 한국의 대표적인 원로 선교사로 일제는 외국인 선교사를 추방하기 전에 이들의 노고를 축하하고 치하하는 식으로 마무리를 지으려고 했다.

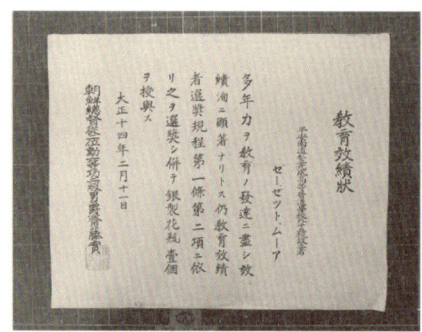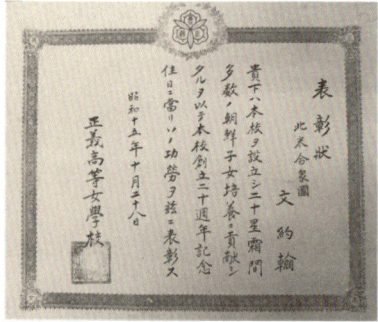

시정 30주년 기념 표창장 (기독교 대한 감리회 역사정보 자료실 제공)

평양의 마지막 선교사

일제 강점기에 일제의 만주 침략(1931), 상해침공(1932) 등 미일 관계가 악화되기 시작했고 태평양전쟁 전쟁 1년 전인 1940년에 외국인 선교사 추방 명령을 내리면서 사실상 미국을 적국으로 간주했다.* 따라서 미국의 선교회에서는 재산관리를 위해 몇 명만 남기고 귀국 명령을 내렸다. 그때 이를 따르지 않고 끝까지 남겠다고 했던 이가 존 무어 부부였다. 평양 지역 선교지와 교인들을 지키기 위해 목숨까지 포기하겠다고 버텼던 것이다. 하지만 미국 정부가 자신들의 국민을 소환하기 위해 수송선 "마리포사호", "몬트레이호"를 보내고 돌아오라고 했기 때문에 이에 대한 명령을 노골적으로 어길 수 없기에 지방으로 순회 사역을 나갔다고 하며 의도적으로 연락을 단절시켰다고 한다.** 이러한

---

* 이덕주, 『독립 운동의 요람 남산재 사람들』 (서울: 그물, 2015), 316.

** C. A. Sauer, *Methodist in Korea*, (Seoul: The Christian Literature Society, 1973), 123-125.

이유는 존 무어가 선교사 사택과 학교 땅의 확장을 통해서 토지 거래 계획 등을 가지고 선교지인 교회, 광성고등보통학교, 정의여학교 등에 대한 운영·발전 계획을 가지고 있었기 때문이었다. 뉴욕 본부에서 무어 부부에게 즉시 귀국하라는 통보를 하지만 존 무어는 끝까지 남아 일제를 설득시키며 재산을 지키려고 했다. 이에 선교본부가 재산을 지키며 안심하고 돌아오라는 답장을 하며 무어 부부의 귀국을 촉구한다. 존 무어는 광성고보, 정의여고보, 여자성경학교, 평양 요한신학교의 개척자로서 이사장임을 확인하며 교육 선교와 재산을 지키기 위해 저항하며 순교를 각오까지 했다. 그렇다고 해서 존 무어 자신은 남에게 무례하거나 무리하지 않고 선교의 문이 막히지 않도록 늘 조심했다. 하지만 일제의 강제 연행 및 선교지 폐쇄로 인해 한국인에게 교육 선교를 이양하는 과정을 거친다.

1941년, 무어부인은 만국부인회 공과 집필에 참여했다. 일제는 공과 내용이 전시체제에 위배된다고 박현숙을 비롯한 여성 지도자들을 대거 체포했다. 이 사건으로 존 무어와 아내는 평양 선교부에 연금 상태로 지내며 생활의 압박이 오고 있었다. 그 당시의 상황이다.

"선교사 문요한 씨는 태평양 전쟁 중에 미국인인 관계로 본국으로 돌아가게 된 사람이다. 그도 일본의 적국적인 관계로 경장리 장로교 선교사 주택에 가서 우거하고 있었다. 나는 이환신 목사와 어느 주일 오후에 그를 방문하였다. 방문객도 없는 문씨 부처는 대단한 공포 가운데 지내는 표정이었다. 우리 두 사람을 만나는 것도 두려워서 층층대 아래로 내려서서 귓속말로 가만 가만히 말하면서, 누가 문밖에 오지 않았는가 물었다.

그리고 응접실로 가서 우리를 접하고 자기는 크게 두려운 일이 있다면 자기 처가 말 잘못한 것이 있다고 하였다. 물으니 황치현 씨에게 말할 때, 부인이 경찰서 유치장에 있다가 석방되어 나오면서, 그곳은 돼지우리 같다고 말하였으니, 이것이 죄가 아니겠는가 하고 떨며 대단한 근심을 지었다. 우리는 일본놈들도 돼지우리(부다받고)라고 하니 그것쯤은 죄되는 말이 아니고 관계없다고 설명하였다. 그는 듣고 적이 안심하는 표정이었다."*

하지만 가택연금보다 더 무섭게 하는 것이 있었다. 바로 친일로 돌아선 한국 목회자들과 교인들의 배신이었다. 친일로 훼절한 이들은 결국 존 무어를 모른척하며 돌아섰던 것이다. 이윤영은 그때 상황을 이렇게 말했다.

"이것은 현대 사회의 밉살스러운 장면이었다. 어려움이 있을 때에 친구를 아는 것이 참된 친구이다. 이러한 실례는 우리에게

---

* 이윤영, 『백사이윤영회고록』, 95.

교훈을 주는 것이었다. 세상 인심은 참새떼와 같이 곡식 알을 먹을 때에는 무더기로 날아와 주워먹고 다 먹은 뒤 에는 훌쩍 날아가 버린다. 파리떼와 같이 썩은 물건을 탐하여 모여 들었다가 먹고는 날아간다. 사회에서 보는 세상 인심은 의리, 도덕, 우정보다, 먹을 것과 이익, 권리 등을 보고는 모여들었다가 탐할 것이 없어진 후에는 다 가버리는 것이다. 문요한 박사는 한국에 와서 40년간 신교 사업에 헌신하여 평양에 광성중학교, 요한성경학교를 설립하였다. 또한 미국 친구들에게 연락하여 기부금을 많이 얻어다가 학교 경비며, 시설비를 도와 줄 뿐 아니라 진남포, 강서, 사리원 지방에 있는 교회와 학교 등도 많이 도와 주었다. 그리하여 이 지구의 목사들과 학교장들이 거의 하루같이 그의 주택에 모여들었던 것이다."*

위와 같은 모습은 존 무어의 한국 선교의 근본이 흔들리는 것이었다. 그가 했던 선교는 한국인에 대한 소명과 신뢰 가운데 이루어졌기 때문이었다. 결국 친일로 훼절한 한국인 목회자들의 태도는 존 무어의 마지막 희망마저 포기하게 만든 주요 원인 가운데 하나였다.

---

*   위의 책, 96.

그는 미국으로 쫓겨 들어갈 날이 수일 내이었다. 내 집에서 저녁을 대접하기로 약속하고 떠나는 날 저녁을 초대하여 저녁밥을 같이 나누었다. 그리고 그는 그날 밤차로 떠나게 되었다. 다시 만날 수 있을는지 기약 없이 떠나며 그는 우리에게 한국 돈 100원을 주었다. 그날 밤 차가 떠나는 평양역에 전송을 나가니 참으로 쓸쓸한 장면이었다. 그렇게 붙어 다니던 많은 사람들이 한 사람도 보이지 않고 친우로는 이환신 목사와 나, 둘 뿐이고 불청객인 형사 2인이 왔었다.**

결국 존 무어 부부는 1941년 8월 26일 상하이를 거쳐 미국으로 돌아갔다. 존 무어는 그동안 40여 년의 평양선교 기간에 50만 달러를 모금해서 교회와 학교를 지원하면서 평양 지역 선교를 위해 일평생을 희생하였다. 당시 금액과 모든 한국 감리교 선교지의 선교비 후원을 비교하더라도 큰 규모의 선교 후원비였다. 이러한 그의 희생적인 모습으로 인해 귀국 후에는 마운트유니언대학(전신, 사이오 대학)에서 졸업 40주년 명예법학박사 학위를 수여 받게 된다. 한국을 떠나 미국에 있으면서 지난 선교 사역을 회상하는 내용의 편지를 쓰며 "자녀들이 미국에 있지만 평양에서 자란 자녀들은 아직도 자기의 고향을 평양으로 생각하고 있다."는 것이다.

** 위의 책, 96.

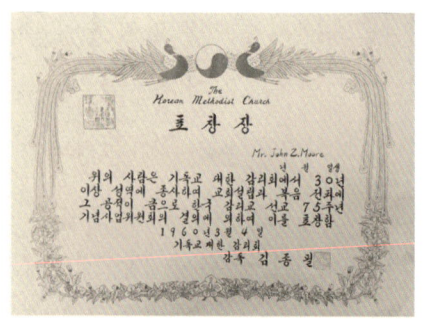

선교사업 공로 표창

이후 1954년, 대한민국 정부로부터 선교사업 공로로 표창을 받고 은퇴 후 캘리포니아에서 거주했다. 존 무어의 제자 류형기 목사는 그의 회고록에서 존 무어가 사는 캘리포니아에서 존 무어를 여러차례 만나 그가 사는 삶을 언급한 적이 있다. 그가 남긴 선교기록지에는 다음의 주거지에서 일생을 마무리하게 되는데 614 St Andrews Place in Los Angeles, Los Angeles, California. 이었다. 이곳은 미국 L.A.의 코리아 타운으로 존 무어가 죽기 직전까지 한국을 잊지 않고 한국인과 함께 하고 싶어 코리아 타운으로 자리를 잡았다. 그는 평생을 일구었던 한국 선교지에서 일제에게 돌아선 한국인 목회자에게 배신을 당해 그 모든 선교지를 빼앗겨 버린 아픔을 가지고 모국 땅에서 살아가고 있었지만 여전히 그는 항상 한국인 옆에 있다.* 한국인의 도움이 필요하면 마다하

---

* 류형기, 『은총의 팔십오년』, 262-3.

지 않고 달려갔던 그의 모습에 한국에 대한 애틋한 사랑이 서려있는 것은 틀림없다.** 류형기 목사가 한국의 기독교 재건으로 국내의 행정업무로 바쁠 때 L.A.에 있던 딸의 결혼식이 있었다. 그때 존 무어는 마다하지 않고 아버지 노릇을 대신하기도 했다.

"8월 25일에는 우리 태희가 라성 월셔 감리교회 채플에서 이복렬(1928. 10. 16.)군과 결혼식을 했는데 평양에서 일하시던 문요한 박사가 아버지 노릇을 해주시고 나의 동창 클레이 감리사가 주례했다."***

류형기 목사 딸 결혼식에서 존 무어 모습
(출처: 류형기의 『은총의 팔십오년』)

**   위의 책, 211.
***   위의 책, 210-211.

이렇게 미국에서도 한국인과 함께 살아가던 그는 5년간 요양치료를 받다가 1963년 8월 5일에 별세하게 된다. 평양 선교의 아버지라고 할 수도 있는 그의 모습을 살아 생전 기억하고 추모하는 사람들의 모습이었다. 미국 장례식에 참여한 장면과 존 무어의 자녀에 대한 상황을 다음과 같이 전달하고 있다.

"평양에서 다년 선교사업후 일경과 배신자들 때문에 많은 고초를 당하고 귀국, 은퇴했던 문요한(1874-1963) 박사가 8월 5일에 별세, 9일 추도회를 했는데 문부인, 자녀들, 서위렴, 반복기, 채부인, 딜링햄, 최영용 제씨가 참예했고, 내가 한국 교회를 대표해 추도사를 했다. 서위렴 박사는 그 후 얼마 안되어 여러 해 동안 정신이 부실한 부인을 두고 별세했다. 문박사의 딸은 오하요 주립대학 폴레쳐 교수의 부인이 되어 3남매를 기르며 아들 짐은 휘티어 대학에서 가르치며 역시 3남매가 있다."*

이 회고록에서 존 무어가 서거하기 전 마지막 모습을 실은 사진이 있다. 그러니까 그가 서거한 1963년 8월 5일 전의 사진(394페이지)이라 거의 마지막 모습이라고 할 수 있다.

---

* 위의 책, 262.

그의 서거 소식이 전해오자 평양의 요한신학교 출신을 중심으로 그를 그리워하는 제자들은 서울의 광림교회에 모여서 추도식을 거행했다. 존 무어는 1963년 8월 별세하여 부모와 가족 묘소가 있는 오하이오주 벨몬트카운티 이스트리치랜드 East Richland 묘지에 안장된다. 그의 별세 소식을 들은 광성학교와 요한신학교 출신은 1963년 12월 15일 광림교회에서 '문요한 박사 추모예배'를 드렸다. 평양여자성경학교에서 교육자로 활약한 부인 루스(문로득)도 1968년 12월 84세의 별세하여 남편 옆에 안장된다. 무어 부인의 별세에 광성학교, 요한학교 졸업생들은 1969년 1월 서울 시온교회에서 추모예배를 드렸다.

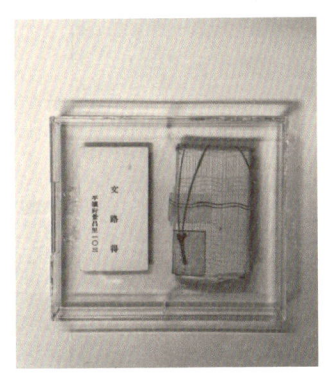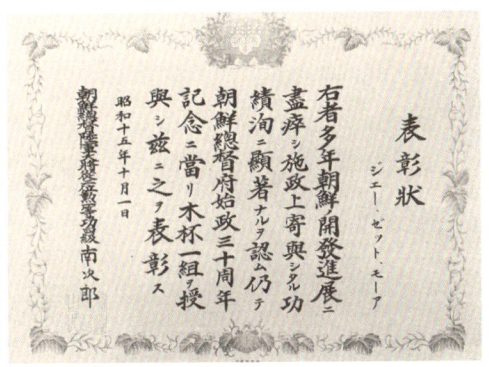

문요한 선교사, 문로득 선교사 명함
(기독교 대한 감리회. 역사정보자료실 제공)

7장　　결론

한국에 교육, 의료, 직접 선교를 하러왔던 선교사들은 모두 값진 희생을 치뤘다. 하지만 그동안 특정 인물만 부각된 부분이 많다. 그동안 존 무어는 선행연구에서 학자들에게 스쳐지나는 이름만 나왔었다. 어떤 이들은 평양 지역의 기관과 선교지를 담당했던 이로, 어떤 이들은 1907년 평양대부흥 운동에 참여한 자로 그렸고 3.1 운동의 사건에 참여한 인물로만 그렸다. 거의 40년의 선교를 하면서 서신의 양을 살펴보면 내한했던 그 어느 선교사보다 양을 압도할 정도로 수많은 자료들을 남겼다. 그런 그가 그동안 연구되지 못했던 이유는 그를 따르던 목회자들 대부분 1940년대 친일로 전향하며 그가 일구어 놓았던 선교지를 친일의 기독교단 아래 예속하기 시작하면서 존 무어에 대한 흔적을 지웠기 때문이었다. 이러한 일을 반대하던 이들은 모두 목사직을 면직당하거나 파면시켰다. 이윽고 1945년 8월 15일 해방이 되었지만 얼마 못가 한반도는 이념으로 분단이 되니 그는 평양 지역의 선교지로 다시 돌아갈 수 없게 되었다. 그를 지금까지 기리지 못했던 이유는 한국인 교역자의 친일로 그에 대한 흔적 지우기가 복구되지 않았던 점, 후손들의 무관심이 제일 큰 것이고 역사 연구에 있어 이념화된 분단으로 이남 지역 연구에 집중한 것이 컸기 때문이다.

따라서 이 책이 지닌 의의는 존 무어의 선교 활동과 사상을 자료를 통해 발굴, 정리하였다는 것에 의의가 있다. 또한 자료들이 방대하지만 존 무어가 보고한 연회 보고서를 그대로 번역하여 본문에 함께 인용했다. 그 이유는 저자의 의도대로 그의 생애를 마음대로 재단하기 보다는 되도록 그가 작성한 보고서, 기고글, 편지 글 등을 중심으로 번역하여 그를 소개하는 차원에서 그의 선교 활동을 그대로 보여주고 싶었기 때문이다. 그의 선교는 몇 가지 특징이 존재한다.

첫째, 존모트의 Y.M.C.A. 운동에 영향을 받았고 드류대학의 복음주의적인 학풍에 강한 영향을 받았다는 점이다. 이러한 사상은 1903년 내한 당시 부흥 운동이 촉발되어 1907년 평양대부흥 운동이 일어날 때 한국의 부흥 운동과 그 흐름을 함께 했기 때문에 그의 선교는 이러한 한국 교회의 부흥운동의 배경에서 형성되었다. 따라서 성경 공부, 기도, 전도가 중심이 되는 사경회를 중심으로 한국인의 신앙 교육을 이끌어 갔다는 점이다.

둘째, 자립 정신을 강조한다. "받는 것보다 주는 것이 더 복되다."라는 그의 설교는 어려움이 있거나 해야 할 일이 있으면 남의 도움을 받는 것이 아닌 스스로 하며 더 나아가 이웃을 도와주는 헌신을 강조했다는 점이다. 이러한 자립 정신은 그가 선교하는 평양 지역의 다사다난한 상황을 이겨내는 원동력이 되었다.

셋째, 선교지 한국과 한국인의 가능성을 보았고 이를 끝까지 믿었다는 것이다. 모든 이들이 한국은 멸망했고 가능성이 없다고 할 때 그는 '한국을 동방의 기독교 국가'이며 "한국은 상업이나 학문이 아닌 이들보다 더 위대한 역할을 할 것이며, 밤의 어둠 속에서 기독교의 참된 빛을 가져오는 하나님의 사자가 될 것입니다. 이 빛만이 동양의 문제를 해결할 수 있습니다."라고 믿었던 존 무어는 한국인을 위한 신앙교육과 기독교 지도자를 키우기 위해 전념했다는 점이다.

넷째, 한국인 교육을 위해 학교 기관을 세우는 것에 집중했다. 한국인 교육은 초, 중, 고, 신학 교육 등을 목표로 이루어졌다. 특히 평양의 광성학교 등 이북 지역의 교육 기관을 세우기 위해 한국인 책임자를 세우고 자신은 이를 뒷받침하기 위해 미국 본토와 후원 서신을 주고받았다. 또한 자립 정신을 강조했던 선교지의 교회에 평양 지역 교육 기관에 후원하는 방식을 통해 기독교 인재를 키워냈다는 점이다. 이러한 후원을 받고 교육 받은 이들은 결국 한국 기독교 지도자로 양육하여 선순환 구조를 가져 그의 교육 선교가 더욱 다져지는 역할을 했다.

다섯째, 평신도 신앙 교육을 위해 체계적인 노력을 기울였다는 점이다. 그의 마지막 선교 활동에서 이러한 평신도 신앙교육은 그룹별, 내용별로 매우 체계적인 구조를 가지고 있으며 이에 발전한 것이 요한신학교의 모습으로 발전했다. 따라서 그의 선교는 성경말씀의 메시지를 구조화하며 체계화 했고 이를 1주, 2주, 10주, 8개월 훈련을 통해 이들 평신도가 교회를 일으키고 생명을 전하는 예수그리스도의 제자화 교육을 실시했다는 점이다.

평양 지역에서 맨 마지막까지 남아있다가 일제에 의해 강제 추방되기까지 그의 삶은 꽃 자체의 아름다움과 화려함이 있었음에도 불구하고 그보다 그 꽃을 묶어주는 노끈의 역할을 했기에 빛도 없이 이름도 없이 한국을 끝까지 섬겼던 모습을 보여주었다. 평양 지역에서 선교하던 다른 선교사들의 꽃을 묶어주고 한국인들의 꽃을 묶어주는 역할을 수 없이 해 나갔던 것이다. 따라서 그의 업적을 확인하면 확인할수록 잔잔한 감동이 저자에게는 밀려왔다. 그가 있기에 여기 우리가 있다는 신앙인의 존재 이유가 그의 삶을 살펴보는 가운데 계속 다가왔기 때문이다.

　　　모든 선교사들이 그랬지만 존 무어는 자신이 가진 모든 소유를 하나님 나라 확장을 위해 바쳤고 한국인을 위해 바친 분으로 일제에 의해 강제 추방되어 미국에 귀국해서도 풍족한 생활이 아니라 하루 하루 만족한 삶을 사셨다고 한다. 그저 미국에서도 한국 생각이라 L.A 코리아 타운 한복판에 자리를 잡아 한국인들의 도움과 손이 필요하면 내밀어 주던 이가 존 무어였다. 그는 미국에서도 끝까지 한국인을 섬기다 삶을 완성했으며 그의 아내 루스무어도 마찬가지였다. 그의 선친의 무덤 곁에 말없이 잠든 존 무어와 루스무어의 완성된 삶이 그를 기억하며 기리는 후손에게 선한 영향력을 끼친 것이다.

존 무어 선교사 연보

연도	내용
1753.	• 증조부 로버트 무어 Robert Moore 가 아일랜드에서 탄생. 미국으로 이주하여 펜실베니아 주립대학의 마을 설립자 가운데 한명. • 조부 제임스 무어 James Z, Moore 는 피츠버그 연회의 목사였고 1828년 볼티모아에서 열린 감리교 연회의 총회 대의원으로 활동.
1874. 1. 8.	• 미국 북감리교 목회자였던 아버지 존 무어 1세(John Zachariah Moore I, 1829-1887)와 어머니 마가렛(Magaret Ann Glasgow Moore, 1832-1908) 사이에서 8남매중 7번째로 통나무 집에서 출생(미국 펜실베니아주 피츠버그). 이후 존 무어 1세가 그의 고향인 오하이오주 세인트 클레어스빌 St. Clairesville, Ohio로 이주하여 목회를 함. 존 무어가 이곳에서 성장.
1895.	• 오하이오주 세인트 클레어스빌 St. Clairesville 고등학교 졸업 이후 오하이오 리치랜드 인근 학교에서 4년 동안 교사.
1898.	• 메사추세츠 노스필드 North Field 사이오 대학 Scio College의 Y.M.C.A. 집회에서 존모트 John Mott, 로버트 스피어 Robert E. Speer, 무디 Dwight L. Moody 의 영향으로 S.V.M.(학생자원운동, Student Volunteer Movement) 해외 선교사로 소명을 받아 대학졸업과 동시에 드류신학교 입학을 계획.
1900.	• 오하이오주 사이오 대학 졸업. (Scio College, 1911년 이후 Mount Union University로 변경)
1900.	• 드류신학교(Drew 대학교의 전신) 입학하여 로버트 로저스 Robert Rogers, 올린 커티스 Olin Curtis, 존 포크너 John Faulkner 교수의 복음주의에 영향을 받음.
1900. 6.	• 전도사로 교회서 설교로 봉사.
1902. 8.	• 뉴욕동부연회 17th St Church에서 전도사로 사역.
1902. 12. 2.	• 한국 선교사로 지원.
1903.	• 드류신학교 졸업.

연 도	내 용
1903.	· 4월 내한. · 5월 1일에 정동제일교회에서 개최된 미국 감리회 한국선교회 제19차 연례회에서 목사 안수.
1904.	· 알파레이니(첫번째 부인)의 한국 선교지원.
1905. 3.	· 일본 고베로가서 미국에서 건너온 사이오 대학의 동기. 알파레이니와 결혼후 함께 평양 선교 사역.
1905. 6.	· 연회 보고서 평양 서부 구역 25개 교회, 입교인 266명, 학습인 637명, 출석인 622명. · 총 1,525명이 있었고 매일학교 남자학교는 11개에 학생 171명, 여자학교 3개에 학생 39명. · 또한 1년 동안 세례자 163명 세례 학습인 180명을 결실 맺음.
1907.	· 평양 대부흥 운동의 경험을 코리아 미션필드에 2차례 정도 기고함.
1908.	· 평양 서부 구역 26개 교회, 입교인 1,339명, 학습인 1,004명, 출석인 1,932명 총 4,295명. · 매일 남자학교는 25개로 늘어나며 680명의 학생, 여자학교는 205명. 신학수업에는 40명의 청년과 전도사 참여.
1908.	· 첫 번째 부인 알파레이니 무어의 폐렴으로 인해 안식년을 얻어 미국으로 귀국.(제1차 안식년) · 캘피포니아 콜로라도 베델병원Bethel Hospital에 입원. · 한국 선교사로 미국 베델병원에 특별 파송 되면서 서신으로 한국 선교업무 관장.
1914.	· 4. 22. 알파레이니 무어의 사망 위싱턴 카운티의 비벌리Beverly 공원묘지에 안장.
1914. 11.	· 한국으로 선교 출발.

연도	내용
1915.	· 평양 지역의 감리사로 기존의 평양 서부지역 뿐만 아니라 전체 지역을 총괄. · 평양 지역 마운트 유니온 대학(Mount Union College, 전신: 사이오 대학)에서 선교의 공로를 인정받아 명예 신학박사학위 Th. D. 를 받음. · 빌링스의 안식년 휴가로 광성학교의 교장 취임.
1916. 2.	· 루스 베네딕트 Ruth Emma Benedict 와 재혼. · 광성고등학교 이사장으로 재임.(김득수는 교장으로 취임) · 평양의 연합운동을 장로교, 감리교 선교사들과 연합하여 함께 주도함.
1917.	· 평양지역의 교육 기관 17개의 주간학교(작년 19개), 학생수 779명(작년 668명). · 광성학교 45명 예비학교, 207명 보통학교, 84명 고등학교로 구성.
1917. 5. 30.	· 첫째 존 무어 주니어 John Z. Moore Jr. 출생 (10일 뒤에 사망. 1917. 6. 10.).
1918. 4.	· 광성고등보통학교와 광성보통학교(유치, 초, 중)로 인가 받음. · 선교지 이동을 위해 포드자동차를 후원 받음.
1918. 8. 29.	· 딸 헤리엇 엘리자베스 무어 Harriett Elizabeth Moore 출생.
1919. 3.	· 독립운동을 위해 손정도 목사의 아들 손원일의 태극기 제작을 도움. · 평양지역의 기독교인 대부분이 참여하여 교회, 학교, 병원등의 기관이 피해를 입음. · 광성학교 6개월 임시휴교. · 평양 지역 교인 수가 1919년에 1,691명에서 1920년에 1,133명으로 감소. · 목사, 전도사, 권사, 속장, 주일학교 교사 등 160명 체포됨.
1919. 11. 3.	· 아들 존베네딕트 무어 John Benedict Moore 출생.

연도	내용
1920.	• 장로교, 감리교의 평양 여성 유니온 아카데미가 정의여학교(감리교), 숭의여학교(장로교)로 분리되어 총독부의 인가를 받음.
1921-1922.	• 제2차 안식년 휴가.
1922.	• 가을에 내한하여 평양 동·서지방, 영변지역의 선교를 관장.
1923.	• 평양북도 영변의 숭덕학교에 1만 4천엔의 선교본부의 선교금을 신청·지원하여 숭덕 고등학교 건물 건축.(완공 1925년) • 평양 선교지에 107개의 교회와 19개의 지방회 23개의 구역회가 30명의 목회자와 부교역자.
1924.	• 평양 지역 100개 교회, 총 신도수 11,696명. 입교인 3,727명. 세례자 435명. • 주일 학교 155개 10,894명의 학생, 연회에 교육중인 학생 5,224명이 65개의 초등학교에 재학. 724명이 2개의 고등학교에 재학. 700여 명의 어린이가 10개의 유치원에 재학. • 영변 지역 교회 42개. 922명의 입교인, 총 3,349. 104건의 세례. • 2,793명의 학생이 59개의 주일학교에 등록. • 광성고등보통학교 5학년 27명중 4명 세브란스 의대, 2명이 조선기독대학교(연세대학의 전신), 1명은 신학교, 4명 교직, 3명 사업, 6명 농사, 7명 행정대학 진학.
1925.	• 평양 지역과 영변 지구 140개 교회, 총 15,000명 신도. • 광성고등보통학교 졸업생 83명을 배출. 57명 세례인, 15명 세례 학습인, 11명 출석 교인. 26명이 상습학교 진학. (5명 조선기독대학, 2명 신학대, 2명 세브란스 의대., 1명 치과대, 1명 사범학교, 1명 기술학교. 14명 일본 대학으로 진학)
1926.	• 평양 지방의 성인 입교인 4,324명, 총 재적 신도수는 1만 764명이며 영변 지구의 입교인은 1,377명 총 재적 신도수는 3,223명.
1928.	• 안식년을 가짐. 한국의 남북 감리교 합동안을 미국 남북감리교 연회에 제출기하며 기독교조선감리회 창립에 앞장섬. 헤리엇과 제임스의 진학 등을 상담.(3차 안식년)

연 도	내 용
1930.	· 기독교조선감리회 창립으로 양주삼 총리가 선정되고 이 과정을 존 무어가 도움.
1934. 6. 19.	· 조선감리교회 50주년 기념으로 생명이 있는 감리교 Vital Methodism 이라는 제목으로 연설. · 평신도 교육을 실시, 남녀에게 1주 성경학교, 2주 성경학교를 실시. 남성에게는 10주 성경학교를 설립. 여성성경학교로 8개월 성경학교를 운영.
1935. 1. 8.	· 존 무어 선교사의 환갑을 맞이함.
1936. 6.	· 제4차 안식년.
1938. 3.	· 남자성경학교를 발전시켜 요한학교(신학교)를 설립함. 이환신, 홍현설, 한세홍 등을 학교 교수와 운영자로 세움.
1940. 10.	· 조선총독부 '시정 30주년' 기념 상장과 은색 꽃화병을 존 무어에게 전달.
1941.	· 태평양전쟁으로 인해 일제에 의해 미국으로 추방. 상하이를 거쳐 미국으로 돌아감. 이후 L.A. 한인타운에 정착하여 한국인들을 위해 끝까지 도와줌. · 졸업 40주년 기념으로 마운트유니언대학(전신 사이오 대학)에서 명예 법학박사학위를 받음.
1954.	· 대한민국 정부로부터 교육과 선교사업의 공로로 표창을 받음.
1963. 8. 5.	· 별세(89세).
1963. 8. 9.	· 오후 1시 30분에 로스엔젤리스 킹슬리 매너 예배장에서 전 스피틀러 목사의 집례로 추모예배가 열림. 은퇴한 주한 감리교 선교사 윌리엄 쇼 박사, 제임스 밴 버스커크, M. D., 은퇴한 한국 감리교 의료 선교사, 한국 감리교 감독인 류형기 목사, 로스앤젤레스 한인 감리교회 최영용 목사가 참석.
1968. 12. 19.	· 아내 루스 베네딕트 무어Ruth Emma Benedict Moore 별세(83세).

참고문헌

1차문헌

- Moore, John Z.(REV. & MRS.) Folder 1-17.
- "Pyeng Yang Circuit." *Official Minutes of the Twentieth Annual Meeting Korea Mission-Methodist Episcopal Church* 1904.
- "North Korea District West Pyeng Yang Circuits." *Official Minutes of the First Session Meeting Korea Mission Conference-Methodist Episcopal Church* June., 1905.
- "Rev. J. Z. Moore of Pyeng Yang writes some experiences of a recent trip to the couutry." *Korea Mission Field*, 1906.
- "With a New Impulse." *Korea Mission Field*. 1906. 10.
- "The Vision and the Task." *Korea Mission Field*. 1906.4.
- "The Day Schools of Pyeng Yang District." *Korea Mission Field*. 1906.7.
- "A Record of Self-Support." *Korea Mission Field*. 1906.8.
- "Church Building." *Korea Mission Field*. 1906.9.
- "J. Z. Moore's Report." *Official Minutes of Korea Mission Conference* 1907.
- "Legs." *Korea Mission Field*. 1907.1.
- "A Changed Life." *Korea Mission Field*. 1907.10.
- "The Way a Returned Missionary canmake His Message Attractive to the Average Church Member." *Korea Mission Field*. 1907.11.
- "The Fullness of the Gospel." *Korea Mission Field*. 1907.12.
- "The Great Revival Year." *Korea Mission Field*. 1907.8.
- "Report of West Circuit." *Official Minutes of Korea Annual Conference*, 1908.
- "An Incident." *Korea Mission Field*. 1908.2.
- "A Faithful Debtor." *Korea Mission Field*. 1908.2.
- "Zeal in Service." *Korea Mission Field*. 1908.3., 45.
- "Bible Classes and Revivals." *Korea Mission Field*. 1908.4.
- "NAL YUNBO." *Korea Mission Field*. 1908.4.

- "Pyengyang District." *KMEC*. 1917.
- "Facts Gathered at The Pyeng Yang District Conference, 1917." *Korea Mission Field*. 1917.12.
- "Pyeng Yang Union Evangelistic Campaign." *Korea Mission* Field. 1917.4.
- "A Century of Growth." *Korea Mission* Field. 1918.6.
- "Pyengyang District." *KMEC*. 1920.
- "The Methodist million Movement." *Korea Mission* Field. 1920.2.
- "The Rewards of the Missionary." *Korea Mission* Field. 1920.5.
- "Pyengyang District." *KMEC*. 1921.
- "Pyengyang, East and West District." *KMEC*. 1923.
- "Mission Work of the Korea Church Methodist Episcopal." *Korea Mission* Field. 1923.04.
- "Pyengyang, East and West District." *KMEC*. 1924.
- "Yeng Byen District." *KMEC*. 1924.
- "Pyeny-Yang." *Korea Mission* Field. 1924.2.
- "Pyengyang East and West, and Yeng Byen Districts," *Minutes of the Korea Annual Conference of the Methodist Episcopal Church*, 1925.7.
- "The Task Of The Travelling Missionary." *Korea Mission* Field. 1925.3.
- "Pyengyang, District." *KMEC*. 1926.
- "Yeng Byen District." *KMEC*. 1926.
- "Report of the Pyengyang and Yeng Byen District." *KMEC*. 1927.
- "Pyengyang, District," *KMEC*. 1928.
- OH KUI SYEN "Pyeng Yang District." *Minutes of the Korea Annual Conference of the Methodist Episcopal Church*, 1930.9.
- "Vital Methodism," *Korea Mission* Field. 1934.9.
- "Training and Inspiring Lay-Workers Pyeng Yang Korea." Methodist Church, 1934.3.
- "The most meetings." *Korea Mission* Field. 1935.6.
- *How kuibum, Youngpokie, and the Tiger Helped to Evangelize the Village*. The Board of Foreign Missions of the M.E.C..

2차문헌

■ 신문자료

- "광성고보서 41주 기념." 「동아일보」, 1932.11.3.
- "광성고보의 41주 기념." 「기독신보」, 1932.11.9.
- 광성고보 43주년기념식," 「기독신보」, 1935.11.6.
- "평안남도 13일." 「매일신보」, 1914.5.14.
- "평양광성고보기념." 「동아일보」, 1923.11.9.
- "평양교육계중추 광성 정의 양교 창립기념," 「조선일보」, 1935.10.26.
- "24개의 초등교와 고보3개를 창립, 32년동안 기독교를 전도 회갑된 문약한씨 공적," 「조선중앙일보」 1935.01.10.

■ 선교사자료

- Becker., Arthur L.. *Annual Report of the Board of Foreign Missions of the Methodist Episcopal Church Korea Mission 1906*.
- "Pyeng Yang High School." *Korea Mission Conference*. 1907.6.
- "Drew Appenzeller Memorial, Pyengyang." *Annual Report of the Board of Foreign Missions of the Methodist Episcopal Church Korea Mission 1907*.
- *Annual Report of the Board of Foreign Missions of the Methodist Episcopal Church Korea Mission 1909*.
- *Annual Report of the Board of Foreign Missions of the Methodist Episcopal Church Korea Mission 1913*.
- Billings., B. W.. "Educational Report for Northern Districts." *Korea Annual conference report*, 1914.6.
- Clark., Charles Allen. *The Nevius Plan of Mission Work in Korea*. Keijo: YMCA Press, 1937.
- Hall., William James. The *Chinese Recoder and Missionary Journal*. 1894.
- Hall., Rosetta Sherwood M. D., *The Life of Rev. William James Hall, M. D.*. NY: Press of Eaton & Mains, 1897.

- Kim Tuk Su·Shaw., William E.. "Kwang Sung Higher Common School, Pyeng Yang." *MINUTES OF THE KOREA ANNUAL CONFERENCE OF THE METHODIST EPISCOPAL CHURCH.* 1923. 6.
- "Kwang Sung Higher Common School, Pyeng Yang." *MINUTES OF THE KOREA ANNUAL CONFERENCE OF THE METHODIST EPISCOPAL CHURCH.* 1924.
- "Kwang Sung Higher Common School, Pyeng Yang." *MINUTES OF THE KOREA ANNUAL CONFERENCE OF THE METHODIST EPISCOPAL CHURCH.* 1925.
- Noble., William A.. *Annual Report of the Board of Foreign Missions of the Methodist Episcopal Church Korea Mission 1906.*
- Sauer., C. A.. *Methodist in Korea.* Seoul, The Christian Literature Society, 1973.

■ 도서 및 논문

- 광성중·고등학교. 『광성구십년사』 서울: 광성중·고등학교, 1984.
- 광성중학교·광성고등학교. 『光成 100年史』 서울: 삼우상사, 1995.
- 김세지. "나의 과거생금" 승리의 생활. 경성, 기독교형문사, 소화2년.
- 류형기. 『은총의 팔십오년 회상기』 서울: 한국기독교문화원, 1983.
- 손원일. "나의 이력서(7)." 「한국일보」 1976. 10. 7.
- 이덕주. 『독립운동의 요람 남산재 사람들』 서울: 그물, 2015.
- 이윤영. 『백사 이윤영 회고록』 서울: 송우, 1984.
- 장성진. "'이 세대 안에 세계복음화를!'의 현실." 「선교신학」 24(2010).
- 홀, 셔우드 저·김동열 역. 『닥터홀의 조선회상』. 서울: 동아일보사, 1984.
- 홀, 로제타 셔우드·현종서역. 『한국에서 최초로 순직한 선교사 윌리엄 제임스 홀』. 서울: 에이멘, 1994.

소요한

저자약력
현, 감리교신학대학교 한국 교회사 조교수
현, 연세대학교 기독교문화연구소 연구원
현, 한국 교회사학회지 편집부위원장
전, 명지대학교 교목

감리교신학대학교
연세대학교연합신학대학원(Th.M.)
연세대학교 대학원 한국 교회사 전공(Ph.D.)

저자는 『한국 근대교육의 개척자, 아펜젤러』외 20여 편 이상의 논문을 게재했다. 또한 해외의 유서 깊은 출판사 Brill에 A&HCI(SCI급) 국제 논문 "The Origin of Korean Church Architecture: Arrangement, Space, and Daylight in the Korean Hanok"을 게재하였고 미국, 싱가폴, 일본의 국제 학술대회 참여 등 활발한 연구 활동을 하고 있다.

광성을 사랑한 선교사
존 무어

초판 1쇄 발행 2024년 2월 27일
지은이 소요한
발행인 최준수
펴낸곳 샵북
디자인 삼진커뮤니케이션즈
출판등록 2021년 2월 2일 제251002021000009호
주소 서울특별시 중구 마른내로 10길 12, 3층(인현동2가)
이메일 master@samzine.co.kr
전화번호 02-6272-6825

ⓒ2024, 광성학원, 광성중, 광성고, Printed in Korea
ISBN 979-11-986293-1-9

※ 개교 130주년 기념 도서는 마포구 교육경비보조금으로 제작되었습니다.
※ 잘못된 책은 구입한 곳에서 교환해드립니다.
※가격은 뒷표지에 있습니다.